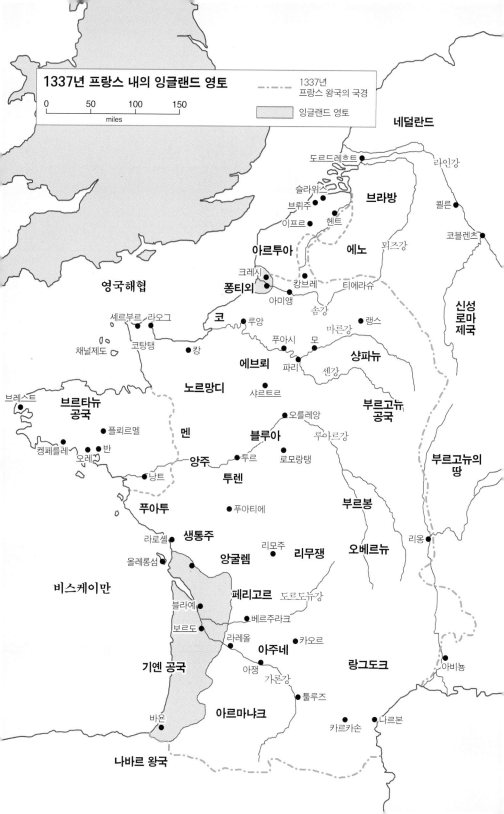

1337년 프랑스 내의 잉글랜드 영토

0　　50　　100　　150
miles

1337년 프랑스 왕국의 국경
잉글랜드 영토

네덜란드

도르드레흐트
라인강
슬라위스
브뤼주
브라방
쾰른
이프르
헨트
코블렌츠
아르투아
에노
뫼즈강
크레시
신성
로마
제국
퐁티외
캉브레
티에라슈
영국해협
아미앵
솜강
코
루앙
랭스
셰르부르
라오그
마른강
푸아시
모
채널제도
코탕탱
캉
상파뉴
에브뢰
파리
노르망디
센강
샤르트르
부르고뉴
공국
브레스트
브타뉴
공국
오를레앙
부르고뉴의
땅
멘
블루아
플뢰르멜
루아르강
켕페를레
오레
반
앙주
투르
로모랑탱
리옹
낭트
투렌
부르봉
푸아투
푸아티에
생통주
라로셸
오베르뉴
올레롱섬
앙굴렘
리모주
리무쟁
비스케이만
페리고르
도르도뉴강
블라예
베르주라크
아비뇽
보르도
카오르
라레올
아주네
랑그도크
기옌 공국
아쟁
가론강
나르본
바욘
아르마냐크
툴루즈
카르카손
나바르 왕국

1360년 프랑스 내의 잉글랜드 영토

잉글랜드 영토

0   50   100   150
miles

신성
로마
제국

도버 · 칼레
불로뉴 · 플랑드르

폴티외

영국해협

아미앵

채널제도

루앙 · 우아즈강

샹파뉴

바이외

센강 · 마른강

노르망디

파리

브르타뉴

페르슈 · 오를레앙

샤르트르

상스 · 트루아

르망 · 오를레앙

루아르강 · 투르

블루아

부르고뉴
공국

투렌

부르주 · 네베르

푸아투

베리

푸아티에

라로셸 · 니오르

라마르슈

비스케이만

아키텐 공국

오베르뉴

리옹 · 도피네

보르도 · 도르도뉴강

기엔

카오르

론강

가스코뉴

가론강

님

베아른

툴루즈 · 랑그도크

푸아

나바르

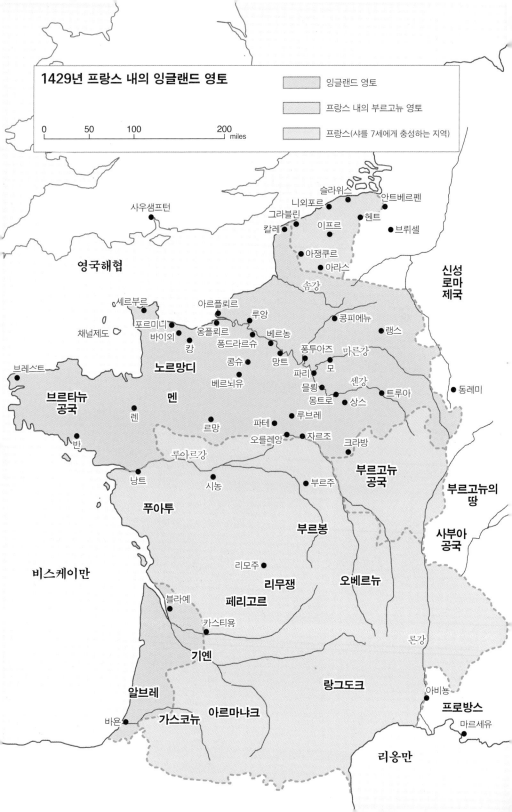

1429년 프랑스 내의 잉글랜드 영토

잉글랜드 영토

프랑스 내의 부르고뉴 영토

프랑스(샤를 7세에게 충성하는 지역)

0   50   100   200 miles

사우샘프턴

영국해협

신성
로마
제국

슬라위스   안트베르펜

니외포르   헨트

그라블린   이프르   브뤼셀

칼레   아라스

아쟁쿠르

아라스

솜강

세르부르

아르플뢰르   콩피에뉴   랭스

채널제도   포르미니   루앙

옹플뢰르   베르농

바이외

캉   퐁드라르슈   퐁투아즈   마른강

노르망디   콩슈   망트   파리   모

베르뇌유   믈룅   센강

멘   몽트로   상스   트루아

파리

브레스트   동레미

브르타뉴
공국

르망   파테   루브레

렌   오를레앙   자르조

방   크라방

루아르강

낭트   시농   부르주

푸아투   부르고뉴
공국

부르봉   부르고뉴의
땅

사부아
공국

비스케이만   리모주

리무쟁   오베르뉴

블라예   페리고르

카스티용

기엔   론강

알브레   랑그도크   아비뇽

아르마냑   프로방스

바온   가스코뉴   마르세유

리옹만

백년전쟁 주요 등장인물 | 잉글랜드 |

곤트의 존

에드워드 3세

흑태자

리처드 2세

헨리 4세

헨리 5세

베드퍼드 공작

올드 톨벗

필리프 6세

장 2세

샤를 5세

샤를 6세

샤를 7세

뒤게슬랭

잔 다르크

바스타르 도를레앙

백년전쟁의 주요 전투

▶ 프랑스 배들이 해전에 더 특화되었음에도 슬라위스 해전(1340년)은 오히려 잉글랜드의 압승으로 끝이 났다. 백년전쟁의 주도권이 잉글랜드로 넘어가는 전조였다. 해전 결과에 대해 프루아사르는 프랑스군이 단 "한 명도 빠져나가지 못하고 죽임을 당했다"고, 용서할 만한 과장을 섞어 기록했다.

▲ 잉글랜드가 거둔 크나큰 승전 가운데 하나인 1346년의 크레시 전투. 비록 15세기에 재현된 이 그림에는 시대착오적인 묘사가 담겨 있지만 궁수들의 역할을 올바로 강조하고 있다.

▲ 프랑스 국왕 장 2세를 생포하는 등 전력의 열세를 딛고 잉글랜드의 승리로 끝난 푸아티에 전투(1356년). 하지만 장 국왕의 동생 오를레앙 공작의 공격 거부만 없었더라도 승리는 프랑스 쪽으로 넘어갈 수도 있었던 아슬아슬한 싸움이었다.

◀ 아쟁쿠르에서도 수적으로는 여전히 프랑스군이 잉글랜드군을 압도했다. 그러나 1, 2차 공격의 실패와 눈앞에서 펼쳐진 살육에 겁먹은 프랑스 중기병들이 공격을 거부하고 전장을 떠나면서 아쟁쿠르 전투(1415년)는 잉글랜드군의 압승으로 끝이 났다.

▶ 잔 다르크의 등장(1429년)은 잉글랜드에 일방적으로 밀리던 프랑스의 전세를 뒤바꿨다. 잔 다르크가 북돋운 용기에 프랑스군은 스스로 성전을 치른다고 생각했고, 잉글랜드군은 "어느 대장이나 지휘관보다 그 처녀를 두려워"했다.

▲ 백년전쟁 마지막 해(1453년)에 벌어진 카스티용 전투는 활로 시작된 잉글랜드의 군사적 우위가 프랑스의 포로 막을 내리는 군사 테크놀로지의 혁명을 보여주었다. 프랑스에 재앙과 같은 존재였던 올드 톨벗의 죽음과 함께 백년전쟁도 막을 내리고 있었다.

백년전쟁
1337~1453

THE HUNDRED YEARS WAR

백년전쟁 1337~1453

중세의 역사를 바꾼 영국-프랑스 간의 백년전쟁 이야기

THE HUNDRED YEARS WAR
The English in France 1337-1453

데즈먼드 수어드 지음 | **최파일** 옮김

피에르와 욜랑드 드 몽탈랑베르에게

프롤로그

✤

나는 전쟁으로 살아가고, 평화는 나의 파멸이라는 것을 그대는 아는가?

_존 호크우드 경

이것은 일반 독자를 위해 이야기체로 서술한 백년전쟁에 대한 짧은 역사서이다. 지금까지의 다른 연구서들은 프랑스 저서를 번역한 것으로 아쟁쿠르 전투를 단 몇 줄로 간단히 넘어가거나 너무 학술적이었다. 이 책은 전문가용은 아니지만, 백년전쟁에 대한 전통적 상像을 급진적으로 변화시켜온 연구들을 충분히 활용한다.

'백년전쟁'이란 표현은 19세기 후반이 돼서야 널리 사용되기 시작했다. 사실 이 표현은 100년 넘게 이어진 일련의 전쟁들을 하나로 묶은 것이다. 1337년 프랑스의 필리프 6세가 당시 프랑스 왕위를 주장하던 에드워드 3세한테서 잉글랜드가 보유하고 있던 기엔 공국을 '몰수'하면서 시작된 이 일련의 전쟁들은 1453년 잉글랜드가 결국 보르도를 상실하면서 끝났다. 대부분의 전쟁 기간 동안 잉글랜드는 장궁의 화력 덕분에 엄청난 군사적 우위를 누렸다.

크레시와 푸아티에, 아쟁쿠르의 승전 같은 몇몇 전투들은 잉글랜드 전설의 일부가 되었지만, 한때 무적이었던 잉글랜드 궁수들이 프랑스 대포에 의해 궤멸된 (영국인들에게는) 잘 알려지지 않은 전쟁 말기의 패전들도 있다. 잉글랜드와 프랑스 역사에서 가장 다채로운 인물들이 백년전쟁의 주인공들이다. 에드워드 3세, 흑태자, 그리고 훨씬 더 가공할 헨리 5세. 위용은 화려하나 무능하여 런던에서 포로로 죽은 장 2세, 병약하고 맥없는 지성인으로 잉글랜드를 이길 뻔했던 샤를 5세, 마침내 잉글랜드인들을 몰아낸 수수께끼 같은 샤를 7세(잔 다르크의 왕세자). 잉글랜드의 조역들로는 존 챈도스 경, 곤트의 존, 베드퍼드 공작과 올드 톨벗, 존 파스톨프 경(셰익스피어의 폴스타프의 원조) 등이 있다. 프랑스에는 뒤게슬랭 총사령관, 오를레앙의 사생아, 그리고 동레미에서 온 마녀-성녀 같은 인물들이 있었다.

서유럽 국가가 다른 서유럽 국가를 1세기가 넘게 조직적으로 약탈했다. 어느 저명한 역사가는 잉글랜드인들이 백년전쟁을 "에드워드 3세와 헨리 5세의 용병 군대들에 합류한 모든 이들이 함께 누린, 위험하지만 잘될 경우에는 대단히 수익성 좋은 사업"으로 여겼다고 썼다. 그는 1450년경 "전쟁에서 가장 이득을 본 이들 가운데에는 대지주 가문들이 있었고", 한편으로는 "한미한 출생에 물려받은 재산이 없는 궁색한 모험가들 중에서도 많은 이들이 한재산을 모았다"고 덧붙인다. 아닌 게 아니라, 각계각층의 잉글랜드인들이 수세대에 걸쳐 거금을 좇아 프랑스로 갔다. 그들의 후손들이 훗날 인도나 아프리카로 가는 것처럼 말이다.

물론 탐욕 외에 다른 동기들도 있었다. 프루아사르^{Froissart}의 『연대기』나 『헨리 5세』를 읽은 사람이라면 누구나 깨닫듯이 편력 기사의 모험심이나 봉건적 충성심, 원시적 애국심도 작용한 것이다. 때로 이 책에서 물질적 동기를 지나치게 강조하고 있다고 느낀다면, 그것은 그동안 백년전쟁에 대한 대중적 서술에서 그 동기의 역할이 과소평가되었기 때문이다. 또한 그간의 연구들을 통해 "프랑스에서 따낸 전리품들"의 범위와 성격, 그리고 그것들이 잉글랜드에서 어떻게 소비되었는지에 관해 새로운 정보를 알게 되었기 때문이다.

프랑스 남성들―그리고 프랑스 여성들―은 전쟁을 다른 시각에서 보았다. 프루아사르는 찬란한 궁정 생활의 화려한 면모를 그려 보이지만 한 "파리 부르주아"는 늑대 떼가 시체를 먹으려고 파리 시내 안으로 들어왔던 시절을 이야기한다. 『베리 공작 기도서』의 세계는 아름다운 만큼 피비린내를 풍긴다. 잉글랜드인과 달리 프랑스인들에게는 전쟁이 단순한 전투 영웅담에 그치지 않았다. 그것은 전체 사회를 아우르는 끔찍한 경험이었다.

내가 거의 20년 전에 쓴 글을 다시 읽어보니 잉글랜드가 프랑스에 대단히 몹쓸 짓을 했다는 점을 어느 때보다도 의식하게 된다. 물론 우수한 무기로 그토록 자주 승리를 따낸 뛰어난 잉글랜드 궁수는 칭송해야 하고, 만약 프랑스가 잉글랜드를 침공했다면 그들도 똑같이 나쁘게 행동했으리라는 것을 인정해야 한다. 그러나 결과적으로는 잉글랜드가 프랑스를 침공했으며 그때의 기억, 즉 프랑스의 국가적 신화 속에 확고하게 자리 잡은 기억은 이후로 두 나라 사람들의 관계를 줄곧 해쳐왔다.

1장

전쟁의 서막
1328~1340년

⚜

그가 어찌 감히 내게 충성 신서를 요구하는가?
가서 전하라. 그가 차지한 왕관은 나의 것이며,
그가 발을 디딘 곳에서 그는 무릎을 꿇어야 한다고.
내가 요구하는 것은 하찮은 공국이 아니라
왕국의 영토 전체이다.
만약 그가 아까워하며 내어놓기를 거부한다면
남한테 빌려온 것인 그의 화려한 깃털 장식을 모조리 빼앗고
그를 발가벗겨 황야로 쫓아내리라.
_『에드워드 3세 치세기』

예하, 프랑스를 감싸고 있던 비단실이 끊어진 것 같지 않습니까?
_제프리 스크로프 경

프랑스 발루아 왕조의 초대 국왕 필리프 6세(1328~1350년 재위). 그는 크레시 전투
에서 에드워드 3세에게 참패를 당했다.

1328년 2월의 첫날, 프랑스의 국왕이자 미남왕 필리프 4세의 셋째아들이며 카페^{Capet} 왕조의 마지막 혈통인 샤를 4세는 죽어가고 있었다. 당시 그에게는 자식이 없었지만 아내가 임신 중이었다. 임종을 앞두고 그는 "왕비가 아들을 낳으면 그 아이가 왕이 될 것이지만 딸을 낳으면 왕관은 발루아의 필리프한테 가야 한다"는 유언을 남겼다.

앙주와 멘 그리고 발루아의 백작인 필리프는 서른다섯 살로, 마상 창시합과 전장에서 그 위용과 뛰어난 기량으로 명성이 자자한 훤칠하고 잘생긴 귀족이었다. 그는 성왕 루이^{St. Louis}의 증손이자 국왕 샤를의 사촌이었다. 그의 아버지 발루아의 샤를은 왕족 제후였던 동시에 두 번째 부인 덕에 콘스탄티노플의 명목상 황제이기도 했다. 한편 필리프의 어머니는 나폴리를 다스린 카페 가문의 딸이었다. 그는 광대한 영지와 재산을 물려받았다. 차갑고 계산적인 그는 민간전승에 등장하는 겉만 번드르르하고 무능력한 편력 기사와는 거리가 멀었다.

남편을 잃은 왕비는 1328년 만우절에 유복녀를 낳았다. 필리프는 즉시 엄선한 인물로 구성된 의회를 파리에 소집했고, 의회는 재빨리 그를 프랑스의 국왕, 즉 필리프 6세^{Philip VI}로 인정하였다. 그들은 자신들이 그 결정으로 프랑스에 얼마나 크나큰 불행과 파멸을 초래했는지 알지 못했다.

2년 뒤, 영국해협 너머에서는 더욱 극적인 장면이 연출되었다. 1330년 10월 노팅엄에서 의회가 소집되었고, 잉글랜드의 실질적인 통치자인 모후 이사벨과 그녀의 연인인 마치 백작 로저 모티머는 노팅엄성에 거처를 잡았다. 어두운 밤, 열여덟 살의 국왕 에드워드 3세^{Edward III}와 젊은 귀족 무리는 비밀 통로를 통해 성채로 잠입하여 근위병을 베어 넘어뜨린 뒤 임신 중이던 모후 이사벨의 침실로 난입하여 모티머를 사로잡았다. 에드워드는 어머니에게 자신의 모습을 들키지 않으려고 애쓰면서도 직접 전부^{戰斧}로 문을 부수었다. 이사벨이 "어여쁜 아들아, 어여쁜 아들아, 태생 좋은 모티머를 가엾게 여겨다오" 하고 애원했지만, 로저는 타이번의 교수대에 목매달린 뒤 말 네 마리가 잡아당기는 거열형에 처해졌다. 젊은 국왕은 마침내 왕국의 지배권을 손에 넣었다.

에드워드가 모티머와 어머니를 미워할 이유는 충분했다. "프랑스의 암이리"로 불렸던 모후는 남편 에드워드 2세를 항상 멸시했던 것 같다. 배넉번 전투에서 패배한 그는 아주 무능력한 통치자였으며 동성애자라는 소문이 자자했다. 1326년 이사벨과 모티머는 에드워드에게 퇴위를 강요하고, 그 자리에 아들을 꼭두각시 군주로 앉혔다. 1년 뒤, 폐왕은 불에 달군 뜨거운 부지깽이에 항문을 찔린 채 끔찍하게 살해당했다. 아마도 잉글랜드를 통치한 이들 가운데 가장 고약한 인간일 모티머는 공포정치를 폈다. 그는 에드워드 2세를 죽였을 뿐만 아니라 그의 동생 켄트 백작을 속여 음모에 빠뜨린 다음 합법적으로 그를 살해했다. 화룡점정으로 그는 모후를 임신시켰다. 그러나 에드워드는 이사벨에게는 자비를 베풀어 그녀가 노픽의 라이징성으로 물러가 호사스러운 칩거 생활을 하도록 허락했다. 그는 1년에 한 번씩 어머니를 보러 노픽을 방문했다.

이사벨은 잉글랜드와 프랑스 국왕들의 연결 고리였다. 그녀는 필리프 6세와도 사촌지간이었다. 또한 그녀는 선왕 샤를의 누이였으므로 많은 이들이 발루아 가문이 아니라 그녀 또는 그녀의 아들이 프랑스 왕위를 물려받아야 한다고 생각했다. 당시에는 국적이 문제되지 않았다. 여기에 앵글로-노르만 프랑스어는 14세기의 마지막 사반세기까지 잉글랜드 지배계급이 말하고 쓰는 살아 있는 언어였다. 에드워드 3세와 그의 아들들의 제1언어였으며, 아마도 그의 손자들과 심지어 그의 증손자들에게도 제1언어였을 것이다―에드워드는 어렸을 때 교육의 일환으로 영어를 배웠다. 게다가 그는 기엔 공작이자 퐁티외 백작으로, 프랑스의 열두 귀족Twelve Peers of France 가운데 한 명이자 프랑스 내 거물 귀족이었다.

샤를 4세가 서거한 직후 필리프가 소집한 의회가 파리에서 열리고 있을 때, 두 명의 잉글랜드 사절이 찾아와 이사벨에게 왕위를 넘기라고 요구했다. 프랑스에서 여성의 왕위 요구가 거부된 사례는 딱 한 차례로, 아주 최근의 일이었다. 1316년 장 1세가 태어난 지 며칠 지나지 않아 사망했을 때 그의 누이〔잔 2세〕는 의회의 결정에 따라 왕위 계승에서 배제되었다. 의회는 자신들의 결정을 뒷받침할 설득력 있는 법적 논거를 제시하지 못했지만, 마침 다행스럽게도 공주의 후견인이 그녀를 대신하여 권리 주장을 포기했다. 잉글랜드의 대변인인 우스터의 주교 애덤 올턴은 설득력 있는 주장을 펼쳤다. 비록 프랑스 역사에서 여자가 군주가 된 사례는 없지만 여태까지 여성이 프랑스 왕위 계승에서 합법적으로 배제된 적도 없기 때문에 1316년의 사례는 진정한 선례가 아니라는 것이었다. 게다가 프랑스 왕국의 모든 봉토, 심지어 가장 막강한 공작령도 예외 없이 여자에게 상속될 수 있다는 사실은 부인할 수 없었다(여성 상속이나 모계 혈통으로 상속을 금지하는 고대 프랑크족의 살릭법The Salic Law은 훨씬 나중에야 까마득한 옛날로부터 소환돼 다시금 빛을 보았다). 그러나 의회는 잉글랜드의 이사벨을 "깨끗하게 배제했다". 프루아사르에 따르면 그들은 "프랑스 왕국은 너무도 존귀하므로 계승에 의하여 여성의 수중에 떨어져서는 안 된다"고 주장했다. 1326년 이사벨과 모티머가 프랑스 궁정을 방문했을 때 그들은 그녀와 그녀의 형편없는 연인을 볼 기회가 있었고―올턴은 그들과 한통속이라고 알려져 있었다―따라서 두 사람의 지배를 받고 싶은 마음이 전혀 없었다.

젊은 잉글랜드 국왕은 왕국의 지배권을 얻었지만, 그는 오직 불만에 찬 영주들의 지도자였을 뿐이다. 그는 필리프 6세에 도전

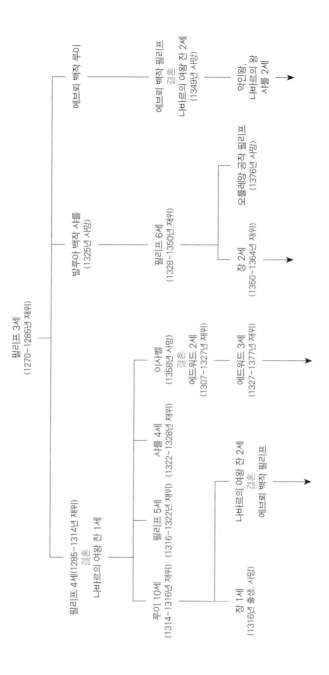

에드워드 3세의 프랑스 왕위 주장 근거

하기에는 힘이 미약했다. 실제로 당시에 에드워드 3세는 1259년 이래로 잉글랜드 국왕이 프랑스 국왕의 가신 자격으로 보유한 아키텐 공국(즉 기옌)을 유지할 수 있기만을 바랐다. 앙리 2세^{Henry II}의 앙주 제국의 이 마지막 조각은 라로셸 바로 남쪽부터 바욘과 피레네산맥까지 쭉 이어진 길고 좁은 해안 영토—기옌^{Guyenne} 본토의 서쪽 부분과 생통주, 가스코뉴—로 이루어져 있었고, 일련의 변경 바스티드^{bastide}, 즉 요충지에 튼튼하게 요새화된 무장 도시들로 방어되었다.

그러나 기옌은 어떤 의미에서도 식민지가 아니었다. 보통은 잉글랜드인이 최고위직—기옌의 가령^{Seneschal}, 보르도 시장市長 겸 보르도성의 관리장관, 생통주의 가령 그리고 대부분의 요새 대장과 부副가령—을 차지했지만 이들은 모두 합해서 200명 정도였다. 대다수의 관리는 현지에서 충원되었다. 잉글랜드인이 보르도의 대주교가 된 적은 한 번도 없었고, 잉글랜드인 상인은 많았지만 잉글랜드인 지주는 거의 없었다. 주요 영주는 모두 기옌 사람들이었고, 그들 가운데 일부는 잉글랜드에도 영지를 가지고 있었다.

공국은 에드워드에게 중요한 수입원이었다. 적지 않은 통행세를 거두는 국왕 소유의 다리들이 가론강 전체에 여럿 있었고, 기옌에서 포도주는 잉글랜드의 양모나 다름없었다.* (1306~1307년처럼) 때로 기옌의 세수는 잉글랜드의 세수보다도 컸다. 공국의 수도로 인구가 3만 명이었던 보르도는 잉글랜드와의 왕래로 번영을 구

---

*중세 시대에는 포도주와 양모 등에 매기는 세금이 왕실의 주요 수입원이었다.

가했다. 잉글랜드로 흘러간 포도주의 양이 얼마나 많았던지 극빈자를 제외하고는 모두 저렴하게 포도주를 구입할 수 있을 정도였다—14세기 잉글랜드인이 소비한 1인당 클라레claret*는 현대인에 비해 몇 배 더 많았다. 보르도뿐만 아니라 바욘(선박을 건조했다)과 다른 도시들도 포도주 무역으로 혜택을 받았고, 포도원을 소유한 무수한 영주들도 마찬가지였다. 당시의 클라레는 가이약이나 카오르같이 먼 곳의 빈티지 포도주까지 이용해 만든 혼합 포도주였기 때문이다. 사실 국내 시장은 포도주 생산량을 모두 소비할 만큼 크지 않았다. 한편 기엔은 잉글랜드에 곡물을 의존했고—1334년에 5만 쿼터**를 수입했다—잉글랜드의 양모와 가죽, 송진과 소금을 구입했다. 공국의 언어는 사실 프랑스어가 아니라 프로방스어의 일종인 가스코뉴어였다. 주민들이 프랑스 국왕이나 북부 프랑스인들과 별다른 유대관계가 없는 그곳은 사실상 프랑스와 분리된 지방이었다. 실제로 많은 기엔 사람들이 스코틀랜드 원정 동안 잉글랜드 국왕의 군대에서 복무하거나 특히 런던에서 상인으로 활동하며 잉글랜드에서 일자리를 찾았다. 기엔 사람 앙리 르와이예는 보르도와 런던 두 도시의 시장이기도 했다. 기엔 법정에서 내린 판결에 반발해 잉글랜드에 호소하는 일이 가능했다. 플랜태저넷 가문은 자신들의 영지 가운데 기엔을 웨일스나 아일랜드보다 더 핵심적인 일부로 여겼고, 프루아사르는 기엔 사람들을 종종 "잉글랜

---

* 보르도산 적포도주.
** 곡물 부피 단위. 1쿼터는 8부셸, 1부셸은 대략 36리터이다.

드인"이라고 불렀다.

그럼에도 에드워드는 1329년 아미앵의 대성당에서 "우리의 매우 소중한 친족"에게 "기옌 공국을 걸고 프랑스 국왕의 신하"가 될 것을 맹세하는 충성 신서를 해야 했다. 그는 솜강 어귀에 있는 영지인 퐁티외 지방도 걸고 충성 신서를 했다. 그곳의 수도는 아베빌이었고, 그 지역의 또 다른 도시로는 크레시가 있었는데, 이곳에 대해서는 뒤에서 더 다룰 것이다. 모티머가 몰락한 뒤 에드워드는 1331년 3월에 작성된, 발루아 왕가에 "신의와 충성을 바치겠다는" 문서를 받아들여야 했다. 문서에 조인하기를 거부했다면 그는 틀림없이 기옌과 퐁티외를 잃었을 것이다. 1259년 이래로 공국의 경계, 그리고 공작-국왕*과 그의 주군**들 간에 권력을 놓고 끊임없는 다툼이 벌어졌다―플랜태저넷 가문은 기옌에 대한 완전한 주권을 갖고 있는가, 아니면 단순한 영지 보유자로서 프랑스 국왕의 명령에 복종해야 하는가? 이따금씩 무력 충돌도 발생했다. 1325년 "생사르도 전쟁"이 벌어지는 동안 기옌의 잉글랜드인 사령관 켄트 백작은 라레올 바스티드에서 샤를 4세에게 항복해야만 했다. 이 전쟁은 에드워드 2세가 충성 신서를 거부했기 때문에 야기된 전쟁이라고 할 수 있다. 당시 샤를 국왕은 아주네(가론강과 도르도뉴강 사이의 변경 지대)를 보유하는 것으로 만족했다. 하지만 에드워드 3세는 프랑스 왕국의 통일을 위해서는 기옌 정복이 당연한 과정이라

---

* 기옌 공작 겸 잉글랜드 국왕.
** 기옌 공작의 주군으로서의 프랑스 국왕.

는 것을 깨달았을 것이다. 그는 1331년 하반기에 양모 상인으로 위장하고 영국해협을 건너 퐁생막상스에서 비밀리에 필리프를 만났고, 협상을 통해 항구적 평화를 이루고자 했다.

당시 프랑스 군주는 잉글랜드 군주보다 훨씬 강력해 보였다. 13세기의 유명한 연대기 작가인 매튜 패리스는 "프랑스 국왕은 지상의 모든 왕 가운데 왕"이라고 썼다. 프랑스 왕은 의심의 여지 없이 서유럽의 첫째가는 통치자였다. 그는 신성로마제국 황제를 훨씬 능가하는 존재였고, 1309년 이후로 아비뇽에 있던 교황청도 다소간 지배했다. 프랑스 국왕은 교황의 보호자이자 일종의 간수였다. 잉글랜드에서와 달리 프랑스에서는 제멋대로 구는 귀족이 1세기 넘게 없었고, 국왕은 백작과 봉신들을 꾸준하게 굴복시켜왔다. 플랑드르와 브르타뉴 지방—물론 기옌도—이 반¾자치 지역으로 남는다 해도 필리프 6세는 자신의 막강한 왕국의 3/4 이상에 대한 직접적인 지배권을 물려받은 셈이었다.

10세기 이래 새로운 농법이 발전하면서 북서유럽 농민들은 점점 더 많은 임야를 쟁기로 갈아 비옥한 토양을 개척할 수 있었다. 14세기 초까지 경작지는 매년 확대되었고, 출생률도 함께 상승했다. 프랑스만큼 이런 발전이 뚜렷하게 이루어진 곳도 없어서, 1330년대 프랑스의 인구는 2,100만 명에 이르렀을 것으로 추정된다. 이 수치는 잉글랜드 인구의 다섯 배에 해당한다. 프랑스 상인과 장인들도 증가하여 알프스 이북에 가장 아름다운 도시와 대성당을 지었다. 고딕 양식의 파리는 북유럽의 중심지가 되었고, 인구는 15만 명 정도였을 것이다. 많은 곳을 여행한 프루아사르는 이렇게 언급했다. "누구든 프랑스의 장려한 영토에 감탄할 것이다. 왕국의 심장부는 물론이고 멀리 떨어진 곳에도 무수한 도시와 성이 있다."

반면 중세 잉글랜드는 오늘날의 노르웨이와 다소 비슷한 수준의 인구 과소 지역으로, 경작지보다는 숲과 황야가 더 많았다. 이 작고 가난한 나라의 재산은 양모였다. 런던 인구는 3만 명 정도였다. 프랑스의 필리프와 달리 잉글랜드 국왕은 통치에 어려움을 겪었다. 에드워드 3세는 할아버지와 달리 절대군주가 아니었다. 그런 지위는 에드워드 2세 치세 때 자취를 감췄다. 에드워드 3세는 항상 그의 "의회 귀족들", 즉 100여 명의 봉건영주와 주교, 수도원장의 의향을 신중히 고려해야 했다. 프루아사르는 "그 나라의 왕은 누구든 신민의 뜻을 따라야 하고, 그들 대다수의 의향에 복종해야 한다. 만약 그렇게 하지 않으면 나라에 불행이 닥쳐오고, 그는 왕위에서 쫓겨날 것"이라고 지적했다.

프랑스 기사 계급은 필리프의 가장 무시무시한 자산이었다("사지가 튼튼하고 굳건한 마음의 훌륭한 기사단이 넘쳐났다"). 전사들과 그들의 거대 군마(값이 200파운드나 나가는 특히 값비싼 품목이자, 물고 발길질하고 짓밟도록 훈련된 동물)는 중세의 장갑부대를 이루었다. 그런 부대들의 밀집 대형이 좁은 전선에 집중되면 적에게 어마어마한 타격을 입혔다. 일본 사무라이의 무사도와 비견되어온 그들의 기사도 숭배—『아서 왕의 죽음』의 판타지는 잊는 게 좋다—는 높은 사기와 가장 가공할 투지를 낳는 데 기여했다. 근 3세기 동안 이런 유형의 중기병^{men-at-arms}은 기독교권이 거둔 거의 모든 주요한 승리의 주역이었다. 심지어 그들은 잠시 동안이긴 해도 이교도들로부터 팔레스타인을 탈환하기도 했고, 무어인들로부터 에스파냐를 거의 재탈환했다. 지난 300년 동안 프랑스는 거대한 규모의 기사 계급을 보유했고, 그들에게 전쟁—마상 창시합에서든, 국왕의 군대에서든 아니면 용병으로서든—은 삶의 방식이었다. 그들이 한두 차례 잉글랜드 군대를 회복 불가능할 정도로 무찌른 적도 있었다. 1328년 필리프 6세와 그의 전사들은 카셀에서 플랑드르 장창병 군대를 섬멸했다. 그 결과 필리프는 서유럽에서 가장 크고 가장 무장이 잘되었고 가장 열성적이고 가장 성공적인 중무장 기병 부대를 이끌었을 뿐 아니라, 군사 지도자로서 전성기의 구데리안Guderian과 패튼Patton*에 버금가는 명성을 누렸다. 재위 초기에 그는 틀림없이 무적으로 보였을 것이다.

반면 잉글랜드의 전적은 암울했다. 가스코뉴에서 켄트 백작이 보여준 형편없는 전과는 이미 언급했다. 더 심각한 것은 잉글랜드가 스코틀랜드인들에게 거듭 당한 패배였다. 1314년 배넉번 전투를 시작으로 1323년 휴전협정이 이루어지기 전까지 스코틀랜드인은 남쪽으로 요크셔까지 수시로 침입해 광범위한 지역을 쑥대밭으로 만들었다. 1327년 젊은 에드워드는 스코틀랜드인과의 전쟁에서 굴욕적일 만큼 불운한 결과를 받아들고 눈물을 흘려야 했다. 그가 합의해야 했던 그 화평안은 "노샘프턴의 수치스러운 화평"으로 불렸다. 당시 스코틀랜드는 가난하고 야만적인 작은 나라에 불과했

---

* 2차 대전 때 각각 독일과 미국의 장군.

지만 잉글랜드에 맞설 때 가장 효과적인 맹방으로 보였다.

그러나 스코틀랜드인들은 의심할 수 없을 정도로 뛰어난 전투 능력에도 불구하고 잉글랜드인들에게 자주 패배를 당해왔고, 1333년 7월 에드워드 국왕은 버윅 근처의 헐리던 힐에서 그들을 궤멸했다. 그는 처음으로 승리를 맛보았을 뿐 아니라 말에서 내려 견고한 위치를 방어하는 기병과 궁수의 결합이 무엇을 해낼 수 있는지를 보았다. 물론 스코틀랜드인들에게는 창병과 경기병밖에 없었고, 프랑스 중기병의 위용에 비할 수는 없었다. 에드워드는 저지低地 스코틀랜드도 조직적으로 불태우고 초토화했다. 나중에 그의 병사들은 이 악랄한 전술을 프랑스에서도 똑같이 수행한다. 이 원정에 실제로 참여했던 연대기 작가 장 르벨은 배넉번의 패배를 갚은 잉글랜드인들이 얼마나 기뻐했는지를 기록했고, 에드워드가 귀환했을 때 개선장군으로 환대받았다고 서술했다. 그에 따르면, 에드워드는 "고귀한 언행만큼이나 관대한 마음과 그가 데리고 있는 아름다운 귀부인과 아가씨들로 인해 귀천에 상관없이 모두에게 사랑받고 칭송받았는데, 모두가 한목소리로 아서 왕의 재림이라고 말할 정도였다".

그러나 에드워드는 여전히 필리프와 싸우고 싶은 생각이 없었다. 그는 1336년까지도 몸소 원정에 참가한 스코틀랜드 정복에 여념이 없었다. 여러 해 동안 그는 기엔에서 항구적인 합의를 타결하기 위해 진심으로 노력했다. 기엔의 경계는 여전히 모호했고, 여기서 그의 주요 목표는 아주네 경계 지역 내의 영토를 되찾는 것이었던 것 같다. 필리프 역시 문제를 평화롭게 처리할 마음이 있었다. 1332년 두 국왕은 함께 십자군 원정을 떠나기로 했다. 교황의 열렬한 격려를 받은 이 계획에 따라 함대가 서서히 마르세유에 집결했다. 그러나 프랑스와 잉글랜드 사이에서 결국 전쟁이 터지리라는 것은 불가피한 사실이었다. 두 나라의 중앙집권화와 제도화가 진행되면서 프랑스와 기엔 간의 오래된 봉건 관계가 제대로 작동하지 않았다. 백년전쟁에 관한 현대의 뛰어난 권위자인 케네스 파울러 박사가 쓴 대로, "13세기와 14세기 초 프랑스 국왕들은 서서히 그러나 가차 없이, 어쩌면 자신들이 하고 있는 일이 어떤 결과를 초래할지 불완전하게 아는 상황에서 자신들의 종주권suzerainty을 주권sovereignty으로 승격시키고, 공작의 영주 권력을 지주 권력으로 축소시키고 있었다⋯ 잉글랜드 국왕은 도저히 받아들일 수 없는 상황이었다".

1334년 5월 열 살이었던 스코틀랜드 국왕 데이비드 2세가 필리프 6세의 권유를 받아들여 프랑스에 의탁했다. 필리프는 앞으로 자신과 잉글랜드 사이의 어떤 협상도 스코틀랜드 국왕의 이해관계를 고려해야 한다고 천명했다. 스코틀랜드와 프랑스의 동맹에 포위당한 데 격노한 에드워드는 그 후 프랑스 국왕을 적으로 간주했다. 필리프는 갈수록 노여워했지만 교황 베네딕트 12세가 개입하여 한동안은 잠자코 있었다. 1335년 11월 교황의 사절단이 잉글랜드와 스코틀랜드 간의 휴전을 성사시켰다. 그러나 1336년 3월, 교황은 에드워드 국왕과 필리프 국왕 사이에 진정한 평화는 없으며 십자군 원정은 연기되어야 할 것이라고 마지못해 선언했다. 몇 주 뒤, 그때까지 집결한 십자군 함대가 마르세유에서 출항하여 새로운 정박지인 노르망디의 항구들*로 향했다. 비록 함대 자체는 활동을 하지 않았지만 프랑스 사략선들이 영국해협과 비스케이만 일대를 공포로 몰아넣기 시작했다. 노로 추진되는 갤리선들은 바람이 잦아들어 오도 가도 못하는 잉글랜드 상선들을 쉽사리 따라잡을 수 있었다. 7월 루앙의 대주교는 설교에서 필리프가 6,000명을 스코틀랜드로 파견할 것이라고 공언했다. 9월 노팅엄에 모인 대평의회Great Council**는 상인회합의 지지를 받아, 프랑스 국왕의 배반을 규탄하고 에드워드가 프랑스와 맞서 싸울 수 있게 '십일조'와 '십오일조' 특별세를 걷는 안을 가결했다. 1337년 3월 웨스트민스터에서 열린 의회는 이 징세를 3년 더 갱신한다. 그러나 아직까지 전쟁이 시작된 상태는 아니었다.

무엇이 에드워드가 끝내 전쟁을 일으키게 만들었을까? 현대의 일부 논평가들은 에드워드한테서 지나칠 정도로 복잡하게 머리를 쓴 정책, 즉 현상 유지 작전을 읽어낸다. 그들은 에드워드가 프랑스를 공격함으로써 프랑스의 관심을 기옌에서 다른 데로 돌리려고 했을 것이라고 추측한다. 그러나 이 "현상 유지" 해석은 너무 미묘하다. 개인적 동기들이 여전히 더 그럴듯해 보인다. 에드워드는 진짜로 자신이 정당한 왕위 계승권을 찬탈당했다고 느꼈을 것이고, 가능하다면 프랑스를 되찾을 심산이었을 것이다. 최소한 그는 발루아에 맞서 기옌을 계속 보유할 작정이었다.

---

* 프랑스 북서부 노르망디 사람들의 주요 활동 거점이었던 셰르부르, 르아브르 등이 대표적이다.
** 대귀족들과 고위 성직자들로 구성된 국왕 자문회의.

에드워드 3세는 잉글랜드 역사상 가장 강력한 국왕 중 한 명으로, 대략 에드워드 1세와 헨리 8세 사이 어딘가에 존재하는 인물이었다. 그를 움직인 원동력이 무엇이었는지―아버지에 대한 콤플렉스였는지 아니면 단순히 과도한 권력욕이었는지―는 아무도 모르겠지만, 그는 30년 넘게 악마적인 에너지를 보여준다. 그는 모티머를 몰아낸 뒤 재빨리 봉건영주들로부터 자신의 권위를 확립했고, 20대 중반이 되었을 때 권력의 정점에 섰다. 그는 매우 장신에 뾰족한 노란 턱수염과 길게 늘어뜨린 콧수염을 기른 굉장히 잘생긴 청년으로, 한 당대인의 묘사에 따르면 생김새가 "신의 얼굴 같았다". 그는 위엄과 매력이 넘쳤고, 부드러운 목소리로 프랑스어와 영어를 유창하게 구사했다(그는 라틴어를 읽고 쓸 줄 알았으며, 독일어와 플라망어도 이해했던 것 같다). 당대에 그토록 칭송받던 그의 비의적인 기사도 숭배는 겉모습 아래에 감춰진 인물 됨됨이를 가려왔지만 그럼에도 그의 개성은 드러난다―우아함이 흘러넘치고, 친교에서는 따뜻하지만 반목하는 상대에게는 가차 없이 모질고 냉혹한 사람이었다. 한편으로는 방종하고 끊임없이 여자를 탐하다가 결국에는 긴강을 망치고 말았다. 그가 내면에 품고 있던 나폴레옹적 자신감과 영웅-왕이 되려는 기묘한 자의식적 결심이 어떤 것이었을지는 짐작만 할 수 있을 뿐이다. 하지만 이 모든 것에도 불구하고 그는 현실적인 사람이었다―그의 좌우명은 "있는 그대로(It is as it is)"였다.

에드워드의 호화로운 궁정, 정기적으로 열리던 연회와 마상 창시합은 그에게 뛰어난 참모들을 안겨주었다. 태생으로나 계급상으로나 직업 군인이었던 그의 친구들은 그가 어떤 식으로 생각하고 판단하는지 알았고, 스코틀랜드 원정에서 검증받았다. 비록 오래된 봉건 구조는 와해되고 있었지만 사회는 여전히 군사적 위계 사회였으며, 대영주들은 직무상 장군이었다. 1338년 원정을 준비하면서 국왕이 여섯 명에게 새로이 백작 작위를 내린 것은 의미심장한 일이었다. 그러나 에드워드의 모든 지휘관들이 백작이었던 것은 아니다. 더비셔 출신의 가난한 기사 존 챈도스 경 같은 이도 있었다. "대담한 직업 군인" 토머스 대그워스 경은 노퍽의 소지주 가문 출신으로, 결코 고귀한 태생이 아니었다. 에드워드의 왕비 필리파와 같은 에노 출신으로 왕비의 연회에서 고기를 자르는 임무를 맡았던 벨기에인―지금 우리가 부르는 이름으로는―월터 매니 경(태어날 때는 고티에 드 마니였다)도 비교적 한미한 가문 출신의 지휘관이었다.

에드워드의 궁정을 화려하게 장식한 외국인 가운데 눈에 띄는 인물로는 악명 높은 아르투아의 로베르Robert of Artois를 들 수 있다. 프랑스 왕족인 그는 필리프 국왕의 인척이자 "그의 특별하고 주요한 벗"이었다. 장 르벨에 따르면 그는 필리프가 왕위를 얻는 데 크게 일조했다. 그러나 1330년 로베르는 그의 친척 아주머니가 상속한 아르투아를 위조문서를 이용해 손에 넣으려다 사기 행각을 발각당했다. 2년 뒤에는 그 친척 아주머니가 죽었는데 독살된 것으로 추정되었다. 로베르는 그녀를 살해한 죄로 유죄 판결과 사형을 선고받은 뒤 프루아사르가 표현한 대로 "프랑스 왕국 바깥으로 쫓겨났다". 그는 마법을 시도했다는, 근거가 있어 보이는 혐의도 받았다.

그는 1336년에 잉글랜드로 건너갔고, 에드워드의 환대를 받았다. 필리프가 로베르를 비호하는 자는 자신의 적이라고 위협했는데도 에드워드는 로베르를 리치먼드 백작으로 삼고 그에게 연금과 세 채의 성을 하사했다. 로베르의 망명은 필리프를 향한 에드워드의 적대감을 더욱 부채질했다고 한다. "로베르는 늘 에드워드 국왕 주변에 머무르면서 국왕에게 그의 유산을 부당하게 차지하고 있는 프랑스 국왕에 맞서라고 권하였다." 로베르는 1338년 연회 도중에 왜가리 선서^{The Oath of the Heron}*를 연출한 장본인이며, 이때 잉글랜드 궁정 전체가 국왕의 삼촌 세 명이 썼던 왕관을 되찾을 수 있도록 용맹하게 국왕을 보필하겠다고 맹세했다. 로베르는 불만을 품은 북^北프랑스 귀족들과 접촉할 수 있는 가장 유용한 연줄이었다. 세월이 한참 흐른 후, 프루아사르는 에드워드 국왕이 "로베르 경"에게 얼마나 커다란 믿음을 품고 있었는지를 들었다.

에드워드의 왕비도 저지대 지방^{Low Countries}**과 연줄이 닿는 사람으로서 상당한 가치가 있었다. 에노의 필리파는 열두 살 때 열네 살 된 에드워드와 사랑에 빠졌고, 그들은 1328년에 결혼했다. 2년 뒤 그녀는 장래의 흑태자^{Black Prince}인 첫아들을 낳았고, 이후로도 그에게 여러 아들을 안겼다. 살짝 들창코에 갈색 머리카락과 갈색

---

* 로베르가 사냥매로 잡은 왜가리를 에드워드에게 바치며 프랑스 정복에 나설 것을 촉구했다는 일화.

** 오늘날의 벨기에와 네덜란드, 북프랑스 일부 지역을 뭉뚱그려 부르는 이름이다. 당시이 지역은 특정한 왕국의 영토가 아니라 혈연관계와 결혼에 따라 복잡한 승계 원칙을 따르는 각종 제후령이나 신성로마제국 소속 도시들로 이루어져 있었다.

눈동자의 키 큰 벨기에 미인인 그녀는 매력적인 성품을 지녔고, 남편이 무수히 외도를 했는데도 그에게 줄곧 헌신했다. 기민하고 분별력 있는 그녀의 유일한 결점은 사치와 과한 옷차림이었다. 에노와 홀란트, 제일란트의 백작인 선량공 기욤$^{William\ the\ Good}$의 딸이었던 그녀는 에드워드에게 극히 유용한 연줄들을 제공했다.

잉글랜드인들은 프랑스인들이 스코틀랜드를 보는 것처럼 플랑드르를 바라보았다. 전쟁 발발 시 우군으로 여겼다는 의미다. 1336년 말, 에드워드는 인접한 저지대 지방의 신성로마제국 귀족들에게 프랑스 국왕의 부당함과 프랑스 국왕이 자신에게 꾸민 "커다란 음모" 그리고 기옌을 빼앗으려는 의도에 항의하는 서신을 보냈다. 그러나 이 귀족들 가운데 다수는 필리프 6세의 충실한 친구로 남았고, 따라서 1337년 봄 에드워드는 심사숙고해 엄선한 사절단을 에노에 파견했다. 사절단은 솔즈베리 백작과 헌팅던 백작, 링컨 주교가 이끄는 60명의 기사들로 구성되었다. 곧 그들은 수중의 현금이면 겔데르, 쥘리에르, 랭부르* 백작들을 비롯해 프랑스에 같이 맞설 수 있는 맹방을 살 수 있다는 것을 알게 되었다. 그들은 실제로 브라방 공작에게 6만 파운드, 즉 잉글랜드와 기옌의 1년치 세수를 합한 금액을 제공했다. 그들은 또한 스테이플**을 안트베르펜***에 설

---

* 이 책에서는 현재 지명과 현재 그 지역의 언어 사용 현황과 상관없이 플랑드르의 역사적 지명들을 프랑스식 지명이 있는 경우 대체로 프랑스식으로 표기하였고, 관례로 굳어진 플라망어 지명들은 처음에 나올 때 프랑스어 지명을 함께 밝혔다.
** 잉글랜드의 원모를 저장하고 거래하는 공식 유통 창고.
*** 프랑스어 지명은 앙베르^{Anvers}이다.

치하겠다는 제안도 내놓았다.

에드워드는 노회한 통상 금지 주창자였다. 플랑드르인들은 유럽의 직물 제조인들이었고 잉글랜드 양모에 의존했다. 하지만 인기 없는 플랑드르 백작 네베르의 루이Louis of Nevers는 여전히 고집스럽게 필리프에게 충성을 바쳐서 자신의 영토 안에 있는 잉글랜드 상인들을 체포했다. 이에 에드워드는 1336년 8월 플랑드르에 잉글랜드가 거의 독점을 누리는 품목인 원모raw wool의 수출을 금지했다. 브라방 같은 인근의 직물 제조업 중심지들은 양모가 플랑드르로 가지 않는다는 조건에서만 잉글랜드 양모를 수입할 수 있다는 허락을 받았다. 얼마 지나지 않아, 굶주린 플랑드르 직조공들이 주변 시골과 북프랑스 도시 전역에서 구걸에 나서게 되었다. 도시 지배층과 직조공들은 철저한 파멸의 위협 앞에 하나가 되었다. 1338년 1월 헨트Ghent*의 시민들은 야콥 판아르테펠더라는 부유한 상인이자 벌꿀술 양조업자를 그들의 호프트만Hooftman(대장)으로 선출했고, 그는 재빨리 브뤼주와 이프르를 장악했다. 프루아사르에 따르면, 야콥은 플랑드르의 모든 도시와 요새에 그에게 보수를 받고 밀정과 청부업자 노릇을 하는 병사들을 두었다. "그는 자신에게 반대하는 이는 누구든 해치웠다." 1339년 루이 백작과 그의 가족은 당시 일종의 공화국 체제를 이룬 헨트와 브뤼주, 이프르 세 도시의 지배를 받던 플랑드르에서 달아나야 했다. 그해 12월 에드워드는 야콥 판아르테펠더와 _그_가 이끄는 징창병들괴의 군사동맹

---

* 프랑스어 지명은 강Gand, 독일어 지명은 겐트Gent이다.

에 대한 대가로 플랑드르로의 양모 수출을 허락하고 스테이플을 브뤼주로 이전하는 데 동의했다. 판아르테펠더의 장창병들은 프루아사르도 "무기를 다루는 데 능숙한 뛰어난 전문가"들이라고 인정한 병사들이었다.

양모는 "잉글랜드 왕국의 보물이자 최고 상품"이었으며, 왕국 재산의 태반을 차지했다. 스코틀랜드 원정 탓에 이미 왕국에 과도한 세금을 물리고 있던 에드워드는 양모 무역에서 돈을 뜯어내기로 했다. 그는 1336년 노팅엄에서 생산된 모든 양모 부대角袋를 저당 잡혀 돈을 빌렸고, 이를 통해 연간 7만 파운드의 수입을 얻을 거라 기대했다. 또한 일단의 부유한 잉글랜드 상인들과 다소 수상쩍은 거래를 했다. 그들은 양모 수출을 독점하는 대가로 국왕을 위해 양모를 구입, 수출, 판매하기로 했다. 에드워드는 양모 부대를 손에 넣기 위해 멋대로 도르드레흐트에 있던 비축 물량을 징발하는 대신 내켜하지 않던 상품 주인들에게 맬러토트maletote, 즉 양모에 붙는 수출세를 면제해주는 약속 증서로 보상했다(오늘날 대법관*이 여전히 앉는 좌석의 일종인 양모 한 부대는 당시 가격이 10파운드 정도였다). 이 계획은 적어도 20만 파운드의 수입을 가져올 것으로 기대되었지만, 결국에는 커다란 대가를 치른 실패로 드러나게 된다.

에드워드 3세는 자금을 빌리면서 더욱 수상쩍은 방편에 기댔다. 그는 잉글랜드 양모나 기옌 포도주에 부과하는 관세를 담보

---

* 대법관인 동시에 의회 개회 시 상원 의장 역할을 한다.

삼아 롬바르디아 은행가들—바르디가^{Bardi}, 프레스코발디가$^{Fresco-}$ ^{baldi}, 페루치가^{Peruzzi}—과 네덜란드 상인, 잉글랜드 양모 상인들로부터 막대한 자금을 빌렸다. 그에게 돈을 빌려준 사람들 대부분이 파산했다. 하지만 에드워드 3세에게 중요한 것은 전쟁을 할 수 있는 충분한 자금을 얻는 것뿐이었다. 사실 그가 그런 자금을 마련하길 기대했다는 것 자체가 놀라운 일이다. 그럼에도 공정하게 말하자면, 그가 과세하기 전에 적어도 신민들에게 의견을 물었다는 점은 인정해야 한다. 에드워드 1세가 겪었던 어려움과 자신의 아버지의 몰락은 에드워드에게 그러한 상의가 필요하다는 것을 보여주었다. 그는 거듭해서 자문회의와 의회 양쪽에 자신의 필요를 설명했고, 종종 약간의 효과를 보기도 했다. 1343년 그의 대신 중 한 명은 의회에 전쟁이 "주교와 귀족, 평민들의 공동 합의로 시작되었음"을 상기시킬 수 있었다. 심지어 에드워드는 지방에까지 자신의 입장을 설명했다. 1337년 가을, "악의에 찬 프랑스 국왕이 화평이나 조약에 동의하려 하지 않았다"고 설명하는 국왕의 포고문이 잉글랜드 카운티 법정 전역에서 낭독되었다. 그러나 이 모든 설명들도 사람들이 더 많은 세금을 내게 하는 데는 별 도움이 되지 않았다.

에드워드가 겪었던 또 다른 어려움으로는 군대 동원이 있다. 봉건적 군역이라는 옛 시스템은 사실상 자취를 감췄으므로 그는 지휘관을 고용한 뒤 그 지휘관들이 꼼꼼하게 작성된 계약서의 조건에 따라 정해진 기간 동안 정해진 급여를 받고 복무하기로 한 병사를 명시된 유형에 따라 그 수만큼 모집하는 "고용 계약^{indenture}" 방식을 써야 했다.* 그러나 웨일스 단검병^{knifemen}이든 잉글랜드 궁수든 그의 보병은 전통적인 "배치 위임권^{commissions of array}"에 의해 징집해야 했다. 보통 군사적 경험이 있는 현지 신사^{gentleman}인 징병관은 이론적으로는 그 지역의 태수^{baliff}**나 성 관리장관이 소집한 16세에서 60세 사이의 주민들 가운데 가장 적합해 보이는 남성을 선택했다. 하지만 실제로는 매우 수상한 인물들도 포함되었다. 에드워드 3세의 병사들 가운데 무려 12퍼센트가 범법자들로 추정되는데, 대다수가 살인죄로 사형을 선고받은 뒤 "사면장"을 기대하며 군대에 복무하는 이들이었다. 국왕은 이 징집병들에게도 옷을 주고, 무장시키고, 급여를 주어야 했다.

필리프 6세는 이론상으로는 재정적인 고민을 할 필요가 없어야 했다. 그러나 프랑스가 부유하다고는 해도 그곳의 통치자들이 프랑스의 부富를 이용하기는 매우 어려웠다. 잉글랜드와 달리 프랑스에는 단일한 과세 체계도, 단일한 자문 협의회도 없었다. 공작과 백작의 권력을 빼앗아버린 이전 세기의 중앙집권화는 대체로 지방 재정 체계와 협의회들은 건드리지 않았다. 1337년 필리프는 실제로 관리들에게 급료를 지불할 수가 없었는데, 부분적으로는 일부 지방 협의회들이 그가 요구한 만큼 돈을 지불하기를 거부하고, 그 가운데 일부는 아예 조금도 지불하려 하지 않았기 때문이다. 그러자 필리프는 관리들에게 타협하거나, 옛 특권을 부활시키

---

* 창병 100명, 중장기병 100명, 궁수 200명, 보병 300명식으로, 유형별로 그 수를 정해 고용했다는 의미이다.

** 사법 권한이 있는 지방관.

고 새 특권을 부여하고, 장래에 면세를 해주겠다고 약속하고, 협상할 때 "비위를 맞춰주고, 부드럽고 유순한" 태도를 취하라고 지시했다. 그는 어떤 특별 과세든 삼부회의 동의가 필수적이라는 생각이 커져가는 것을 허용했고, 지방 협의회들이 귀족과 성직자, 평민들의 '삼부회Estates(신분제 의회)'로 인정받을 수 있게 허락했다. 결국 그는 화덕세와 맬러토트, 여타 보조금 그리고 그의 재위 때 도입한 가벨세gabelle, 즉 염세鹽稅를 부과하고 징수하는 데 성공했다. 그는 또 투르 은화gros tournois*를 회수하여 품질이 떨어지는 금속으로 재주조하는 방식으로 여러 차례 통화 가치를 절하했다. 뿐만 아니라 성직을 공석으로 유지함으로써 성직자들에게서 더 많은 돈을 뜯어내고, 그 성직록 수입을 자신이 전유했다. 하지만 이 모든 조치들에도 불구하고 필리프는 교황에게 금화 100만 플로린을 꾸어야 했다.

프랑스 국왕은 병사들에게 급료를 지불할 한 푼이 아쉬운 상황이었다. 영주가 국왕에게 봉토를 하사받고 그 대가로 군역을 제공하는 봉건제도는 12세기 이후 프랑스에서 점차 해체되고 있었다. 여러 세대 동안 많은 귀족들이 전쟁에 나가기를 거부했다. 전쟁에 나간 귀족들도 보수를 받기를 기대했고, 잉글랜드에서처럼 병사들도 갈수록 레트르 드 레테뉴lettres de retenue, 즉 고용 계약 방식으로 충원되었다. 그러나 필리프는 이럭저럭 강력한 군대를 일으킬 돈

---

* '투르에서 주조된 은화(gros)'라는 의미로, 이 책의 「통화 단위에 대한 간략한 설명」을 참조하라.

을 마련했다. 일례로 1340년에 그는 기엔 국경 지대에는 2만 명에 가까운 중기병을, 플랑드르 국경 지대에는 4만 명이 넘는 중기병을 배치했다. 사실 백년전쟁 초기 국면의 진짜 드라마는 서로 맞붙기 위해 난감할 정도로 삐거덕거리고, 통제가 안 되는 국가의 자원을 뽑아내려고 두 주인공이 기울인 초인적인 노력이라고 할 수 있다.

프랑스와 잉글랜드는 느릿느릿 힘겹게 전쟁에 돌입했다. 1337년 5월 24일 필리프 국왕은 특히 에드워드가 주술을 행한 아르투아의 로베르에게 도피처를 제공한 것을 거론하면서 "잉글랜드 국왕이 프랑스와 짐에게 거역하고 불충을 저질렀기에" 에드워드한테서 기엔을 몰수한다고 선언했다. 일반적으로 이 선언은 백년전쟁의 시작으로 간주된다. 10월 에드워드는 "프랑스 국왕을 참칭하는 발루아의 필리프"에게 정식으로 도전하며 프랑스 왕위를 주장하는 공식 서한으로 응수했다.

필리프 6세는 즉시 기엔에 가공할 공세를 개시했고, 이 공세는 3년간 이어진다. 1339년 그의 병사들은 지롱드강 하구 북안의 블라예를 점령하여 보르도와 바다를 잇는 통로를 위협했고, 1340년에는 도르도뉴강 어귀에 있는 부르를 손에 넣었다. 가론강 유역에서는 라레올이 다시 프랑스군에 함락되었고, 이후 그들은 공국의 수도에 더 가까운 생마케르를 포위했다. 주요 수송로와 연락 통로를 붕괴시킨 것 외에도 그들은 앙트르되메르와 생테밀리옹의 풍요로운 포도밭을 쑥대밭으로 만들고, 보르도를 함락시키려는 결연한 의지를 보였다. 기엔은 1340년 이후로 필리프가 다른 일로 바빴기 때문에 간신히 살아남을 수 있었다.

한편 에드워드는 일련의 동맹 관계를 구축해 프랑스를 포위했다. 그는 1337년 8월 막대한 뇌물과 함께 신성(비록 파문은 당했지만)로마제국 황제 루트비히 4세라는 놀라운 선물을 얻는다. 루트비히 4세는 필리파의 인척이었다. 에드워드는 왕비와 함께 안트베르펜의 화려한 사령부에 자리를 잡은 뒤 코블렌츠로 성대하게 행차하여 루트비히를 만났다.

황제는 그에게 필리프에 맞설 수 있도록 "7년 동안" 원조할 것을 약속하며, 에드워드를 독일 바깥의 모든 제국 영지에 관할권을 행사하는 제국 총대리(혹은 대행)로 임명했다. 이론상으로 에드워드는 이제 저지대 지방의 모든 영주들과 심지어 부르고뉴와 사부아의 백작들까지도 봉신으로 소환할 수 있었다. 하지만 이 직함은 실제로는 의심스러운 위신 이상은 아니었다. 그럼에도 에드워드와 필리파는 안트베르펜으로 귀환하여 1338~1339년 겨울 동안 그곳에 궁정을 두면서 "그해 겨울 내내 안트베르펜에 많은 돈과 금은을 뿌리며 궁정을 마땅히 영예롭게 유지했다".

잉글랜드 국왕이 외교적 승리를 즐기고 있는 동안 그의 나라는 적국 사략선의 습격을 견디고 있었다. 1338년 3월 니콜라 베위셰와 그의 선원들은 교구 교회와 구호원을 제외하고 포츠머스를 깡그리 불태웠다. 몇 달 뒤 위 퀴에레는 다름 아닌 에드워드를 위해 건조된 "돈과 양모가 잔뜩 실린" 대형 코그선 크리스토퍼호를 비롯해 재물을 한가득 실은 선박 다섯 척을 손에 넣어 발헤런을 떠났다. 1338년 10월 또다시 포츠머스가 불길에 휩싸였고, 그다음에는 건지섬이 점령당했다. 이듬해 프랑스 병사들은 도버와 포크스

톤을 공격하고, 와이트섬 전체에 불을 지르고 살육을 저지르고, 심지어 템스강 하구에 출현하는 등 콘월부터 켄트까지 잉글랜드 동해안을 습격했다. 프랑스 전함들은 플랑드르로 양모를 실어 나르는 선박들과 매년 여름 사우샘프턴과 보르도 사이를 오가는 대규모 포도주 선단에 갈수록 심각한 위협이 되었다. 더욱이 프랑스로 향하는 잉글랜드 원정대는 도중에 봉쇄당할 가능성을 고려해야 했다.

사실 잉글랜드는 전면적인 침공에 직면해 있었다. 이 정보를 알고 있던 잉글랜드인들은 이미 1333년부터 필리프의 십자군 함대가 침공할까봐 두려워했고, 1338~1340년의 습격들 때문에 해안 지방 주민들 사이에서는 소름끼치는 소문이 떠돌았다―켄트 고기잡이들이 납치된 뒤 팔다리가 잘려 칼레 거리 곳곳에서 조리돌림을 당했다는 소문은 근거가 없는 이야기가 아니었다. 남부 지방 주마다 '해안 수비대garde de la mer'라는 향토 의용대가 조직되었다. 1339년 3월 23일 필리프 6세는 잉글랜드 정복 칙령ordonnance을 내렸다. (심지어 고기잡이배까지 포함된) 잉글랜드 선박 파괴를 위해 베위셰가 제안하고 가능한 범위 내에서 정확하게 비용을 산출한 제안들은 무시되고, 대신 '바다의 대군대'가 우선권을 얻었다. 1년 남짓 만에 200척이 넘는 대함대가 제일란트 해안의 슬라위스 앞바다, 즈빈강 어귀에 집결하고 있었다(현재 즈빈강은 오래전부터 토사로 막혀 있지만 당시 슬라위스는 중요한 항구였다).

1339년 봄 잉글랜드인들은 르트레포르Le Treport를 철저히 약탈해 자신들이 당했던 것을 되갚았다. 같은 해 가을 그들은 불로뉴 항구로 들어가 정박 중이던 프랑스 선박 30척을 불태우고 선장들을 목매달았으며, 불길에 휩싸인 도시를 놔두고 떠났다. 그러나 프랑스의 함대 규모는 계속 커졌다. 프랑스군의 원수 밀 드 누아예는 6만 명의 병력을 해협 너머로 실어갈 계획이었다.

에드워드는 필리프와 육전陸戰을 벌일 수 있는 돈을 구하기 위해 분투했다. 1337년 그의 첫 원정군—플랑드르 백작령을 약탈하기 위해 노샘프턴 백작 윌리엄 드 보운 휘하로 파견된 1만 5,000명의 병력—은 터무니없이 비용이 많이 드는 모험이라는 것이 드러났다. 1339년 에드워드는 자신의 프랑스 국왕 대관식 때 사용하기 위해 제작했던 왕관을 저당 잡혔다. 잉글랜드 국왕 왕관은 진작에 저당 잡힌 상태였다. 그해 9월 마침내 그는 몸소 군대를 이끌고 저지대 지방에서 프랑스를 침공할 수 있었다. 그의 병력은 안트베르펜에서 그와 합류한 소규모 잉글랜드 군대와 통 믿음이 안 가는 약간의 독일과 네덜란드 용병들 그리고 브라방 공작으로 이루어져 있었다. 그는 티에라슈 교외를 의도적으로 파괴하고 캉브레를 포위하면서 느릿느릿 피카르디로 진군했다. 필리프는 그와 맞서기 위해 생캉탱에서 3만 5,000명의 기병과 보병으로 구성된 군대를 이끌고 왔다.

필리프가 공격해오기를 이제나저제나 바랐던 에드워드 국왕은 플라망제리 앞에서 군대를 3열로 정렬했다. 잉글랜드 병사들이 전위에, 독일 제후들과 그들의 병사들은 그 뒤에, 그리고 가장 후위에는 브라방 공작 휘하의 브라방 병사들과 플랑드르 병사들이 자리 잡았다(잉글랜드 병사들의 전투 대형은 말에서 내린 중기병이 중앙을, 궁수가 양익을 담당한 형태였다. 에드워드는 6년 뒤 크레시 전투에서도 활용하는 전술을 구사하려고 했던 것 같다). 필리프는 양측 진영 최고의 기사들끼리 결투 심판을 벌이자고 도전장을 던져 기사도적 영광을 향한 잉글랜드 귀족들의 욕구를 자극했다가 정정당당하지 못하게 이 제안을 철회했다. 게다가 더욱 위신이 떨어지게도 그는 자신의 병력이 에드워드의 병력보다 두 배 이상 많았는데도 전혀 싸우려고 하지 않았다. 잉글랜드 국왕은 고작 한 달간의 전역^{campaign} 이후 퇴각할 수밖에 없었다.

1339년 전역이 특별히 흥미로운 이유는 프랑스의 비전투원들이 당한 참화 때문이다. 적국 정부를 약화시키기 위해 시골과 도시 모두에 최대한 피해를 입히는 것이 중세 전쟁의 관습이었다. 잉글랜드인들은 스코틀랜드와 치른 여러 차례의 전쟁에서 이 고약한 습관을 얻었고, 에드워드는 1339년 원정 때 젊은 왕세자에게 쓴 편지에서 자신의 부하들이 모조리 불태우고 약탈하여 "시골의 곡물과 가축, 여타 물품이 남김없이 파괴되었다"고 밝히기도 했다. 병사들은 집집마다 들어가 약탈한 뒤 불을 놓았고, 작은 촌락들은 하나같이 불길에 휩싸였다. 수도원이나 교회, 구호원도 이런 재앙을 피하지 못했다. 민간인—남자, 여자, 어린이, 사제, 부르주아와 농민들—수백 명이 죽임을 당했고, 굶어 죽어가던 수천 명은 요새화된 도시로 도망쳤다. 잉글랜드 국왕은 그러한 부유하고 인구밀도가 높은 지방에서 펼치는 '총력전'이 얼마나 효과적인지 알았다. 따라서 프랑스인들이 전쟁에 지치기를 바라며 슈보시^{chevauchée}, 즉 체계적으로 적의 영역을 초토화하는 습격 전술을 최대한 활용했다(5세기

후 그와 정확히 똑같은 원칙이 셔먼 장군의 조지아주 진군에 영감을 주었다*). 당연히 잉글랜드인들은 이번 일에서 자신들이 이룬 성과에 흡족해했다. 에드워드의 자문관 가운데 한 명인 대법관 제프리 스크로프 경은 한 프랑스 추기경을 "크고 높은 탑 위로 데려가 파리 일대의 15마일이 불타는 광경을 보여주"며 "예하, 프랑스를 감싸고 있던 비단실이 끊어진 것 같지 않습니까?" 하고 물었다. 이 말을 들은 추기경은 "공포와 비탄에 잠겨 종탑 지붕 위에 마치 죽은 듯이 사지를 뻗은 채" 쓰러지고 말았다.

보다 초연한 일부 관찰자들도 경악하기는 마찬가지였다. 교황 베네딕트 12세는 피난민을 구호하기 위해 금화 6,000플로린을 파리로 보냈다. 교황의 자선금을 나눠준 외u의 부주교는 자신이 구호한 7,879명의 피해자들에 대한 보고서를 남겼는데(사망자 수에 관해서는 언급하지 않았다), 대부분 극도로 궁핍한 상태였다. 거의 대다수가 평범한 농민이나 수공업자들이었다. 그는 화재로 174군데 교구가 파괴되었다고 보고했는데, 그중 많은 곳이 교구 교회와 함께 전소되었다.

에드워드는 평소보다 훨씬 더 빨리 돈이 떨어졌다는 걸 알게 되었다. 남아 있는 마지막 현금으로 야콥 판아르테펠더와의 동맹을 산 국왕은 새롭게 자금을 마련하기 위해 잉글랜드로 돌아가면서 부채에 대한 보증인으로 아이들과 임신한 아내를 헨트에 남겨

---

* 남북전쟁 당시 북군의 셔먼 장군은 조지아주를 관통하여 바다로 진군하는 동안 남부연맹의 경제와 전쟁 수행 능력을 약화시키기 위해 철도와 전신 등 기간 시설과 농장을 체계적으로 파괴하는 전술을 구사했다.

두어야 했다(그가 없는 사이 헨트에서 태어나 살아남은 셋째아들은 이후에 "곤트의 존John of Gaunt"*으로 불리게 된다). 백년전쟁에 관한 위대한 역사가 에두아르 페루아 교수는 이때 "에드워드를 제외하고는 다들 얼마나 낙심했을까"라고 썼다.

에드워드는 잉글랜드로 떠나기 전인 1340년 2월 6일 헨트에서 성대한 회의를 열었다. 그는 자신의 문장인 붉은 바탕 위 황금 사자뿐 아니라 프랑스 왕가의 파란 바탕을 배경으로 한 황금 백합 문장까지 공개적으로 착용하고 회의에 나타나 자신을 프랑스 국왕이라고 칭했다(그가 이렇게 행동한 것은 프랑스 국왕을 자칭하면 용맹스러운 플랑드르 장창병의 동맹일 뿐 아니라 그들의 왕도 될 수 있을 것이라고 지적한 야콥 판아르테펠더의 권고가 있었기 때문이라고 한다). 그뿐 아니라 에드워드는 프랑스의 귀족들뿐 아니라 평민들에게도 노련하게 작성한 포고문을 반포했다. 그는 "나의 선조인 성왕 루이 시절에 지켜진 좋은 법과 관습을 부활"시키고, 세금을 줄이고, 주화의 품질을 떨어뜨리는 일을 중단하며, "왕국의 귀족과 사제, 유력자와 충성스러운 봉신들의 조언과 자문을 따를 것"을 약속했다. 그는 자신이 발루아 왕가의 중앙집권화에 맞서는 지방 독립의 옹호자라고 주장하며, 대안적 왕조를 제시했다.

그런 다음 에드워드는 필리프에게 또 다른 모욕적 서신을 보내, "그대가 무도하게 내어주길 거부한 짐의 상속 권리를 회복하기 위해" 결투로 결판을 내자고 제안했다. 결투는 두 왕이 대결―기

---

* 곤트Gaunt는 헨트Ghent의 변형어로, '헨트 출신의 존'이라는 뜻이다.

에드워드 3세의 옥새.* 프랜시스 샌퍼드, 『영국의 군주들, 잉글랜드 국왕들의 계보』 (1671년).

사도에는 맞지만 필리프는 마흔일곱 살, 에드워드는 스물여덟 살에 불과하니 그다지 공정하다고는 할 수 없는—하거나 필리프의 최고 기사 100명과 에드워드의 최고 기사 100명이 대결하는 방식이었다.

　이 결투 신청은 결코 철회되지 않았고, 그 후 발루아 왕가와 플랜태저넷 왕가는 끊임없는 반목에서 헤어나오지 못했다. 에드워드 3세는 프랑스 국왕이 결투에 나서게 하는 데는 실패했지만, 비범한 결의와 자신에게 유리한 기회를 놓치지 않는 판단 능력을 보여주었다. 반면 중세 기준으로 노년에 접어들고 있던 필리프 6세

---

* "하느님의 은총으로 프랑스와 잉글랜드 국왕이자 아일랜드의 주인"이라는 문장이 새겨져 있다.

는 전적으로 수세적 방어 태세를 유지했다. 마상 창시합 애호가라는 것이 널리 알려져 있었지만 필리프는 에드워드의 침공을 유도한 뒤 적의 자금이 바닥날 때까지 전투를 거부하는 전략을 성공적으로 구사했다.

2장

크레시 전투
1340~1350년

그러자 발루아가 말했다.
죽음의 낫이 추수하기 전에 그만두지 않겠느냐?
『에드워드 3세 치세기』

전투와 살인, 급사로부터 주님, 저희를 구해주소서.
_기도문

백년전쟁의 서막을 연 에드워드 3세(1327~1377년 재위). 그는 모두의 예상을 깨고
당시 유럽 최강이던 프랑스군을 상대로 크레시 전투에서 압승을 거둔다.

백년전쟁의 다음 단계에서는 나라 안팎에서의 좌절에 굴하지 않았던 에드워드 3세의 끈기와 그가 어떻게 궁극적으로 보답을 받았는지에 대한 이야기가 펼쳐진다. 플랑드르에서 좌절을 겪었던 끈질기고 상당히 무시무시한 이 인물은 브르타뉴, 기엔, 노르망디뿐 아니라 일드프랑스에도 공격을 감행했다. 그러나 처음으로 큰 승리를 거둔 것은 바다에서였다.

1340년 봄 국왕은 헨트에서 잉글랜드로 오자마자 의회를 소집하고, 새로운 세금을 걷지 않는다면 자신은 저지대 지방으로 돌아가 빚 때문에 감옥에 갇혀야 한다고 말했다. 의회는 에드워드의 낭비에 불만을 드러내면서도 마지못해 2년 동안 '구일조세', 즉 모든 농장마다 아홉째 곡식 단, 아홉째 양털과 양, 그리고 모든 도시민의 소유 재산의 아홉째 것을 세금으로 거두는 데 동의했다. 그 대가로 국왕은 몇몇 세금을 폐지하고 정부 차원의 여러 개혁 조치를 시행하겠다고 약속해야 했다. 그러나 그는 이제 헨트로 돌아가 아내와 아이들을 되찾고 필리프에 맞서 군사작전을 재개할 수 있게 되었다. 그는 증원군을 모으고 그들을 실어갈 함대를 서퍽 해안에 집결시켰다. 헨트로 돌아가는 길에 슬라위스에서 프랑스 함대를 상대할 계획이었다.

연대기 작가 제프리 르베이커는 반대되는 이야기를 전해 들었던 것 같지만, 이미 국왕은 한동안 이런 움직임을 계획하던 중이었다. 이제 적의 침공 함대는 기가 죽을 만큼 거대했다. 함대에는 프랑스뿐만 아니라 카스티야와 제노바의 선박들까지 포함되어 있었다. 카스티야는 프랑스의 맹방이었으며, 제노바인들은 베테랑 선장인 바르바네라(프랑스인들이 부르는 이름대로는 '바르베누아')가 이끄는 용병들이었다. 에드워드는 구할 수 있는 모든 배를 징발하는 동시에 문자 그대로 사람들을 강제로 징집해 그 배들을 조종하고 싸우게 했다. 하지만 그의 항해장인 로버트 몰리와 플랑드르 사람 요한 크라버는 그에게 전력 차가 너무 크다고 경고했다. 왕은 두 사람이 선원들의 사기를 꺾으려 한다고 비난했다. "그러나 나는 바다를 건널 것이며 두려운 자는 집에 남아도 된다." 1340년 6월 22일 국왕이 커다란 코그선 토머스호에 승선한 가운데 마침내 함대는 서퍽의 자그마한 오웰 포구에서 출항했다. 도중에 북함대^{Northern Fleet} 제독 몰리 경이 50척의 배를 이끌고 합류하여 에드워드 국왕의 함대는 모두 합쳐 147척에 달했다.

아마도 이 선박들은 거의 다 코그선이었을 것이다. 잉글랜드 정부는 '왕립선King's Ships', 즉 여러 결점에도 전함으로 계획된 다수의 개조된 코그선을 주문했었다. 코그선은 양모부터 포도주와 가축, 승객에 이르기까지 화물을 실어 나르게 설계된, 기본적으로 상선이었다. 흘수가 낮고 크기가 작은—때로 200톤까지 나가기도 하지만 보통은 30톤에서 40톤 정도—이 배는 더 큰 선박들이 접근할 수 없는 작은 만이나 강어귀를 드나들 수 있었다. 클링커 양식*으로 건조되고 폭이 넓으며 뱃머리와 선미루가 둥근 코그선은 북해 항해를 위한 전천후 배였다. 그러나 코그선은 병력 수송선으로는 훌륭했지만 결코 전함이라고는 할 수 없었다. 뱃머리와 선미루 위에 특별히 전투 장대를 올려 개조한다고 해도 말이다. 전술은 끔찍할 정도로 단순했다. 적선의 바람받이 뱃전**으로 접근한 다음 들이받거나 좌초하게 만들어 침몰시키는 것이었다.

사각돛 한 개와 원시적인 방향타만 갖춘 코그선은 기동이 느렸다. 제대로 된 충각과 투석기로 무장하고, 노로 추진되기 때문에 속력이 더 빠르고 기동성이 우수한 지중해 갤리선처럼 처음부터 전투용으로 건조된 전함과 대적할 경우 왕립선들은 특히 위험했다. 지난 40년간 프랑스인들은 갤리선 건조가 특기인 제노바 전문가들이 건설한 왕립 선거船渠—루앙의 클로데갈레—를 유지해왔고, 때문에 탁 트인 바다에서의 전투는 전술적으로 에드워드에게 상당히 불리했을지도 모른다.

---

* 뱃널을 조금씩 겹쳐서 연결한 방식.
** 바람이 불어오는 쪽의 뱃전.

6월 23일, 잉글랜드 함대는 블랑켄베르허 맞은편의 제일란트 앞바다에 정박했다. 적진을 탐색할 정찰대가 상륙했다. 그들은 돌아와 "빽빽이 들어찬 돛대들이 커다란 숲처럼 보일 정도로 매우 많은 배들"을 슬라위스에서 목격했다고 보고했다. 에드워드는 바다에 머물며 하루 종일 대책을 논의했다.

프랑스의 제독 위 키에레와 니콜라 베위셰는 "매우 뛰어나고 전문적인 전사"였지만 뱃사람은 아니었고—베위셰는 전직 징세인이었다—카스티야와 제노바인 동료들과의 소통이 현저히 부족했다. 당연히 바르바네라는 자신의 갤리선 세 척으로 잉글랜드 코그선과 맞붙기 위해 두 제독에게 바다로 나가기를 간청했지만 그들은 육지에서 전투를 벌일 수 있도록 하구에 머무르기를 고집했는데, 그것이야말로 에드워드가 원하던 바였다. 프랑스인들은 집결해 있던 함대를 세 전대로 나눠 순서대로 배치했다. 배들은 사슬로 묶여 있었고, 돌을 매단 소형 보트들과 널빤지들로 방어벽을 쳐 서로 부딪히지 않게 했다. 대포 4문과 석궁 사수들로 무장하고 플랑드르인과 피카르디인들이 배치된 제1전대는 전열 한쪽 끝에서 잉글랜드 코그선들을 포획했다. 제2전대에는 불로뉴와 디에프 출신 사람들이 배치되었고, 제3전대에는 노르망디인들이 배치되었다. 그러나 승선해 있던 2만 명은 대부분 강제 징발된 이들로, 대다수는 지금까지 전투를 구경해본 적도 없었다. 이 바다의 대군을 통틀어 기사는 150명, 전문적인 석궁 사수는 400명에 불과했고, 나머지는 겁에 질린 어부, 바지선 선원, 부두 하역부들이었다.

그날 밤 에드워드 국왕은 자신의 함대를 세 전대로 나누어 한 전대에는 중기병을 태우고, 두 전대에는 궁수를 태워 그 양옆에 배치했다. 그는 전적으로 궁수로만 방어되는 배들로 구성된 네 번째 전대를 예비로 남겨두었다. 그런 다음 그는 아침 다섯시에 맞바람을 맞으며 정박지를 빠져나와 조수가 바뀌길 기다렸다. 마침내 그의 항해장들이 키를 돌려 슬라위스를 향해 배를 몰았고, 함대는 해를 등진 채 순풍을 받으며 조수를 탔다. 바르바네라는 즉시 위험을 알아챘다. 그는 베위셰에게 말했다. "각하, 잉글랜드 국왕과 그의 함대가 우리를 향해 덮쳐오고 있습니다. 배를 몰고 앞바다로 나가야 합니다. 여기 있으면 조수와 순풍의 도움을 받고 해를 등진 잉글랜드인들과 이 커다란 제방 사이에 갇히게 됩니다. 우리는 잉글랜드인들한테 에워싸여 옴짝달싹 못하게 될 겁니다." 그러나 필사적인 이 마지막 경고도 무시되었고, 이에 제노바 갤리선들은 닻을 풀고 가까스로 빠져나갔다.

오전 아홉시 무렵 잉글랜드 함대는 "일련의 성처럼 배치된 채" 여전히 정박지에 묶여 있는 프랑스 함대를 향해 돌진했다. 전투에 넋을 잃은 한 잉글랜드 연대기 작가에 따르면, "석궁과 장궁에서 발사된 화살촉의 쇠 구름이 적에게 떨어져 수천 명에게 죽음을 안겼다". 그런 다음 잉글랜드 배들은 프랑스 배들에 충돌하여 꼼짝달싹 못하게 만들었고, 칼과 도끼, 단창으로 무장한 중기병들이 적선에 올라타는 동안 궁수는 계속해서 화살을 날렸으며, 선원들은 돛대 꼭대기에서 무거운 돌과 (석궁용) 쇠 화살, 생석회를 던졌다. 심지어 수면 아래에 잠겨 있는 선체에 구멍을 내 적선을 침몰시키려는 잠수부들도 있었다. 전투는 배에서 배로, 우르르 밀려왔다 밀려갔다.

초기에 피해를 입은 것은 "헨트에 있는 왕비를 보러 가기 위해 배를 탄 다수의 백작부인과 귀부인, 기사의 부인, 여타 처녀들을 실은" 멋진 잉글랜드 코그선이었다. 비록 궁수와 중기병들이 엄중히 지키고 있었지만 그 배는—기록에 따르면—포를 맞고 침몰했다. 물에 빠져 죽어가는 귀부인들의 비명은 분명 잉글랜드 병사들을 격앙시켰을 것이다.

당시 현장에 있었던 사람들을 만난 프루아사르는 이렇게 적었다. "이 전투는 매우 격렬하고 끔찍했다(moult felenesse et moult orible). 해전은 육전보다 더 위험하고 격렬하기 때문이다. 바다에서는 물러서거나 도망칠 수 없다. 싸우며 운을 받아들이고, 모두가 자신의 용기를 보여주는 것 외에는 달리 방법이 없다." 국왕은 난투의 한복판에 있었고, 다리에 부상을 입었다—그의 흰 가죽 부츠는 피로 물들었다. 제노바인 석궁 사수들이 방어하는 커다란 코그선 크리스토퍼호를 탈환하기 위해 특히 무시무시한 싸움이 벌어졌는데, 마침내 그 배는 "잉글랜드인들이 차지했고, 배에 타고 있던 사람들은 모두 포로로 잡히거나 죽임을 당했다". 잉글랜드인들은 카스티야 배들을 포획하는 데는 상당한 어려움을 겪었는데 그들의 뱃전이 매우 높았기 때문이다. 전투는 "아침부터 정오까지 계속되었고, 잉글랜드인들은 크나큰 괴로움을 견뎌냈다".

마침내 궁수들 덕분에 에드워드의 부하들이 유리한 고지를 차지했고—궁수들은 석궁 사수가 한 발을 쏠 때 두 발, 심지어 세 발까지 화살을 쏠 수 있었다—프랑스 제1전대는 제압당했다. 다수의 적이 뱃전 너머로 뛰어들었고, 뒤이어 부상당한 자들이 내던져졌다. 바다는 시신들로 가득해 익사하지 않은 이들은 자신들이 물에서 헤엄을 치고 있는 것인지 피에서 헤엄을 치고 있는 것인지 알 수 없을 정도였다. 물론 기사들은 무거운 갑옷 탓에 곧장 바다 밑바닥으로 가라앉았을 테지만. 심한 부상을 입은 위 키에레는 항복했다. 그는 즉시 참수되었다. 베위셰도 붙잡혀서 몇 분 만에 잉글랜드 기사들의 손에 목매달려 죽었다.

제독의 시신이 토머스호(국왕의 기함) 활대에 대롱대롱 매달려 있는 광경은 프랑스 제2전대에 공황 상태를 초래하여, 다수의 선원들은 더 이상의 저항을 포기하고 바닷물로 뛰어들었다. 황혼이 찾아들었지만 불타는 배들에서 뿜어져나오는 불빛이 너무 환하여 아무도 해가 진 것을 의식하지 못했다. 어둠이 내렸을 때 국왕은 슬라위스 앞바다에 여전히 남아 있었고, "그날 밤 내내 배에 머물렀다… 나팔과 여타 악기들의 요란한 소리와 함께".

그날 밤 적선 30척이 닻줄을 풀고 달아나는 동안 디에프인들의 생자크호는 어둠 속에서도 싸움을 계속했다. 마침내 헌팅던 백작이 생자크호를 장악했을 때 배 위에는 400구의 시신이 널려 있었다. 바지선에 탄 플랑드르 어부들은 정박지에 머물러 있던 프랑스 배들의 배후를 공격했다. 날이 밝자 에드워드는 요한 크라버에게 잘 무장한 선단을 딸려 보내 적선을 추격하게 했으나 그로서는 적선 몇 척이 도망쳤다는 사실에 낙담할 이유가 전혀 없었다. 밤중에 도망친 일부를 제외하고 프랑스 함대 전체가 포획되거나 바다에 가라앉았고, 거기에 타고 있던 수천 명의 병사와 선원들도 함께 죽었다. 프루아사르는 이와 관련해 "한 명도 빠져나가지 못하고 모조리 죽임을 당했다"고, 용서할 수 있을 만한 과장을 섞어 기록했다.

에드워드는 감사 기도를 올리기 위해 아르당부르 성모 성지로 순례를 떠났다. 나중에 그는 새로운 금화, 즉 6실링 8펜스짜리 노블 금화를 찍어 슬라위스 해전을 기념했다. 주화에서 그는 왕관을 쓰고 칼을 차고 프랑스와 잉글랜드 왕가 문장을 새긴 방패를 들고 파도 위에 떠 있는 배에 올라타 있다. 이 주화는 당대인들에게 매우 깊은 인상을 심어주어, 어떤 이들은 런던탑의 연금술사가 그 주화들을 만들었다고 할 정도였다. 그 주화들은 따라 부르기 쉬운 후렴구를 만들어냈다.

우리의 노블 금화는 네 가지를 보여준다네
국왕과 배와 칼과 바다의 권력이지.

그러나 슬라위스는 에드워드에게 제해권은커녕 영국해협의 지배권도 안겨주지 못했다—불과 2년 뒤 프랑스인들은 플리머스를 두 번째로 약탈한다. 하지만 그는 잉글랜드에 매우 실제적이었던 침공 위협을 제거했다. 이제 와서 보면 우리는 슬라위스가 잉글랜드로 주도권이 넘어가는 전조였다는 사실을 알 수 있다—아닌 게 아니라 신은 1340년의 잉글랜드 사람들에게 자신이 그들 편임을 보여주었다.

그러나 에드워드 국왕은 여전히 프랑스 정복이라는 목표 달성에 조금도 근접하지 못했다. 7월이 다 끝나갈 무렵 그는 백작 일곱 명과 궁수 9,000명, 수천 명의 플랑드르 장창병, 다수의 용병들로 이루어진 군대를 이끌고 투르네를 포위했다. 그러나 3만 명이나 되는 병력을 보유하고 있었지만 그에게는 투석기나 파성퇴 같은 공성 기구가 없었고, 성벽 앞에 진을 치는 것 말고는 딱히 할 수 있는 게 없었다. 또한 1339년에도 그랬듯 그의 군대에는 고용 계약 시스템에 따라 고용된 네덜란드와 독일 귀족들이 포함되어 있었다. 이들은 하루가 멀다 하고 다퉜고, 제때 보수를 받아야 한다고 고집을 피웠으며, 내키면 언제든 떠나버렸다.

한편 "해군의 패배에 진노한"—궁정 어릿광대만이 감히 패전 소식을 전할 수 있었다—필리프는 투르네 포위를 풀기 위해 중기병만 거의 2만 명에 달하는, 에드워드의 군대보다 훨씬 큰 규모의 군대를 이끌고 진군했다. 프랑스 국왕은 평소와 마찬가지로 전투를 거부하고 병사들을 주변 언덕에 머물게 한 다음 에드워드 군대의 전초를 습격하고 그의 보급로에 매복하는 전술을 구사했다. 잉글랜드 국왕은 젊은 왕세자에게 보내는 편지에 불평을 늘어놓았다. "그는 우리가 접근할 수 없게 자기 주변에 온통 참호를 파고 커다란 나무를 쓰러뜨려놓았다." 급료를 받지 못한 에드워드의 군대에서는 이미 반란의 분위기가 감돌고 있었고, 얼마 안 가 보급품과 말꼴도 바닥나기 시작했다. 어느 때보다 돈에 쪼들리고, 성난 용병들에게 급료를 전혀 지불할 수 없었던 잉글랜드 국왕은 9월 25일 에플레생에서 휴전 교섭에 나설 수밖에 없었다. 에드워드도 이때 딱 한 번 크게 의기소침했던 것 같다. 10월, 그는 교황 사절단에게 필리프가 (헨리 3세 시절대로) 완전한 주권과 함께 아키텐 공국을 내준다면 자신도 프랑스 왕위에 대한 주장을 포기할 용의가 있다고 말했다. 잉글랜드로부터 돈을 기대할 수 없었기 때문이다. 그의 백성들 다수는 약속한 구일조세 납부를 거부했고, 일부 지역에서 징세인들은 무장한 저항 세력과 맞부딪쳤다. 두 달 뒤 에드워드는 닦달해대는 채권자들을 피해 몰래 저지대 지방에서 도망쳐나왔다.

국왕은 격노해 잉글랜드로 귀환했다. 그는 자신에게 충분한 자금을 마련해주는 데 실패한 정부 탓에 다년간의 노고가 수포로 돌아갔다고 생각했다. 그가 볼 때 실패의 주범은 캔터베리 대주교이자 대법관인 존 스트랫퍼드로, 국왕은 그가 세금을 잘못 관리했다고 믿었다. 실제로 에드워드는 교황에게 자신이 패배해 전사하길 기대한 스트랫퍼드가 고의적으로 돈에 쪼들리게 만들었다는 생각을 내비쳤다. 믿을 수 없게도 국왕은 대주교가 왕비에게 흑심을 품고 있어 왕비를 자신으로부터 멀어지게 하려 했다고 암시했다. 스트랫퍼드는 성역인 캔터베리로 재빨리 도망쳐 목숨을 건졌지만 그의 관리들 다수는 체포되었다. 그러나 교활한 성직자는 자신을 제2의 토머스 아 베킷*으로 내세워 왕과의 불화를 행정적 분야에서 헌정적 분야로 돌리는 데 성공했다. 그는 에드워드가 대헌장을 위반하고 있다고 비난하며 대신들이 의회에 의해 재판받을 권리를 주장했고, 교묘한 솜씨로 1341년 4월 의회를 소집했다. 대주교는 의회에서 엄청난 지지를 받았고, 국왕은 현명하게도 보급 물자를

---

* 12세기에 교회의 권리와 특권을 둘러싸고 헨리 2세와 대립하다 살해된 캔터베리 대주교로, 순교자이자 성인으로 추앙받는다.

받는 대가로 한 발 물러섰다. 그는 곧 스트랫퍼드와 화해했다. 에드워드는 프랑스에 대한 야망을 계속 추구하는 것은 물론 왕위를 유지하기 위해서는 신민들의 지지, 그중에서도 특히 유력자들의 지지를 잘 유지해야 한다는 것을 알고 있었다.

1341년에 의회에서 승인한 특별 보조금에도 불구하고 에드워드 국왕은 빌린 돈을 갚을 수 없었다. 여기에는 그가 피렌체인들에게 꾼 18만 파운드가 포함되어 있었다. 1343년, (이자는 별개로 하고) 에드워드에게 받을 돈 7만 7,000파운드가 있었던 페루치가가 파산했다. 3년 뒤 바르디가가 그 뒤를 이었다. 양모 무역을 지배하던 소수의 잉글랜드 금융업자 집단—그 가운데에는 사업에 적극적인 헐Hull 상인 윌리엄 드 라폴도 있었는데 그 집안은 나중에 다시 나올 것이다—이 잠깐 동안 국왕에게 대부하여 이득을 보려 했지만 1349년에 쫄딱 망했다. 그러나 그즈음 에드워드는 최소한 맬러토트, 즉 양모 수출에 붙는 고율 관세에 의존할 수 있는 상황이었다. 다수의 양모 제조업자가 포함되어 있던 의회는 결국 이 가증스러운 세금이 연례 보조금이 되어가는 현실을 받아들였다. 국왕으로부터 각종 세금을 관리할 수 있는 어느 정도의 권한을 얻어냈기 때문이다. 사실 의회 권력의 성장은 백년전쟁이 잉글랜드에 가져온 가장 중요한 부수적 효과 가운데 하나였다.

1341년 봄 브르타뉴 공작 장 3세가 죽었다. 공작보다 먼저 죽은 아우의 딸인 블루아 백작부인 잔과 공작의 이복동생 몽포르 백작 장이 작위 계승을 놓고 서로 다퉜다. 잔은 필리프 6세의 질녀였다. 필리프는 자신이 남성 혈통을 통해 배타적으로 왕위를 계승한 사실에 비춰볼 때 다소 아이러니하게도 질녀를 브르타뉴 공작으로 인정했다. 그러자 몽포르의 장은 바다를 건너 잉글랜드로 가서는 에드워드를 적법한 프랑스 국왕이라고 공표했다. 그는 그에 대한 보답으로 브르타뉴 공작으로 인정되었을 뿐 아니라 새로이 리치먼드 백작에 봉해졌다(아르투아의 로베르는 얼마 전 전사한 상태였다). 에드워드가 이 권력투쟁에 개입한 데는 경제적, 전략적으로 합당한 이유가 있었다. 잉글랜드의 소형 선박들은 보르도나 포르투갈, 카스티야로 갈 때 비스케이만의 사나운 바다를 건널 엄두를 못 내고 해안선을 끼고 항해했다. 따라서 반드시 브르타뉴 항구들에 드나들며, 브르타뉴 사략선에 대한 걱정 없이 다닐 수 있어야 했다. 훗날 영국이 인도와의 왕래를 고분고분한 카이로와 아덴에 의존했듯이 가스코뉴 해상로의 안전을 보장받으려면 잉글랜드에 우호적인 공작이 렌을 다스릴 필요가 있었다.

작지만 격렬한 전쟁이 브르타뉴에서 벌어졌다.* 하급 귀족과 서쪽의 켈트어 사용 농민들은 몽포르의 장을 지지했고, 대귀족과 동쪽의 프랑스어 사용 부르주아들은 블루아의 잔을 지지했다. 1341년 11월 몽포르 백작은 낭트에서 프랑스인들에게 포위되었다. 프랑스인들이 몽포르의 기사 30명의 잘린 머리를 투석기에 실어 성안으로 날려 보내자 겁에 집린 수비대는 항복했고, 장은 포로가 되어 파리로 끌려갔다. 그러나 용감한 그의 부인이 백작의 대의명분을 계속 이어갔다. 1342년 가을 그녀는 몸소 1만 2,000명의

---

* 브르타뉴 계승 전쟁으로, 백년전쟁의 일부를 이룬다.

병력을 이끌고 온 에드워드 3세에게 구조되었다. 에드워드는 잔혹한 슈보시를 개시하며 공국의 세 대도시 렌과 낭트, 반에 포위전을 벌였다. 필리프 국왕의 아들이자 후계자인 노르망디 공작 장은 세 도시를 구원하기 위해 잉글랜드 군대보다 수적으로 최소 두 배는 우세한 군대를 이끌고 진군했다. 그러자 에드워드는 필리프의 선례를 따라 유리한 위치에 참호를 팠다. 가을이 습한 한겨울로 바뀌자 곧 양 진영에는 물이 흥건해졌다. 이런 비참한 여건 속에서 교황 사절단은 1343년 1월 휴전을 교섭할 수 있었다. 에드워드는 잉글랜드로 귀환했지만, 적재적소의 요새들에 만만찮은 인물인 토머스 대그워스 경이 이끄는 병력을 남겨두었다. 1345년, 몽포르의 장이 죽자 그의 어린 아들은 자신이 자란 잉글랜드 궁정에 몸을 의탁했다. 결국 그는 공국을 회복했다. 그 결과 에드워드는 언제든 브르타뉴의 지지를 기대할 수 있게 되었다.

교황 클레멘스 6세는 1344년 잉글랜드와 프랑스 간의 평화 회담을 주선하는 데 성공했다. 회담은 그해 가을 아비뇽에서 열렸다. 잉글랜드 측은 에드워드의 프랑스 왕위 주장을 논의하려고 했지만 프랑스 측은 그 문제를 고려하는 것 자체를 거부했다. 그러자 잉글랜드 측은 프랑스 국왕에 대한 어떠한 의무로부터도 자유로운 온전한 주권을 보장받는 기옌의 영토를 확대해 보상해줄 것을 요구했다. 실제로 에드워드는 이러한 타협안을 승낙할 태세였다고 봐도 무방할 것이다. 그러나 필리프는 프랑스 영토를 한 뼘도 내놓을 생각이 없었다. 그의 최종적인 제안은 공국을 에드워드가 아니라 에드워드의 아들 가운데 한 명이 프랑스의 봉신으로서 보유하는 조건 아래 기엔의 경계를 미미하게 확대하는 수준에 불과했다. 필리프 6세는 자신이 보다 유리한 입장에서 협상을 하고 있다고 생각했다.

곧 에드워드는 비교적 소규모 군대로 프랑스를 삼면에서 공격하는 새로운 전략을 채택했다. 그는 플랑드르와의 동맹을 강화하는 한편 기엔에서의 입지를 강화하는 것을 한시적인 목표로 삼았을 것이다. 1345년 봄 플랜태저넷 가문의 일가로 더비 백작이자 훗날 랭커스터 공작이 되는 그로스먼트의 헨리Henry of Grosmont가 휴 헤이스팅스 경의 지원을 받아 가스코뉴 상부를 공략했다. 그는 방심하고 있던 프랑스인들을 쳐서 베르주라크와 수많은 도시와 성을 손에 넣었다. 그가 탈환한 성 가운데에는 1325년에 상실했다가 9주에 걸친 결연한 포위전 끝에 함락한 라레올도 포함되어 있었다. 지롱드강 상류 고지에 위치하고 보르도에서 65킬로미터 떨어져 있던 이 성채 덕분에 잉글랜드인들은 오랫동안 차지하려고 다퉈왔던 아주네를 수복할 수 있었다. 그들은 북쪽으로 앙굴렘까지 침투했고, 전격적인 강습을 펼쳐 성을 함락했다. 그와 동시에 토머스 대그워스 경은 브르타뉴에서 공세를 개시하여 프랑스 요새들을 순식간에 장악했다.

이듬해 봄에는 노르망디 공작 장이 에귀용(로강과 가론강이 만나는 지점)에서 더비 백작을 포위하는 등 프랑스군이 남서부에서 대대적인 반격을 해왔다. 노르망디 공작은 프루아사르가 기록에 남긴 것처럼 10만 명의 병력을 보유했을 리는 없겠지만 그 수가 2만 명이었을 수는 있었을 것이며, 그 정도면 프랑스 군사력 가운데 상당한 비중을 차지했을 것이다. 이제 에드워드는 제3의 전선을 준비했다. 기사도와 기사들의 무훈에 관한 이야기로 넘쳐나는 연대기들을 읽다보면 에드워드의 전략이 놀랄 만큼 현대적이고 철두철미한 전문성을 갖췄다는 점을 놓치기 십상이다.

프랑스인들은 잉글랜드가 플랑드르 방면에서 침공해올 거라고 예상했다. 하지만 야콥 판아르테펠더가 축출되고 친^親프랑스파 백작이 복귀하자 에드워드는 모든 예상을 뒤엎고 노르망디에서 주공격을 개시하여 제3의 전선을 열었다. 어쩌면 그러한 선택은 우연이었을 수도 있다. 프루아사르는 에드워드가 사실은 기옌을 향해 출항했지만 바람 때문에 콘월의 접경지대로 되돌아오게 되었다는 이야기를 들었다. 국왕은 콘월에서 순풍을 기다리는 동안 필리프 6세와 사이가 틀어져 잉글랜드로 도망쳐온 고드프루아 다르쿠르라는 중요한 노르망디 귀족으로부터 노르망디 공략을 시도해보라는 조언을 들었다. 그는 에드워드에게 노르망디 주민들은 전쟁에 익숙하지 않으며, "성벽으로 둘러싸이지 않은 커다란 도시들을 발견하게 될 것이고, 거기서 전하의 병사들은 큰 승리를 거두어 20년 뒤에는 그 일대에서 더 우월한 세력이 되어 있을 것"이라고 말했다.

1346년 7월 5일 에드워드가 포체스터에서 출항했을 때는 1만 5,000여 명을 실은 1,000척의 배와 피니스*, 보급 선박이 함께했다(이는 병참상으로 상당한 위업이었다. 심지어 그의 아버지가 배넉번에서

---

* 모선에 부속된 쌍돛대의 작은 배.

패배를 당했을 때—육상에서—이끈 대군도 1만 8,000명을 넘지 않았다).
잉글랜드 역사상 가장 성공적인 원정군 가운데 하나인 이 군대의 구성—기사, 창기병, 궁수(기마와 보행), 단검병—은 상세히 살펴볼 만하다. 약탈에 대한 기대에 이끌려 그 어느 때보다 자원병 비중이 훨씬 컸다는 사실은 의미심장하다. 귀족들은 '전쟁 고용 계약' 아래 대규모 부대를 모집하는 데 어려움이 없었다.

1346년 잉글랜드 중기병은 여전히 금속 고리가 연결된 '미늘 갑옷'으로 주로 무장했다. 솜을 덧댄 튜닉 위에 걸쳐 입는 이 갑옷은 목부터 머리까지 덮었고, 보통은 앞이 트여 있지만 이따금 면갑이 달려 있기도 한 원뿔형 투구(이때쯤이면 커다란 원통형 투구는 좀처럼 전투에서 찾아볼 수 없었다)가 갑옷에 묶여 있었다. 그들은 철판 흉갑을 걸치고, 팔에도 철판을 찼으며, 팔꿈치 보호대와 더불어 미늘 스타킹 위로 연접식* 발 보호대를 착용했다. 그리고 그 위로 짧은 아마 서코트**를 걸쳤다. 잉글랜드 기사들은 프랑스 기사들에 비해 확연하게 구식이었다. 영국해협 너머의 필리프 6세의 용사들은 어깨와 팔다리도 철판으로 보호했고, 숨구멍이 나 있고 튀어나온 주둥이처럼 생긴 면갑을 경첩식으로 개폐하는 헬멧bascinet을 썼다. 또 서코트 대신 더 짧은 가죽 쥐퐁jupon***을 입었다. 말도 갑옷을 걸쳐서 머리는 철판으로, 몸통은 미늘이나 가죽으로 덮었다. 잉글랜드와 프랑스 진영 모두 기본 무기는 길고 곧은 검으로, 처음에

* 가재 껍데기같이 조금씩 겹쳐서 연결한 방식.
** 헐렁한 외투의 일종. 보통 허벅지까지 내려온다.
*** 보통 솜을 덧대고 문장을 새긴 짧은 상의로, 갑옷 위에 걸쳐 입는다.

백년전쟁

는 앞에 찼지만 나중에는 왼쪽에 찼고, 오른쪽에는 단검(치명상을 입은 자를 처치하는 데 쓰여 미제리코드^{misericord}, 즉 '자비'라고 불렸다)을 차서 균형을 이뤘다. 말을 탈 때에는 3미터 길이의 기창^{lance}을 소지했고, 다리미 모양의 작은 방패와 자루가 철로 된 짧은 전부戰斧도 때로 착용했다. 말에서 내려와 땅에 있을 때의 주요 무기는 대개 반창^{half-pike}과 도끼가 결합된 미늘창^{halberd}이었다.

중기병―배너릿 기사^{knights-bannerets}*(일당 4실링)와 평기사^{knights bachelors}**(일당 2실링), 에스콰이어^{esquires}***(일당 1실링)를 아우르는 용어다―만이 막대한 비용이 들어가는 이 장비들을 감당할 수 있었고, 거기에는 (적어도 이론상으로는) 무장한 시종 두 명과 1인당 세 마리의 말, 즉 군마, 갑옷과 장비를 나르는 짐말, 전장에 있지 않을 때 타는 일반 승용마도 요구되었다. 말 한 마리만 감당할 수 있는 일부 중기병들은 무거운 갑옷 대신 더 가볍고 싼 브리건딘^{brigandine}을 입었는데, 이것은 얇은 금속 조각들을 겹쳐서 가죽 재킷 안쪽에 꿰맨 보호구였다. 중기병과 함께 출전하는 경창기병^{light lancers}, 즉 호빌라^{hobelar}(일당 1실링)는 금속 모자와 강철 장갑 그리고 오늘날의 방탄조끼와 꽤 비슷한, 금속 조각을 박아 딱딱하게 만든 짧은 누비저고리인 '잭^{jack}'으로 만족해야 했다.

기마 궁수든 보행 궁수든 형편이 좋은 궁수들도 갑옷으로 잭을 입었다. 궁수들의 무기, 즉 유명한 잉글랜드 장궁^{English long-bow}

---

* 자기 깃발 아래 휘하를 데리고 출전할 수 있는 기사.
** 귀족을 섬기는 평범한 기사.
*** 기사를 수행하는 종자나 견습 기사. '스콰이어^{squire}'라고도 한다.

은 군사 전술을 혁명적으로 변화시켰다. 사실 이 장궁은 잉글랜드보다는 웨일스에서 기원한 것으로, 잉글랜드인들은 12세기 궨트 전역 동안 두꺼운 교회 문을 관통해 화살을 날려 보내는 웨일스인들의 능력에 깊은 인상을 받고 이 장궁에 주목했다. 에드워드 1세 이래로 모든 시골 장정들은 법에 따라 일요일마다 나무 둥치에 활쏘기 연습을 해야 했으므로 잉글랜드의 모든 마을들이 국가적인 궁수 자원 풀에 기여해온 셈이다. 1346년이 되자 장궁은 규격화되었고, 궁수들은 화살을 스물네 발씩 소지했다. 추가 보급품은 수레에 실려왔다. 장궁 궁수는 문자 그대로 하늘을 어둡게 뒤덮으며 분당 열 발이나 심지어 열두 발도 쏠 수 있었다. 사정거리는 135미터가 넘었고, 판금 갑옷을 꿰뚫을 수 있는 거리는 55미터 정도였다. 런던탑에는 활과 화살을 저장해둔 거대한 무기고가 있었다. 활대 다수가 기옌에서 수입되었다는 사실은 아이러니하다. 궁수는 검이나 낫, 도끼, 그리고 1.5미터 길이의 나무 자루에 납을 단 망치인 메도 소지했다.

조랑말을 탄 기마 궁수는 에드워드 3세의 스코틀랜드 원정 때 처음 등장했다. 그들은 기창을 소지했고, 수공업자 장인의 급여인 일당 6페니를 받았다. 에드워드는 이 궁수들을 매우 아껴서 백색과 녹색 유니폼을 착용한 체셔 출신 기마 궁수 200명으로 구성된 호위대를 데리고 다녔다. 하나로 결합한 기마 궁수와 중기병은 화력과 방어에 뛰어난 기동성을 발휘했다. 그러나 갈수록 더 많이 기용되기는 했어도 기마 궁수는 언제나 보행 궁수보다 수가 적었을 것이다. 그리고 그들은 안장 위에서 활을 쏠 수 없었으므로 전투시에는 언제나 말에서 내려야 했다는 사실도 잊어서는 안 된다. 모든 장궁 궁수는 본질적으로 방어 병력이었다는 사실은 아무리 강조해도 지나치지 않는다. 그들은 적절한 지형 너머에서 자신들을 향해 전진해오는 적에게 공격을 받을 때에만 전투에서 결정적 역할을 할 수 있었다.

장궁과 장궁의 잠재적 살상력은 그때까지 영국제도 너머에 알려져 있지 않았다. 프랑스인들이 가장 선호하는 발사 무기는 뿔과 힘줄로 강화된 활이 달린 복잡한 무기인 석궁이었다. 활시위를 당기기 위해서 사수는 활의 앞쪽 끝에 있는 발걸이에 한쪽 발을 놓고 자신의 허리띠에 있는 고리에 시위를 채워야 하는데, 그건 등과 무릎을 구부려 몸을 웅크리고 방아쇠 장치에 맞물릴 때까지 활시위를 당긴 뒤 다시 몸을 곧게 펴야 한다는 뜻이었다. 석궁에는 가늠쇠가 있었고, 쿼럴quarrel*로 알려진 작고 무거운 화살을 발사했다. 석궁은 보다 긴 사정거리와 보다 높은 명중률, 또 속도라는 강점을 가진 반면 무겁고(9킬로그램까지 나갔다), 발사 속도가 느리다는(기껏해야 분당 네 발) 게 단점이었다.

1346년에 에드워드 국왕은 포 역시 보유했던 것 같다. 이 부분에 대해서는 논란이 있어왔지만, 그는 전해에 분명 리볼드ribauld 100문을 주문했다. 리볼드는 소구경 포신 여러 개를 한 다발로 만들어―1870년대의 미트라이외즈mitrailleuse**와 약간 비슷하다―수

---

* 마름모꼴의 화살촉이 달린 화살로 일반적인 화살보다 길이가 짧다.
** 프랑스―프로이센 전쟁부터 1차 대전 직전까지 프랑스군의 대표적 기관포.

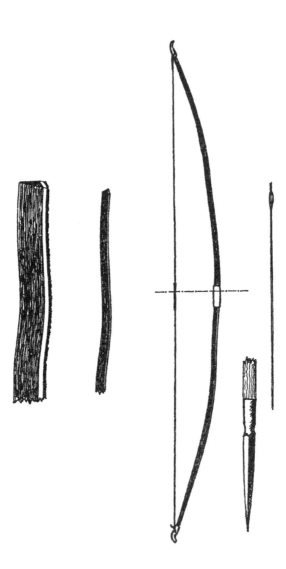

레 위에 올린 것이었다. 하지만 그러한 무기는 그것을 발사하는 사람들한테만 치명적이었고, 엄청난 소음과 화염, 매캐한 검은 연기를 유발했다.

에드워드의 군대에는 일당 2페니를 받는 경보병도 다수 있었다. 이 척후병과 산병skirmisher*층은 웨일스인, 콘월인, 심지어 아일랜

---

*산발적 접전이나 조우전을 담당하는 병사들.

장궁. 장궁을 만드는 데는 다양한 나무들이 사용되었지만 그중에서도 가장 좋은 것은 주목나무였다. 활은 나무줄기나 굵은 가지로 만들었다. 나무의 비늘 같은 외피 속에는 장력을 잘 견디는 흰 변재邊材층이 있다. 그리고 그 안쪽에는 수축에 잘 견디고 활에 추진력을 주는 붉은 심재가 있다. 이 두 가지 특성이 결합하면서 주목나무는 훌륭한 활의 소재가 된다. 제작자, 즉 조궁장은 심재 바깥쪽에 약 3.1밀리미터 두께의 변재층을 남겨두기 위해 결을 따라 나무를 쪼개야 했다. 이런 이유 때문에 주목나무 장궁의 만곡부는 거의 어김없이 모양이 고르지 않다.

왼쪽의 그림은 나무줄기에서 분리된 주목나무의 일부이다. 그 옆 그림은 바깥쪽 표면에 가는 변재층이 남아 있는, 뼈대만 잡은 활대의 일부이다. 활을 당길 때 부드러운 곡선이 그려지도록 활 양 끝으로 갈수록 점점 가늘게 깎았다. 고급 활에는 양 끝에 활시위를 멜 수 있게 뿔을 깎아 만든 활고자를 달았는데, 활고자 대신 나무에 작은 홈을 파기도 했다. 장궁의 길이는 대략 170센티미터부터 약 193센티미터에 이르기까지 다양했다.

화살은 길이가 약 76센티미터인데, 비록 다양한 형태의 화살촉이 발견되지만 일반적으로 전쟁에서는 이른바 돗바늘 모양이 가장 치명적이라고 여겨졌다. 돗바늘 모양 화살촉은 그림에서 볼 수 있듯 기본적으로 네 면을 담금질한 강철 가시였다. 시위는 마麻로 만드는데, 한쪽 끝은 꼬아 만든 고리로, 다른 한쪽 끝은 나무 걸이로 고정되었다. 시위 중앙은 활의 오늬와 마찰되거나 잡아당기는 손가락과 마찰되어 가닥이 풀리는 것을 방지하기 위해 실을 감아 보호했고, 궁수는 흔히 손에 사격용 가죽 장갑을 끼었다.

드로웨이트[활시위를 최대 길이까지 잡아당기는 힘. 파운드로 표시한다]가 80~100파운드[약 36~45킬로그램]인 전형적인 전투용 장궁의 경우, 화살이 발사될 때 활 양 끝이 앞으로 나가려는 움직임을 제어하는, 활시위에 가해지는 순간적인 추력推力은 대략 400파운드[약 181킬로그램]이다. 따라서 적절한 여유 범위를 허용하려면 약 600파운드[약 272킬로그램]의 인장 강도引張强度[물체가 잡아당기는 힘에 파괴되지 않고 견딜 수 있는 최대한의 응력]가 필요했다.

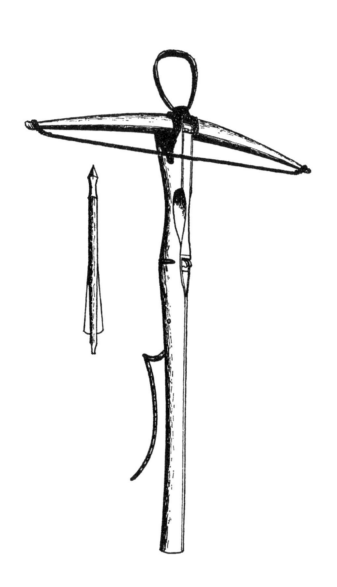

드 '컨kern'*으로 구성됐으며, 더크dirk**와 투창으로 무장했다―그들은 "큰 나이프를 차고 걸어 다니는 불한당들"이었다. 그들의 장기는 중기병의 말 아래로 살그머니 다가가 말의 복부를 찌르는 것이었다. 비록 전투에서 대부분의 시간을 부상당한 적의 목을 베는 데 보낸 것 같기는 하지만 말이다.

현대의 연구는 프루아사르의 무훈시가 보여주는 "명예롭고 고귀한 모험들"을 통해 알 수 있는 것보다 중세 병참술이 훨씬 더 정교했다는 것을 밝혀내왔다. 비록 대부분의 군대들은 현지에서 물자를 조달해야 했지만, 병력이 집결하는 동안에는 보급기지가 필요했다. 보급 식량으로는 소금에 절인 고기와 훈제 육류, 말린 생선, 치즈, 밀가루, 귀리, 콩과 더불어 막대한 양의 에일 맥주가 있었다. 보통은 지방관이 잉글랜드 전역에서 이 물자들을 그러모아 우마차에 실어 험한 진흙탕 길로 보내거나, 바지선에 실어 강으로 혹은

---

*아일랜드나 스코틀랜드 출신의 경무장 보병.
**스코틀랜드 고유의 단검.

석궁. 14세기 후반기와 15세기 동안 사용된 군사용 석궁의 일종. 총길이는 76센티미터 정도이고, 활의 폭은 약 66센티미터, 무게는 5파운드에 조금 못 미쳤다.
손잡이는 나무로 되어 있고 상단 표면은 가지뿔로 덮여 있었다. "라스"라고 부르는 실제 활은 나무와 뿔, 힘줄을 섞어 만든 복합적인 구조물이다. 활 앞쪽 끝에는 철제 등자가 달려 있는데, 편하게 활시위를 당길 수 있게 여기에 발을 놓고, 집게와 벨트를 이용해 뒤쪽의 회전 멈춤쇠에 시위를 건다.
여기에 소개된 화살은 군사적 용도로 가장 널리 쓰인 것이다. 이 화살의 길이는 약 38센티미터이며, 화살대는 나무이고, 화살 깃은 가죽이나 뿔, 나무로 만들어졌다. 화살의 오늬는 시위에 메길 수 있게 가늘어지고, 화살 앞부분은 활의 한가운데 팬 홈에 건다.

바닷길로 보냈다. 후자의 경우에는 징발한 배에 실어 보냈다. 이 외에 연료와 군수품도 있었다―군수품 가운데에는 공성 기구(스프링골드springalds*, 아르벌리스트arbalests**, 트레뷰세트trebuchets***, 맨고널mangonels****), 무기(특히 활대, 화살, 활시위), 화약과 포탄이 있었다. 그러한 원정에는 엄청난 수의 말이 필요했다. 말과 병력, 사람 그리고 그들의 보급품을 수송할 배는 국왕의 수위관sergents-at-arms들이 징발했는데, 배뿐 아니라 선원들까지 "억류"하고, 원래 실려 있던 화물은 의무적으로 배에서 내려야 했다. 징발에는 시간이 걸렸고, 병사들은 바다를 건너기 전까지 종종 항구에서 오랜 기간을 기다려야 했다.

1346년 7월 13일 잉글랜드 함대가 셰르부르반도 북쪽의 라오그에 상륙했다. 1944년 디데이 때처럼 노르망디 주민들은 그들이 올 거라고 전혀 예상하지 못했고, 그곳의 많은 도시들은 정말로―고드프루아 다르쿠르가 에드워드에게 말한 대로―성벽으로 둘러싸여 있지 않았다. 이튿날 국왕은 코탕탱반도를 가로지르며 풍요로운 시골 지방을 의도적으로 초토화하는 등 슈보시를 개시했다. 병사들은 방앗간과 헛간, 과수원과 건초 더미, 낟가리에 불을 지르고 포도주 저장고를 박살냈으며, 이엉을 얹은 마을 주민들의 오두막을 부수고 불을 질렀다. 또 주민들과 가축의 목을 베었다. 일반

---

* 대형 화살을 날려 보내는 기구.
** 중세 석궁의 일종.
*** 저울 모양의 중세 투석기.
**** 중세 투석기의 일종. 트레뷰세트보다 발사 각도가 낮고 정확도가 떨어진다.

적인 잔학 행위도 농민들에게 자행되었다—남자들은 귀중품을 감추어둔 데를 밝히라고 고문을 받았고, 여자들은 수차례 강간과 성적 상해를 당했으며, 임신부는 배가 갈렸다. 테러 행위는 모든 슈보시에 빠질 수 없는 동반자였고, 에드워드가 최대한의 "댐프넘 dampnum"—그 신민들을 통해 적국 왕을 치는 총력전의 중세적 표현—을 가하려고 작정했다는 것은 누가 봐도 명백했다. 잉글랜드 군대는 지위 고하를 막론하고 약탈의 단맛을 보았다. 바르플뢰르가 항복했을 때 도시는 약탈당하고 불태워지는 운명을 피할 수 없었고, "많은 금과 은이 그곳에서 발견되었고 호화로운 보석도 나왔다. 얼마나 많은 재물이 발견되었는지 군대의 병사들과 강도들은 좋은 모피 외투도 대수롭지 않게 여겼다". 바르플뢰르 다음으로 그들은 셰르부르와 몽트부르 등 다른 도시들도 불태웠고, "아주 많은 재부財富를 얻어 그 값어치를 계산하는 게 경이로운 일이었다". 500명의 중기병으로 구성된 한 무리는 고드프루아 다르쿠르와 함께 일대를 쑥대밭으로 만들고, 약탈을 위해 "6 내지 7리그*" 거리를 말을 타고 갔다가 그곳에서 발견한 풍성한 전리품에 놀랐다. "곡식으로 가득한 농원, 온갖 재물로 가득한 가옥들, 부유한 자유 시민들, 수레와 전차, 말, 돼지, 양, 여타 짐승들… 그러나 병사들은 자신들이 손에 넣은 금은을 국왕이나 상관들 어느 누구에게도 알리지 않았다." 몸값을 받아내기 위해 자유 시민들은 잉글랜드로 보내졌을 것인데, 바르플뢰르 도시 전체의 운명이 그랬던 것으로 보인다.

---

* 1리그는 걸어서 한 시간 거리에 해당하는 옛 거리 단위로, 약 4.8킬로미터이다.

7월 26일 에드워드의 군대는 런던을 제외하고는 잉글랜드의 어느 도시보다 큰 캉에 다다랐고, 곧 성문 다리를 통과해 도시로 쳐들어갔다. 수비대가 항복하자 잉글랜드 병사들은 약탈과 강간, 살인을 시작했다. "병사들은 자비심이 없었기 때문"이다. 주민들은 지붕에서 좁은 골목으로 필사적으로 돌과 목재 들보, 쇠막대를 내던지기 시작했고, 500명이 넘는 잉글랜드 병사들을 죽였다. 에드워드는 주민 전체를 살육하고 도시에 불을 지르라고 명령했다. 비록 고드프루아 다르쿠르가 국왕을 설득하여 명령은 철회됐지만 "그곳에서 무수한 악행과 살인, 강탈이 자행되었다". 약탈은 사흘간 지속되었고, 3,000명의 주민이 죽었다. 한 연대기 작가에 따르면 잉글랜드인들은 "보석이 박힌 옷이나 매우 값나가는 장식품만" 가져갔다. 약탈한 물건은 바지선에 실려 함대로 보내졌다. 에드워드는 어느 누구보다 일을 잘했던 것 같다. 프루아사르는 캉에서 국왕이 어떻게 "옷과 보석, 금은 그릇, 여타 재물들 그리고 60명이 넘는 기사와 300명이 넘는 시민들로 이루어진 포로들을 실은 함선을 잉글랜드로 보냈는지" 전해준다. 포로들은 몸값을 받아내는 데 필요한 존재였다.

포로 가운데 캉의 수녀원장도 있었다. 그녀는 틀림없이 자신을 억류하는 것은 기독교도 전쟁의 모든 관행에 반한다고 항의했을 것이다. 국왕은 교회와 축성된 건물들은 건드리지 말라는 관례적인 명령을 내렸지만 그럼에도 수녀들은 강간을 당하고 많은 종교 건축물들이 피해를 입었다. 게랭의 수도원은 잿더미가 되었고, 강력히 방어되던 수도원 도시 트로아른도 나중에 강습으로 함락되었다.

캉에서 획득한 전리품 가운데는 필리프 6세의 1339년 잉글랜드 정복 칙령도 있었다. 현대적이라 할 만한 선전 감각을 갖고 있던 에드워드는 즉시 잉글랜드 전역의 교구 교회에서 이 칙령을 낭독하게 했다. 런던에서는 "백성들을 격앙시킬 수 있게" 캔터베리 대주교가 주교들의 화려한 행렬 기도가 있은 후 세인트폴 성당에서 칙령을 낭독했다.

잉글랜드 국왕은 계속해서 살육과 방화를 저지르며 파리를 향해 행군을 계속했다. 장 르벨에 따르면, 그는 병사들에게 전리품과 넉넉한 보수를 주었다. 멀리 보이는 화염과 겁에 질린 피난민 무리는 잉글랜드 병사들이 접근해오고 있다는 전조였다. 필리프는 병력을 최대한 끌어모아 루앙에 증원군을 파견했다—국왕은 에드워드가 노르망디의 수도를 손에 넣으면 센강 하류를 지배하게 되어 플랑드르에서 새로운 병사들을 충원할 수 있을 거라고 걱정했을 가능성이 크다. 에드워드의 주요 목표는 달성되었다. 프랑스의 관심을 기옌과 브르타뉴에서 돌리고, 랭커스터와 대그워스한테 가해지던 압박을 경감시킨 것이다.

선발대가 파리 성벽이 가시 범위 안에 있는 생클루와 생제르맹을 불태우는 가운데 잉글랜드 군대는 마침내 푸아시에서 진군을 멈췄다. 잉글랜드 국왕은 프랑스의 수도를 공격할 의도는 없었다. 그에게는 적절한 공성대와 포위 장비가 없었고, 어쨌거나 그의 병력은 필리프가 파리 바로 외곽 생드니에 집결시키고 있던 대군에 비교할 수 없을 만큼 수적으로 밀렸다. 프랑스 진영은 잉글랜드 군대를 덫에 빠뜨리길 바라며 센강을 따라 나 있는 다리를 모조리 끊었다. 그러나 에드워드는 푸아시에 있던 다리를 보수할 수 있었고, 그 다리를 건너 북쪽으로 퇴각하면서 모든 것을 파괴했다. 마뢰유에서 그는 도시와 요새, 심지어 수도원까지 불태웠다. 그러고 나서 그는 솜강 때문에 길이 막힌 것을 알게 되었다. 솜강을 따라 놓인 다리들도 모두 파괴된 상태였다. 다행스럽게도 현지의 한 농민이 그에게 아베빌 바로 아래쪽에 바닥이 모래인 얕은 여울이 있다는 것을 알려주었다. 바로 "블랑슈타크Blanche Taque 건널목"이었다. 제노바 석궁병을 비롯해 수천 명의 적군 병사들이 반대편 강둑을 지키고 있었지만, 장궁병들이 몇 차례 일제히 활을 발사한 뒤 잉글랜드 병사들은 여울을 건너 밀고 들어가 "괴로운 전투"에 돌입했다. 필리프는 그들의 배후를 쳐 적군의 행낭을 일부 포획하기도 했지만, 에드워드에게는 다행스럽게도 강물이 불어나 프랑스군이 강을 건너는 것을 막았다.

솜강을 건넌 에드워드는 신에게 감사했다. 그는 수적으로 열세였지만 더 이상 전투를 두려워하지 않았다. 만약 일이 잘못된다 해도 그가 플랑드르로 퇴각할 수 있는 길은 열린 셈이었다. 어쨌거나 병사들이 강행군으로 지쳐 있었기 때문에 잠시 발길을 멈출 필요가 있었다. 식량과 포도주가 바닥나고 심지어 신발까지 다 닳아버린 상태였다. 그는 크레시앙퐁티외라는 작은 마을 근처의 언덕 풀밭에 진을 쳤다.

잉글랜드 국왕은 둔덕 위에서 완벽한 위치를 확보했다. 그의 앞에는 '서기들의 계곡Valley of the Clerks'이 있었고, 전방과 우측은 작은 메강의 보호를 받고 있었다. 그의 측면은 길이 16킬로미터, 깊이 6.5킬로미터의 커다란 크레시 숲으로 둘러싸여 있었다. 적군이 공격해올 가장 분명한 방면인 전방은 경사진 초지로 이어져 궁수들이 활을 쏘는 데 거칠 게 없었다. 이제 다소 줄어든 그의 군대는 대략 2,000명의 중기병과 500명이었을 경창기병에 7,000명 정도의 잉글랜드인과 웨일스인 궁수, 마지막으로 1,500명의 단검병으로 이루어져 있었다. 사료마다 수치가 제각각이긴 하지만 대략 1만 1,000명 정도였던 셈이다. 에드워드는 적이 가까이 있었으므로 병력을 전투 대형으로 배치했다. 그는 우측의 메강 위쪽 경사면에 병사 4,000명을 배치하고 당시 열여섯 살이던 에드워드 흑태자(그는 레이널드 코범 경, 존 챈도스 경, 고드프루아 다르쿠르 같은 노련한 군인들의 보좌를 받았다)에게 지휘를 맡겼다. 말에서 내린 800명의 중기병이 이 우측 분대의 중앙에 길게 늘어섰다. 이들은 아마 여섯 줄로 배치되었을 것이다. 2,000명의 궁수는 측면에 배치되었고—프랑스군이 중앙을 공격할 때 측면에서 그들에게 화살을 날릴 수 있도록 의도적으로 그렇게 배치했다—궁수들 뒤에는 단검병이 섰다. 에드워드의 좌측에는 두 번째 분대가 위치했다. 노샘프턴 백작과 애런들 백작이 지휘한 그 분대는 말에서 내린 500명의 중기병과 1,200명의 궁수로 이루어져 있었고, 우측과 같은 대형으로 배치되었다. 좌우의 궁수들은 진군해오는 적군 기병의 말이 발을 헛디디며 넘어지도록 그들 앞에 가로세로 30센티미터의 작은 구멍을 30센티미터 깊이로 많이 파놓았다. 에드워드는 세 번째 분대—말에서 내린 700명의 중기병과 2,000명의 궁수 및 나머지 단검병—를

휴 헤이스팅스 경(1347년 사망). 에드워드 3세의 고위 지휘관 중 한 명인 그는 플랑드르와 브르타뉴, 가스코뉴에서 싸웠고, 베르주라크를 함락할 때 더비 백작과 함께 있었다. 이 동판에는 국왕과 다른 주요 지휘관들도 묘사되어 있다. 헤이스팅스 경과 마찬가지로 국왕의 갑옷도 크레시 전투 때 착용한 유형의 것이다. 노퍽 엘싱의 청동 기념패. 1788년 크레이븐 오드가 새긴 동판을 한 인쇄업자가 잉크로 탁본(영국도서관).

직접 지휘했는데, 예비 병력으로 이용하기 위해 뒤쪽에 배치했다.

장 르벨이 전하는 내용에 따르면, 군대를 정렬한 에드워드는 "부하들 사이로 가서 그들 하나하나에게 웃으면서 의무를 다할 것을 촉구하고, 칭찬하고, 고무했기에 겁쟁이도 용감한 사람이 될 정도였다". 또한 그는 자신이 허락하기 전까지는 부상당한 적을 약탈하지 말라고 경고했다. "그런 다음 그는 모두가 잠시 대오에서 벗어나 나팔 소리가 들리기 전까지 먹고 마실 수 있게 허락했다"고 연대기 작가는 덧붙인다(병참감이 근처 르크로투아 마을에서 다량의 포도주를 발견했고, 소 떼도 잉글랜드 진지로 몰고 왔다). 프루아사르는 "그런 후에는, 적들이 들이닥쳤을 때 더 기운을 발휘할 수 있게 모두가 투구와 활을 자기 옆에 놓고 땅에 드러누웠다"고 말한다. 그 사이 에드워드는 자신의 분대가 위치한 고지의 풍차에 사령부를 세워 전장을 한눈에 내려다볼 수 있었다. 정오에 프랑스군이 다가오고 있다는 소식이 도착했고, 이에 그가 나팔을 울리라고 명령을 내리자 모두가 대열에 복귀했다.

1346년 8월 26일 토요일이었다. 전날 밤을 아베빌에서 보낸 필리프 국왕은 자신의 군사가 에드워드의 군사를 거의 세 배나 압도했기 때문에—숭기병 2만 명을 비롯해 최소 3만이었다—어느 정도 자신감을 느낄 만했다. 하지만 필리프로서는 안타깝게도 그가 미사에 참석한 뒤 동이 트자 말을 달려 아베빌을 나설 때도 그의 군사들은 여전히 그곳으로 도착하는 중이었고, 그날 내내 계속 병사들이 도착했다. 평소처럼 신중하게 국왕은 적의 위치를 살피기 위해 네 사람을 보냈다. 그중 한 명은 르무안 드 바제유라는 기사로, 그는 잉글랜드인들이 철저하게 전투 대형을 갖추며 기다리고 있다고 보고하면서 국왕에게 이렇게 말했다. "외람되오나 오늘 밤은 전하와 모든 군사들이 이곳에서 머물며 휴식을 취할 것을 간언드립니다… 매우 늦은 시간이 될 것이고 우리 군사는 매우 지쳐 전열이 흐트러질 것입니다. 반면 힘을 비축한 적군은 우리 군사를 맞을 준비를 갖췄을 것입니다." 기사는 계속해서 국왕이 다음 날이면 군사를 정렬하고 잉글랜드 군대를 공격할 만한 알맞은 지점을 찾을 수 있을 것이라고 말한다. "전하, 그들은 틀림없이 우리를 기다릴 것입니다." 필리프는 이 훌륭한 조언을 생각해본 뒤 병사들에게 멈춰서 진을 치라고 명령했다.

그러나 지나치게 규모가 큰 중세 군대를 통제하는 데는 언제나 문제가 따랐고, 이제 '프랑스의 꽃'은 완전히 통제를 벗어나버렸다. 전방의 중기병들은 멈추려고 애썼지만 뒤편의 중기병들이 계속 전진해오고 있었기 때문에 다시 움직일 수밖에 없었다. "그래서 그들은 아무런 명령도 받지 않고 전열을 가다듬지도 않은 채 의기양양하게 말을 달려 나아가다 정렬한 채 그들을 기다리고 있던 잉글랜드 병사들의 시야에 들어가게 되었다. 그러나 그때가 되자 퇴각한다는 것은 수치스러운 짓 같았다." 아베빌과 크레시 사이의 모든 길이 칼과 창을 치켜든 채 "그놈들을 무찌르자! 모조리 도륙하자!"라고 외치는 농민과 주민들로 혼잡해졌다. 군대의 가장 선두에 있던 필리프는 병사들을 제어할 가망성이 전혀 없다는 것을 깨달았다. 그는 절박한 심정으로 공격을 명령했다. "제노바 병사들이 선두에 서서 전투를 개시하라. 신과 성✝ 드니의 이름으로!" 때는

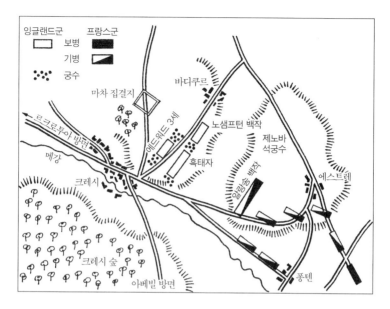

1346년 8월 26일 크레시 전투.

저녁 무렵이었다. 해가 지고 있었다.

나팔과 각종 북이 울렸고, 일렬로 늘어선 제노바 석궁수들이 잉글랜드 진영까지 180미터 거리나 심지어 140미터 이내까지 전진했다. 전진하는 동안 그들은 짤막하나 격렬한 뇌우에 흠뻑 젖었다. 그들이 쿼럴을 발사하기 시작하자 잉글랜드 궁수도 앞으로 나와 빠르게 활을 쏘아대니 "마치 눈발이 퍼붓는 것 같았다". 제노바 석궁수들은 무거운 무기를 지고 먼 길을 행군해온 상태였고, 보통 석궁수가 재장전을 하는 동안 자신을 보호할 때 사용하는 패비스 pavise, 즉 전신 방패를 버리고 왔을 가능성도 있다. 대단히 공격받기 쉬운 목표물이 된 그들은 지금까지 겪어본 적이 없는 빗발치는 화살에 곧 쓰러지기 시작했다. 지치고 우왕좌왕하던—심지어 저물어가던 해도 다시 모습을 드러내며 그들의 눈을 정면으로 비추었다—생존자들은 도망치기 시작했다. 이 단계의 교전은 1분도 지속되지 않았을 수도 있다.

알랑송 백작은 그가 보기에 너무나 비겁한 석궁수들의 모습에 크게 충격을 받고 이렇게 외쳤다. "우리의 전진을 가로막는 이 오합지졸을 짓밟아라!" 그와 함께 말을 달리던 중기병들은 즉시 무질서하고 엉망진창인 돌격으로 그의 호소에 응답했다. 말굽에 짓밟힌 비참한 석궁수들의 비명에 후위의 프랑스 병사들은 잉글랜드 병사들이 죽임을 당하고 있는 것이라고 생각했고, 그래서 계속 앞으로 나아갔다. 그 결과 그들은 비탈 바로 아래에서 북적거리게 되었고, 비탈 위에 자리 잡고 있던 잉글랜드 궁수들은 단 한 발도 낭비하지 않은 채 적을 족족 쏘아 맞혔다. 화살은 저마다 목표물에 명중하였고, 미늘갑옷을 관통해 기사들의 머리와 팔다리를 꿰뚫고, 다른 무엇보다도 말을 광란 상태로 몰아넣었다. 어떤 말들은 광분해 튀어나가고, 어떤 말들은 무시무시하게 앞다리를 쳐들거나 방향을 돌려 적군에게 꽁무니를 내보였다. "엄청난 비명이 하늘 높이 치솟았다." 당시 전장에 있었던 사람과 이야기를 나누었던 장 르벨은 말들이 "새끼 돼지 더미처럼" 차곡차곡 쌓여갔다고 전한다.

에드워드의 대포도 혼란을 가중시킨 게 거의 틀림없다. 적어도 한 연대기 작가는 국왕의 대포—딱 3문만 언급된다—에 말이 겁먹었다고 말한다. 무기로서는 별로 쓸모없었을지라도 포에서 나오는 소음과 연기는 전에 포를 경험해본 적 없는 말들을 질겁하게 했을 것이다.

　놀랍게도 일부 프랑스 기사들은 잉글랜드군 대열의 앞부분까지 도달했고, 잉글랜드 중기병들은 도끼와 검으로 적을 난자했다. 이때의 돌진 혹은 나중의 돌진에 열여섯 살의 웨일스 왕자*가 넘어졌다. 그러자 기수旗手인 리처드 드 보몽이 들고 있던 웨일스 깃발로 위엄 있게 소년을 덮고 공격자들을 물리쳐 마침내 왕세자는 다시 일어설 수 있었다. 프루아사르는 왕세자의 동료들이 에드워드에게 도움을 청하러 갔을 때 국왕이 "그 아이가 영광을 얻도록 내버려두어라. 신이시여, 그가 모든 영광을 차지하길"이라고 말하며 요청을 거부했다는 낭만적인 이야기를 전한다. 그러나 다른 연대기 작가(제프리 르베이커)는 국왕이 실제로는 아들을 구원하도록 스무 명의 기사를 엄선해 보냈다고 말한다. 그들은 소년과 그의 멘토들이 길게 늘어서 있는 시체 더미 앞에서 칼과 미늘창에 기대어 한숨을 돌리며 적군이 돌아오기를 말없이 기다리고 있는 것을 발견했다.

　앞을 못 보는 보헤미아의 요한 국왕은 잉글랜드 진영에 도달한 적군 가운데 하나였다. 그는 수행 기사들에게 "칼로 적을 칠 수 있도록" 자신을 적 앞으로 이끌라고 명령했다. 고삐로 서로를 단단히 묶은 작은 무리는 어렵사리 궁수들 사이로 말을 몰고 가는 데 성공했고, 그들을 통과해 잉글랜드 중기병을 향해 돌진했다. 보헤미아 기사들은 국왕과 함께 중기병들의 손에 쓰러졌고, 오직

---

* 잉글랜드 왕위 후계자, 즉 왕세자에게 부여되는 관례적 작위이다.

두 사람만이 가까스로 프랑스 진영으로 돌아와 이야기를 전할 수 있었다. 그들의 시신은 여전히 서로 단단히 묶인 채 다음 날 발견되었다. 왕세자는 이에 깊은 감명을 받아 보헤미아 국왕의 문장과 좌우명, 즉 깃털 세 가닥과 '나는 섬긴다(Ich dien)'를 자신의 것으로 삼았다.

프랑스 병사들은 "해질녘부터 축시*까지" 열다섯 차례 돌진했고, 돌진은 매번 빗발치는 화살 세례 속에서 아수라장으로 시작해 아수라장으로 끝났다. 프루아사르는 그 자리에 없었던 사람은 그 혼란상을, 특히 프랑스 병사들의 와해와 무질서를 묘사하기는커녕 상상도 할 수 없다고 말한다. 살육은 웨일스와 콘월의 단검병들이 "땅에 쓰러진 백작과 남작, 기사와 종자들을 가리지 않고 베고 죽이면서" 최고조에 달했다. 프랑스군의 마지막 공격은 칠흑 같은 어둠 속에서 전개되었다. 그즈음 남아 있는 프랑스 기사는 거의 없었다. 어둠이 깔리자 죽은 자들을 제외한 많은 기사들이 조용히 전장을 빠져나갔다. 전장에서 타던 말 한두 마리를 잃었고, 자신도 목에 화살을 맞은 필리프 국왕이 어둠 속에서 최후의 필사적인 돌격을 감행하고자 했을 때 그가 동원할 수 있는 군사는 고작 60명의 중기병뿐이었다. 에노 백작이 국왕의 말고삐를 붙잡고 전장을 뜨도록 설득했다. "전하, 즉시 이곳을 뜨십시오. 지금은 떠날 때입니다. 일부러 옥체를 버리지 마십시오. 이번에 패배한다 해도 다음에

---

* 원서의 "third quarter of the night"는 정확히는 밤 열두시에서 새벽 세시까지를 가리킨다. 이 책에서는 원문의 옛스러운 표현을 살리기 위해 새벽 한시에서 세시까지를 가리키는 축시로 번역하였다.

다시 회복할 수 있습니다." 그들은 10킬로미터 떨어진 라브루아의 궁성으로 말을 달렸다. 고작 다섯 명만을 대동하고 그곳에 도착한 필리프는 성주에게 외쳤다. "어서 성문을 열어라. 프랑스의 명운이 달렸다." 국왕은 잠시 머물며 목을 축인 뒤 다시 밤새도록 말을 달려 더 안전한 피난처가 있는 아미앵으로 갔다.

　어둠 때문에 자신들이 적에게 얼마나 커다란 피해를 입혔는지 깨닫지 못한 잉글랜드 병사들은 자기 위치를 지킨 채 잠이 들었고, 전멸을 피했다고 매우 안도하며 신께 감사의 기도를 드렸다. 그들이 잃은 병사는 100명이 채 되지 않았다. 이튿날 그들이 눈을 뜨니 매우 짙은 안개가 깔려 "20미터 앞도 내다볼 수 없을 정도"였다. 에드워드는 일체의 추격을 금지했다. 그는 노샘프턴 백작에게 중기병 500명과 궁수 2,000명으로 이루어진 정찰대를 주어 내보냈고, 그들은 곧 현지 민병대 일부와 전장에 너무 늦게 도착한 일단의 노르망디 기사들과 마주쳤다. 노샘프턴의 병사들은 재빨리 이 마지막 적군들의 상당수를 죽이며 패주시켰다. 이제 국왕은 자신이 얼마나 커다란 승리를 거두었는지를 알게 되었고, 전령들에게 죽은 적의 수를 세도록 시켰다. 그들은 귀족과 기사들의 시신을 1,500구 넘게 파악했는데, 그 가운데에는 로렌 공작과 알랑송 백작, 오세르 백작, 블라몽 백작, 블루아 백작, 플랑드르 백작, 포레 백작, 그랑프레 백작, 아르쿠르 백작, 생폴 백작, 살름 백작과 상세르 백작도 있었다. 프루아사르는 프랑스 진영의 "평민" 전사자 숫자를 과장하지만, 1만 명이 족히 넘는 것은 분명하다.

　에드워드는 서양 역사에 길이 남는 대승을 거두었다. 크레시 전투 전까지 잉글랜드인들은 전사로서 별로 중요하게 취급되지 않은 반면 프랑스인들은 유럽에서 최고로 여겨졌다. 전술적, 기술적으로 크레시 전투는 일종의 군사 혁명, 즉 화력이 갑옷에 거둔 승리였다. 잉글랜드 국왕은 기독교권에서 가장 유명한 지휘관이 되었다.

그러나 에드워드는 승리를 만끽할 처지가 아니었다. 비록 필리프의 군대를 궤멸했으나 그렇다고 지친 병사들을 데리고 파리로 진군을 감행할 수는 없었다. 8월 30일 그는 항구 한 군데를 손에 넣기 위해 해안으로 출발했다. 9월 4일 에드워드는 점찍어둔 칼레 항구에 도착했다. 칼레항은 플랑드르 국경선과 몇 킬로미터밖에 떨어져 있지 않았고, 잉글랜드와 가장 가까운 항구였다.

곧 잉글랜드 선박들이 증원군을 싣고 도착하여 부상자와 포로와 전리품을 실어갔다. 국왕은 특별한 어려움 없이 칼레 시를 확보할 것이라고 기대했지만 칼레는 예상보다 방비가 강력했다. 칼레는 사구와 습지로 둘러싸여 있어 그 위에 공성 기구를 세우는 것이 불가능했다. 깊은 배수로 때문에 땅굴을 파는 것도 생각할 수 없었다. 게다가 용감한 부르고뉴 기사 장 드 비엔이 지휘하는 강력한 수비대가 도시를 지키고 있었다. 비엔은 겨울이 되어 잉글랜드군이 물러갈 수밖에 없는 상황이 될 때까지 결연히 버틸 작정이었다. 그러나 에드워드 역시 똑같이 의지가 결연해서 겨울 동안 병사들을 수용할 나무 오두막을 지었다. 장 르벨은 그가 "세운 집들이 거리가 뻗어나가듯 죽 늘어섰는데, 집 위에 갈대와 띠를 덮어서 마치 작은 마을이 들어선 듯했다"고 전한다. 잉글랜드군의 숙영지에는 심지어 장이 서기도 해서 그날이면 장사가 번창했다.

많은 잉글랜드군이 질병으로 죽었으나 나머지는 인근 50킬로미터 일대를 쑥대밭으로 만들면서 겨우내 가차 없이 포위를 이어갔다. 에드워드는 필리프가 칼레의 구원을 시도할까봐 봄이 되자 증원군을 데려왔다. 의회는 필요한 자금을 대며 협조했고, 1347년 여름 중반이 되었을 때 잉글랜드군은 칼레 바깥에 3만 명이 넘는 병력을 보유했다. 이 모든 것은 대단한 행정적 위업을 대변한다. 신병들뿐 아니라 그들을 먹일 막대한 양의 식량도 해협을 건너 실어와야 했기 때문이다.

에드워드 국왕의 진짜 무기는 선박을 통한 무자비한 해상 봉쇄였다. 옥스퍼드셔의 연대기 작가인 제프리 르베이커에 따르면 그는 "닫힌 문 안으로 들어간 굶주림은 포위된 자들의 자존심을 굴복시킬 수 있고, 또 굴복시킬 것"이라고 계산했다. 바다 쪽으로 뻗은 울타리는 포위된 수비대를 위해 소형 보트가 해안을 따라 물자를 실어오는 것을 막았다. 대규모의 잉글랜드 함대가 항구 바깥에 언제나 대기하고 있었고, 혹시 빠져나갈지도 모르는 선박을 파괴하기 위해 투석기가 설치된 목조 망루도 세웠다. 칼레 시민들은 식량을 아끼기 위해 가난한 사람들 500명을 추방했지만, 봄이 오자 물자가 바닥나기 시작했다. 그들은 8월까지 필리프가 구하러 오지 않으면 항복하는 수밖에 없다고 결론지었다.

에드워드가 그렇게 많은 병력을 구할 수 있었던 것은 최근에 스코틀랜드에서 오는 위험을 제거한 덕분이었다.

이번에는 독수리 잉글랜드가 먹잇감이라
무방비 상태의 둥지로 오소리 스콧이
살금살금 다가와 푸짐한 알들을 핥아먹어버리네.

1346년 10월 데이비드 2세는 노섬벌랜드와 더럼을 침공했다가, 더럼 근처의 네빌스크로스에서 모든 스코틀랜드 침략자들이 맞았던 운명을 맞이했다. 스코틀랜드인들은 전멸했고, 국왕은 포로로 잡혀 런던탑에서 9년을 갇혀 지냈다. 스코틀랜드 민족의 가장 성스러운 유물인 스코틀랜드 검은 십자가상^{Black Rood of Scotland}은 보란 듯이 더럼 대성당에 내걸렸다.

1347년 7월 필리프는 마침내 칼레를 구원하러 진군했다. 그의 군사는 전해만큼 많지 않았고 싸울 의욕도 예전 같지 않았다. 필리프는 고작 1.5킬로미터 떨어진, 에드워드 진영이 내려다보이는 상가트 절벽에 진지를 구축한 다음 잉글랜드 국왕에게 나와서 싸우자는 도전장을 보냈으나, 에드워드는 아늑하게 구축한 포위선을 떠나기를 거부했다. 필리프는 에드워드를 공격하는 것은 또 한 번의 크레시 전투를 자초하는 꼴이라는 것을 알고 있었으므로 휴전 협상을 시도했으나 성공하지 못했다. 8월 2일, 그는 병사들에게 진지를 철거하고 막사에 불을 붙이라고 명령했다. 멀리 퇴각하던 프랑스군은 파멸을 눈앞에 둔 칼레 시민들의 탄식을 들을 수 있었다. 칼레 수비대는 왕가의 깃발을 도랑으로 내던졌다.

이제 칼레 성안의 가장 부유한 주민조차도 식량이 없어서 죽어가기 시작했고, 장 드 비엔은 필리프가 철수한 다음 날 흉벽에 나타나 수비대가 협상할 용의가 있다고 외쳤다. 잉글랜드 국왕이 칼레 시의 저항에 몹시 화가 나 있으니 주민들은 죽음에 몸을 내맡기거나 국왕이 정한 대로 몸값을 지불해야 한다는 답변이 돌아왔다. 결국 에드워드는 간언에 설득되어 도시에 대한 처벌을 여섯 명의 고위 시민들에 제한하기로 했고, 지정된 시민 여섯 명은 셔츠만 걸친 채 목에 고삐를 걸고 국왕 앞에 나와야 했다. "국왕은 그들을 사납게 노려보았으니, 칼레 주민들을 몹시도 미워했기 때문이다." 이윽고 그는 끌려나온 시민들의 목을 치라고 명령했다. 그들은 임신한 필리파 왕비가 남편 앞에 무릎을 꿇고 눈물로 간청한 덕분에 목숨을 부지할 수 있었다. "아, 너그러운 전하, 커다란 위험을 무릅쓰고 바다를 건넌 뒤로 저는 전하께 아무것도 바라지 않았습니다. 그러니 이제 제가 동정녀 마리아의 아들의 영광을 위하여, 그리고 저에 대한 사랑으로, 이 여섯 명의 시민들에게 자비를 베풀어주시길 청합니다." 그럼에도 에드워드는 칼레에서 주민들을 싹 몰아냈고, 쫓겨난 주민들은 입고 있던 옷가지를 제외하고는 아무것도 챙겨갈 수 없었다. 국왕은 나중에 잉글랜드에서 데려온 사람들로 도시를 채운 뒤 그들에게 상점과 여관, 거처를 주었다. 그는 친구들에게 부유한 부르주아의 멋진 집들을 많이 하사했다.

2세기 동안 칼레는 프랑스로 들어가는 잉글랜드의 관문, 즉 물자가 드나드는 항이자 교두보였다. 한 저자는 이렇게 평가했다. "잉글랜드인들에게 칼레가 어느 정도로 중요했을지는 만약 전쟁 기간 내내 프랑스가 도버를 소유하고 있고, 그것이 프랑스에 어떤 이점을 가져다줄지를 생각해본다면 가장 잘 알 수 있을 것이다."

잉글랜드는 곧 칼레의 중요성을 깊이 느꼈다. 현대 프랑스 역사가 필리프 콩타민이 말한 대로 "2세기 동안 그곳은 대륙에서 잉글랜드의 작은 일부로 남았고", 심지어 캔터베리 교구의 일부분이기도 했다.

그러나 칼레의 획득을 그 자체만 따로 떼어서 볼 수는 없다. 크레시-칼레 전역은 에드워드 3세의 대전략을 이루는 독립적인 세 가지 작전 가운데 하나일 뿐이기 때문이다. 남서부에서 더비 백작은 그가 손에 넣은 것 대부분을 유지할 수 있었다. 그는 에귀용에서 포위되었으나, 노르망디 공작은 아버지(필리프 6세)의 패배 소식을 듣자마자 포위전을 중단하고 군대를 이끌고 루아르강 북부로 갔다. 한편 필리프가 칼레를 포기한 이유 가운데 하나는 잉글랜드군 수비대가 포위되어 있던 브르타뉴의 라로셰데리앙에서 날아온 잉글랜드군의 또 다른 승리 소식 때문이었을지도 모른다. 1347년 6월 27일 토머스 대그워스 경이 블루아의 샤를의 군사를 전멸시켰고, 생포된 샤를은 잉글랜드로 보내져 스코틀랜드 국왕과 마찬가지로 런던탑에 갇혔다. 잉글랜드군의 입지는 새로운 백작(강력한 친프랑스파인 루이 드 말)이 여러 도시를 손에 넣은 플랑드르에서만 약해지고 있었다.

교황청은 에드워드의 전역이 야기한 참상에 개탄했다. 1347년 클레멘스 6세는 편지를 써서 국왕에게 항의했다. 그는 '빈자와 아이들, 고아와 과부들, 약탈과 굶주림을 겪고 있는 비참한 사람들의 비통함, 교회와 수도원의 파괴, 예배용 성구와 장식물의 절도, 수녀들에 대한 강도 행위와 감금'에 대해 언급했다.

교황의 중재로 잉글랜드와 프랑스는 1347년 9월 휴전에 합의했다. 필리프 국왕은 절박한 처지였다. 그의 군대가 궤멸했을 뿐 아니라 돈도 없었다. 그러나 그는 또 다른 침공에 대비하여 지체 없이 세력을 재건해야 했다. 이 오만하고 도도한 남자는 그해 11월 파리에서 열린 삼부회 앞에서 몸을 낮췄다. 삼부회의 대변인은 국왕에게 "전하께서는 나쁜 조언에 귀를 기울여 모든 것을 잃고 아무것도 얻지 못했습니다"라고 말했고, 국왕이 "크레시와 칼레에서 한심하게 쫓겨났다"고 덧붙이는 것도 잊지 않았다. 삼부회는 국왕에게 한 푼도 줄 생각이 없었다. 필리프의 관리들은 지방 의회들과 성직자 계층으로부터 약간의 돈을 매우 어렵게 뜯어낼 수 있었다. 그렇게 여러 해 동안 좌절과 굴욕을 겪고 나서도 그는 잉글랜드를 침공할 계획을 포기하지 않았다.

에드워드 3세는 백성들의 칭송을 한몸에 받았다. 의회 두루마리 문서는 양원이 모두 국왕의 승리에 대해 신께 감사드리는 것과 그들이 찬성하여 왕에게 준 돈이 잘 쓰였다는 데 동의하는 안을 가결했다고 기록한다. "잉글랜드 왕국이 다른 어느 국왕의 치세 때도 보지 못한 정도로 바뀌고, 영예로워지고 부유해졌다."

에드워드가 원서에서 공식적으로 가터 기사단을 창설한 것은 1348년 6월이었을 것이다. 가터 기사단은 그로부터 몇 년 전 원탁의 기사들을 본뜬 기사들의 단체를 바탕 삼아 만들어졌다. 첫 번째 가터*는 아름다운 솔즈베리 백작부인이 춤을 추다가 떨어뜨린

---

* 스타킹이 흘러내리지 못하도록 붙잡아주는 벨트나 여밈의 총칭.

가터로, 국왕―그녀와 사랑하는 사이였다―이 그녀를 민망한 상황에서 건져주기 위해 "나쁜 생각을 품는 자야말로 부끄러워하라 (Honi soit qui mal y pense)"*라고 말하며 자신의 무릎에 가터를 묶었다는 전설은 사실인 것 같다(오늘날의 가터블루와는 다른 이 푸른색은 프랑스 왕실 문장의 로열블루에서 따온 것이다). 백년전쟁 내내 성공적인 군사적 경력을 쌓은 이에게는 가터 기사단에 속한다는 것이 화룡점정이나 다름없었다. 잉글랜드와 기엔의 얼마나 많은 주요 지휘관들이 백년전쟁이 끝나기 직전까지도 가터 서훈을 받았는지는 주목할 만하다. 약간의 과장을 하자면 반도전쟁** 동안 수여된 바스 훈작사와 비견될 만하다.

솔즈베리 백작부인과 가터 사건은 칼레의 함락을 축하하기 위해 현지에서 연 전승 축하 연회에서 일어났다고 한다. 국왕은 칼레의 새로운 총독인 이탈리아인 용병대장이 프랑스 측에 도시를 팔겠다는 제안을 내놓았을 때 하마터면 도시를 잃을 뻔했다. 용병대장한테는 안된 일이지만 에드워드는 음모를 알아채고 총독을 구슬려 자기에게 협조하게 만든 다음 왕세자와 함께 비밀리에 해협을 건너왔다. 아무도 그가 칼레에 있다는 것을 몰랐다. 도시를 접수하러 온 프랑스인들은 매복에 걸려 모두 생포되었다. "고운 진주 화관을 제외하고는 맨머리인" 에드워드 국왕은 평소의 그답게 포로들을 호화로운 제야의 만찬 자리로 데려가 대접했다.

---

* 가터 훈작의 모토이다.
** 나폴레옹 전쟁 기간 동안 이베리아반도에서 벌어진 전쟁.

1350년 에드워드는 또 다른 승리를 거두었다. 플랑드르 백작이 카스티야인들에게 슬라위스에서 함대를 집결하는 것을 허락하여 그곳을 거점으로 활동하는 카스티야인들이 잉글랜드 상선에 엄청난 피해를 입히고, 기옌과의 해상 연결을 위협했다. 8월, 에드워드는 샌드위치항에 배를 모은 다음 적에 맞서기 위해 셋째아들인 곤트의 존(열 살에 불과했다)을 대동하고 출항했다. 40척으로 이루어진 카스티야 함대는 카스티야 왕가의 돈 카를로스 데 라세르다 왕자가 지휘했다. 프루아사르는 그 유명한 구절을 통해, 10년 전 슬라위스에서 맹활약했던 코그선 토머스호의 갑판 위에 모인 사람들의 눈에 비친 에드워드의 모습을 묘사한다. "국왕은 검은 벨벳 재킷을 걸치고, 머리에는 그에게 아주 잘 어울리는 검은 비버가죽 모자를 쓴 채 뱃머리에 서 있었다. 당시 그는 (그날 그와 함께 있었던 사람들한테 들은 대로) 더할 나위 없이 유쾌해 보였다." 그는 음유시인들에게 존 챈도스 경이 막 잉글랜드에 도입한 독일 춤곡을 트럼펫으로 연주하라고 시켰고, 챈도스한테는 음유시인들과 함께 노래를 부르라고 한 뒤 그 결과물을 보고 껄껄 웃어댔다. 때때로 그는 돛대를 올려다보았다. 꼭대기 망루에 파수꾼을 세워두고 카스티야인들을 발견하면 자신에게 알리라고 일러두었기 때문이다. 적을 보자마자 에드워드는 "이런! 배 한 척이 오고 있는 게 보이는군. 내 생각엔 에스파냐의 배인 듯하구나!" 하고 외쳤다. 그는 카스티야 함대 전체를 보았을 때 "너무 많이 보이는구나. 신이시여 도와주소서! 이 말은 그들에게는 안 하는 게 좋겠지" 하고 말했다. 저녁 무렵의 일이었다—"대략 저녁 기도 때"였다. 국왕은 "포도주를 대령시켜 모든 기사들과 함께 마셨다. 그런 다음 그는 헬름^{helm}* 투구의 끈을 졸라맸다".

뒤이어 벌어진 전투—윈첼시 앞바다에서 벌어졌지만 레에스파뇰쉬르메르^{Les-Espagnols-sur-Mer}**로 알려졌다—는 슬라위스 해전보다 훨씬 더 위험하고 막상막하의 접전이었다. 갤리선이 코그선에 비하여 어떤 면에서 유리한지는 이미 강조한 바 있다. 카스티야인들은 투석기와 거대한 석궁, 대포로 무장하고 있었다. 바람의 방향도 그들에게 유리했다. 국왕과 왕세자가 각각 타고 있던 배가 침몰했고, 두 사람은 적선에 올라타서 간신히 목숨을 구할 수 있었다. 일몰 직후까지 계속된 치열한 전투가 끝난 뒤 카스티야 갤리선 열네 척—일부는 더 많다고 말한다—이 포획되어 그 선원들은 뱃전 너머로 내던져졌고, 나머지 적선은 도망쳤다. 잉글랜드, 그중에서도 특히 남부 해안 지방이 승전 소식에 환호했다.

그러나 프랑스는 이미 그보다 훨씬 심한 재앙을 겪고 있었다. 흑사병—선페스트—이 마르세유에서 발병하여 1348년과 1349년에 프랑스 전역으로 퍼져나간 것이다. 한 연대기 작가에 따르면 파리 한 곳에서만 사망자 수가 8만 명에 달했다. 사람들은 세상의 종말이 왔다고들 했다. 프랑스가 지은 죄 때문에 신이 프랑스를 벌하고 있다고 철석같이 믿은 국왕은 다소 독특한 위생 주의령을 내렸다. 그는 신성모독적 언사를 금지하는 칙령을 내렸다. 칙령을 처음

---

* 중세 투구의 일종으로 양동이 모양이다. 눈앞에 가로로 구멍이 나 있고, 입 부근에 숨을 쉴 수 있도록 작은 구멍이 여러 개 뚫려 있지만 바이저는 따로 없다.
** '바다 위 에스파냐인들'이란 뜻이다.

위반했을 때는 한쪽 입술을, 두 번째 위반했을 때는 다른 입술을, 세 번째 위반했을 때는 혀를 잘랐다. 치세 말기에 필리프 6세보다 더 불행한 군주도 없었을 것이다.

역병은 해협 너머로도 건너갔다. 1348년 8월 도싯에 처음 출현한 역병은 잉글랜드 전역으로 퍼져나가 1349년 말까지 창궐했다. 일반적으로 전체 인구의 1/3이 흑사병으로 사망한 것으로 여겨진다. 땅이 버려지고, 지대는 떨어지거나 미납되었다. 그 결과 세수가 급격하게 감소했다. 그에 따른 인력과 현금 부족은 최소한 잉글랜드와 프랑스 국왕이 주도하는 침공이나 대규모 군사작전에 대한 일체의 생각에 찬물을 끼얹는 효과가 있었다.

1350년 8월 22일 프랑스의 필리프 국왕이 노장르루아에서 사망했다. "다음 날인 목요일 그의 시신은 생드니 수도원의 거대한 제단 왼쪽에 묻혔다. 내장은 파리 자코뱅 수도원에 매장되었고, 심장은 발루아의 부르주퐁텐에 있는 카르투시오 수녀원에 묻혔다." 그는 형편없는 실패자로 역사에 남았다. 프랑스는 크레시에서 참패한 그를 결코 용서하지 않았고, 역사가들은 현금을 구하기 위해 너무 많은 특권과 면제 특혜를 부여하여 프랑스 군주제를 약화시킨 책임을 그에게 돌렸다. 그러나 크레시 전투는 단 한 차례 범한 전술적 오류였을 뿐이다. 그는 어마어마한 군사를 일으켰고, 거의 작동이 불가능했던 재정 체계를 극복하여 그 군대를 전장에 유지했고, 지방 의회들과의 협상을 통해 잉글랜드가 왕국 전체를 위협하고 있음을 납득시켰다. 그는 칼레를 잃긴 했지만 프랑스에 훨씬 더 넓은 영토를 남기고 떠났다. 1349년 그는 마요르카 국왕으로부터 몽펠리에 시를 사들였고, 같은 해 긴 협상 끝에 장래 샤를 5세인 손자의 이름으로 도피네의 마지막 백작, 즉 도팽^{Dauphin}으로부터 그 지방을 사들이는 데 성공했다.* 이는 성왕 루이 재위 이후로 가장 큰 규모의 영토 획득이었다. 프랑스 국경이 마침내 알프스산맥에 도달한 것이다. 게다가 역대 프랑스 국왕들을 통틀어 가장 위대한 국왕 가운데 하나가 될 이 손자는 필리프 6세의 정책들을 상당수 따를 것이었다.

에드워드 3세는 비록 다시금 전장에 나설 운명이었지만, 그가 백년전쟁을 지배하는 주역이던 시기는 레에스파뇰쉬르메르 승전과 함께 막을 내린다. 그는 자신이 뛰어난 군인임을 과시했고 발루아 가문의 라이벌에게 굴욕을 안겼다. 그는 프랑스 왕관을 손에 넣겠다는 야심에 조금도 가까워지지 못했지만, 발루아 가문으로부터 왕국―아니면 그 대부분―을 뺏겠다는 굳은 결심에는 변함이 없었다. 그는 전쟁을 재개할 적당한 순간을 기다릴 준비가 되어 있었다. 비록 다른 누군가가 자신을 대신해 군대를 이끌게 될지라도 말이다.

---

* 신성로마제국 소속 알봉 백작 가문의 문장에 돌고래^{dauphin}가 새겨져 있어서 '비엔누아의 도팽'이라는 호칭이 생겼고, 백작 가문이 다스리는 영지를 통틀어 '도피네'라고 불렀다. 알봉 가문의 마지막 백작은 프랑스의 왕위 계승자가 비엔누아의 도팽이라는 칭호를 물려받는다는 조건으로 프랑스 국왕에게 영지를 넘겼고, 이후 프랑스 왕세자는 관례상 도팽이라고 불렸다.

3장

푸아티에 전투와 흑태자
1350~1360년

내게 영원히 변치 않을 강철로 된 무구를 건네라.
나는 왕들을 정복하러 가노라.
_『에드워드 3세 치세기』

우리는 길을 떠났고, 툴루즈 땅으로 들어가
훌륭한 도시와 요새들을 닥치는 대로 불태우고 파괴했다.
그 고장은 부유하고 풍요로웠으니까.
_흑태자, 1355년

프랑스 국왕 장 2세(1350~1364년 재위). 용감하고 허세가 심하며 무능력한 그는 푸아티에 전투에서 패배하며 흑태자에게 생포되었고, 결국 런던에서 포로로 사망했다.

1350년부터 1364년까지에 해당하는 백년전쟁의 다음 단계에서는 필리프의 아들인 프랑스 국왕 장 2세와 에드워드 3세의 아들로 결국에는 기옌에 영구적으로 자리를 잡는 흑태자가 전면에 부상한다. 웨일스 왕자이자 전통적으로 흑태자(그의 무구 색깔에서 따온 별명이다)로 알려진 우드스톡의 에드워드Edward of Woodstock는 영국사에서 위대한 영웅 가운데 한 명이다. 대부분의 영웅들과 마찬가지로 현실은 전설과 다소 다르지만, 그는 의심할 나위 없이 에드워드 3세와 마음이 아주 잘 맞는 아들이었다. 1350년 왕세자는 스무 살이었고, 군사적 영광을 추구하는 아버지의 욕망을 충실히 공유했다. 그러나 1350년대 초기의 충돌은 대개 협상으로 마무리되었기에 그는 한동안 자신의 호전성을 자제해야 했다.

아마도 역대 프랑스 국왕 가운데 가장 멍청할 '장 르봉Jean le

Bon'만큼 무능한 협상가는 없을 것이다. 1319년에 태어난 노르망디 공작*은 중세 기준으로 중년에 접어들기 직전의 붉은 수염을 텁수룩하게 기르고 몸집이 큰 미남자였다. 그에게 잘 어울리지 않는 별명**은 마상 창시합에서 보여준 뛰어난 능력과 전장에서의 저돌적인 용맹성 때문에 붙은 것으로, 그는 걷잡을 수 없는 격노와 공황 상태에 빠져 어쩔 줄 몰라 하는 성격이었다. 하지만 그에게는 가장 훌륭하게 처신할 때 드러나는 매력 같은 게 있었던 것 같다.

비록 에드워드 3세의 야심은 조금도 줄어들지 않았지만 1350~1355년은 (브르타뉴를 제외하면) 백년전쟁에서 활동이 저조했던 기간이다. 잉글랜드 국왕은 새로운 상대가 어떤 인물인지 정확히 평가하고 뭔가 묘책을 내어 그가 양보하게 만들기를 바랐든가, 흑사병의 참화로부터 잉글랜드가 회복하기를 기다리고 있었을 것이다. 페루아 교수는 "에드워드 3세는 새 프랑스 국왕의 약점과 공황에 가까운 공포심을 모르지 않았다. 그는 새로운 침략군의 상륙을 지속적으로 연기하면서 위협을 연장하는 걸 즐겼다"고 평가한다. 그러나 나는 일련의 휴전들을 제외하면 1353년까지 건설적 외교 활동에 대한 증거는 거의 없다고 생각한다. 그 후 에드워드는 교황의 중재를 활용하여 프랑스 왕위에 대한 주장을 포기하는 대신 플랑

---

* 1204년 프랑스 국왕이 노르망디 공국을 프랑스 왕국에 편입시키면서 왕위 후계자에게 노르망디 공작이라는 작위를 내렸고, 그에 따라 도팽으로 대체되기 전까지 프랑스 왕세자를 가리키는 관례적인 명칭이었다.
** '장 르봉'은 통상적으로 '선량왕 장'으로 번역된다.

드르에 대한 종주권을 비롯해 "내 선조들이 보유했던 대로의" 기엔(즉 푸아투와 리무쟁을 포함한)과 노르망디를 요구했다. 그러면서도 노르망디는 너그럽게 포기할 수도 있다는 암시를 주었다. 하지만 이듬해 실제로는 요구 조건을 늘려 칼레와 앙주, 멘까지 요구했다. 도저히 믿을 수 없는 일이지만 장 국왕은 1354년 4월 긴느에서 임시 조약을 맺어 이 요구에 동의했다. 그러나 그 후 장은 명시된 영토를 내놓기를 거부했다. 아마 그는 시간을 벌겠다는 생각이었을 것이다.

그사이 잉글랜드의 브르타뉴 개입은 대단히 성공적으로 진행되고 있었다. 잉글랜드 수비대는 플뢰르멜같이 공국 동쪽의 프랑스어권에도 일부 존재했지만, 대부분 공국의 서쪽에 자리한 켈트어권의 브레스트, 켕페를레, 반Vannes 같은 항구에 있었다. 국왕의 대리 사령관인 토머스 대그워스 경과 그의 수비대장들은 브르타뉴에서 끊임없이 습격을 이어갔다. 1352년 토머스 경이 한 브르타뉴 배반자의 매복에 걸려 살해되었지만, 그의 후임자인 월터 벤틀리 경도 그만큼 정력적이었고, 같은 해 궁수를 이용해 모롱에서 중요한 승리를 거두었다.

연대기들을 통해 판단하건대 브르타뉴에서 벌어졌던 전쟁의 규모는 비교적 작았지만 전사 계급 사이에서 상당한 소란을 낳았던 것 같다. 역사에서는 아닐지라도 당대인들에게 백년전쟁에서 가장 중요한 사건 가운데 하나는 '30인의 결투Combat of the Thirty'—페루아가 시칭한 대로 "장엄하지만 살인적인 토너먼트"—로, 이 결투는 1351년의 전사 계급의 정신 구조에 대해 많은 것을 알려준다. 그해에 플뢰르멜의 잉글랜드 수비대는 로베르 드 보마누아르가 이끄는 일단의 프랑스 병력에게 공격을 받았다. 포위를 피하기 위해 수비대장 리처드 뱀버러는 각 편에서 중기병 30명이 나와 플뢰르멜 앞의 탁 트인 벌판에서 결투를 벌이자고 제안했다. 뱀버러는 부하 기사들(이들 가운데에는 잉글랜드인뿐 아니라 브르타뉴인과 독일인 용병도 포함되어 있었다)에게 "훗날 연회장과 궁정, 광장, 세계 곳곳에서 인구에 회자될 만큼" 용감히 싸우라고 주문했다. 말에서 내린 그들은 프랑스 쪽 기사 네 명과 잉글랜드 쪽 기사 두 명이 죽고 모두가 녹초가 될 때까지 칼과 미늘창으로 싸웠다. 잠시 숨 돌릴 틈을 갖자는 요청이 들어왔지만, 심하게 부상을 입은 보마누아르가 간신히 몸을 이끌고 비틀거리며 마실 물을 찾아나서자 한 잉글랜드인이 그를 조롱했고―"보마누아르여, 네 피를 들이마셔라. 그러면 너의 갈증도 가실 거다"―시합은 재개되었다. 서로 어깨를 붙이고 단단한 대형을 형성한 잉글랜드인들을 무너뜨리는 것은 불가능해 보였다. 마침내 한 프랑스 기사가 살그머니 빠져나가 거대한 군마에 조용히 올라탄 다음 돌진해와 적의 대형을 무너뜨렸다. 프랑스인들은 잉글랜드인에게 달려들어 뱀버러를 비롯해 아홉 명을 죽이고 나머지를 포로로 붙잡았다. 포로 가운데에는 로버트 놀리스와 그의 이부異父형제 휴 캘벌리도 있었는데, 이들에 관해서는 다시 다룰 것이다.

브르타뉴에서 자행되는 기사도와는 거리가 먼 행위들 때문에 백년전쟁은 지위고하를 막론하고 모든 잉글랜드인들에게 계속 인기를 얻었다. 현지 주민들로부터 돈을 뜯어내는 방법은 다양했다.

가장 수익성이 좋은 방법은 물론 몸값을 받아내는 것, 즉 포로에게 자유를 판매하는 것이었다. 제후나 대귀족은 어마어마한 가격에 팔렸지만 포로 시장은 거물들에만 국한되지 않았다. 부유한 도시민이나 주요 성직자도 부러움을 살 만한 가격을 받아낼 수 있었다. 실제로 칼레가 포위되었을 때 존 밸러드라는 사람이 파리의 부주교를 붙잡아 잉글랜드로 몰래 데려가서는 고작 50파운드만 받았다는 유명한 스캔들이 있었다. 보통 몸값 뜯어내기는 현대의 납치 사업과 더 유사하기 때문에 소상인이나 농부에게도 저마다 가격이 매겨져 있었다. 심지어 쟁기꾼한테도 몇 펜스를 받아낼 수 있었다. 때로는 큰돈을 만질 수도 있었다. 에드워드가 노르망디를 관통해 진군하는 동안 붙잡은 한 프랑스 기사한테서 존 할스턴 경이 받은 몫은 무려 1,500파운드에 달했다. 몸값 사업은 상류 계급에게만 국한된 것이 아니었다. 고향에서는 농노에 불과할 수도 있는 비천한 궁수도 갑자기 부자가 될 수 있었다.

에드워드도 직접 일종의 중개인으로 일하면서 몸값 사업에 관여했다. 그는 나중에 포로의 친척이나 대리인한테서 부르는 가격을 온전히 받아낼 수 있을 거라 기대하며 특히 값나가는 포로들을 원래 붙잡았던 사람들한테서 염가에 샀다. 국왕은 그런 거래를 위한 행정기구를 갖고 있었기 때문에 포로를 잡았던 사람의 입장에서는 국왕한테 파는 것이 대체로 이로웠다. 1347년 토머스 대그워스 경은 블루아의 샤를을 국왕에게 금화 2만 5,000크라운(거의 5,000파운드)에 팔았고, 에드워드도 당연히 커다란 이익을 남겼다. 다른 유력자들도 고위급 포로들을 일종의 투자 대상으로 사서 몸값 중개인으로 활동했다. 시장성 있는 여타 상품과 마찬가지로 포로들은 때로 여러 사람의 손을 거쳐갔다. 칼레는 이런 거래의 중심지였다. 몸값 지불이 반드시 돈으로 이루어질 필요는 없었다. 말, 의복, 포도주, 무기 같은 현물로도 가능했다.

브르타뉴의 수비대들은 더 사악한 사업에도 관여했다. 바로 파티스^pâtis, 즉 보호비 갈취 사업이었다. 모든 마을과 촌락은 현지 수비대 병사들에게 현금이나 가축, 식량, 포도주로 소위 보호비를 내야 했다. 보호비를 내지 못하면 자의적인 처형과 방화로 처벌을 받았다. 여행자들은 안전한 통행을 위해 비싼 돈을 지불해야 했고, 통행료 징수소와 방책이 여기저기 세워졌다. 파티스에서 나오는 이득은 공동 관리했다. 병사들은 전리품의 1/3을 수비대 지휘관에게 주었고, 그는 이것을 자신의 이익의 1/3과 함께 국왕에게 송금했다. 1359~1360년에 1만 785파운드(교구당 평균 41파운드)가 플뢰르멜과 베셰렐, 반의 수비대가 지배하는 교구들에서 징수되었다. 이러한 갈취는 무장 봉기를 야기했고, 때로 주민들은 마을에서 달아나기도 했다. 1352년 한 보고에서 월터 벤틀리 경은 블루아 진영으로부터 최근에 인수한 요새들이 있는 지역에서는 이제 농민들이 잉글랜드 병사들에 대한 두려움 때문에 밭도 못 갈 것이라고 말했다. 그는 자기 부하들 중 다수가 기사나 기사의 종자가 아니라 신분이 매우 낮고 오로지 개인적 이득을 위해서 전쟁에 나온 사람들이며, 농민들과 도시 주민들을 약탈하여 점점 부유해지고 있다고 설명했다. 잉글랜드 병사들은 지독한 증오의 대상이 되었다. 프랑스가 1347년 라로셰데리앙 시를 수복했을 때 현지 주민들은 수비대에게 달려들어 "그들을 막대기와 돌로 개처럼 패 죽였다". 시간이 지나면서 파티스는 잉글랜드가 점령한 프랑스의 전 지역으로 확대되었다.

이제 잉글랜드인들은 프랑스를 일종의 엘도라도로 여겼다. 잉글랜드 전체가 프랑스에게서 빼앗은 전리품으로 넘쳐났다. 1348년 연대기 작가 월싱엄은 이렇게 말한다. "캉이나 칼레, 바다 건너 다른 도시에서 온 의복이나 모피, 방석 같은 물건들을 갖고 있지 않은 여자가 거의 없었다. 모든 집에서 식탁보와 아마포 베갯잇, 시트를 찾아볼 수 있었다. 결혼한 여자들은 프랑스 부인들의 장식품으로 치장했고, 프랑스 부인들이 자신들이 잃은 것을 한탄했다면 잉글랜드 부인들은 자신들이 얻은 것에 기뻐서 어쩔 줄 몰랐다." 심지어 병사들의 급료도 상당했다. 기마 궁수는 하루에 6실링을 받는데 이 금액은 고국에서 숙련 장인이 받는 임금과 맞먹었고, 훌륭한 쟁기꾼이 2실링을 벌면 운이 좋을 때 보병 궁수는 하루 3실링을 받았다. 더욱이 자원한 궁수와 중기병의 고용 계약 시스템은 그들이 전리품을 한몫 차지할 수 있게 보장했다. 그러나 파울러 박사의 표현대로 "사람들을 전쟁터로 유혹한 것은 이익의 확실성이 아니라 대박을 터뜨릴 가능성, 흔히 100분의 1도 안 되는 그 가능성이었다". 전쟁은 무거운 세금이 다시 부과된다는 것을 의미했지만, 국왕이 적대 행위를 재개하길 희망하며 기다리는 사람이 많았다.

에드워드 3세는 이러한 열성적인 반응을 잘 알고 있었다. 그것을 어떻게 활용할지가 문제였다. 이미 그는 이용 가능한 원시적인 매스미디어를 철저히 활용함으로써 자신이 놀랍도록 세련된 홍보

전문가라는 사실을 입증한 바 있다. 모든 교구에서 필리프의 잉글랜드 정복 칙령을 낭독하게 한 일은 앞서 언급했다. 하지만 이것은 한 가지 사례일 뿐이다. 주州 법정이나 장터에서 낭독된 에드워드의 칙령 활용은 '일종의 뉴스 서비스'로 비견될 정도로 뛰어났다. 노르망디 침공이나 크레시 승전, 칼레 함락 같은 중대 사안은 이런 칙령에서 단순한 표현으로 설명된 반면, 침공 위협은 그 규모가 아주 작다 해도 언제나 철저하게 부풀려졌다. 게다가 국왕은 주교들에게 전쟁을 위한 공개 기도문을 요구하는 등 성직자 계급도 약삭빠르게 이용했는데, 이런 기도문은 틀림없이 많은 교구에서 낭독되었을 것이다. 1346년에는 일반적으로 가장 뛰어난 설교자로 인정받는 도미니크회 수도사들이 백성들에게 왜 국왕이 프랑스 왕위를 요구하고 있으며, 왜 전쟁에 나섰는지를 설명하는 임무를 수행했다. 그 결과 1330년대의 전역들과 1340년대 승전들에 관한 정보들이 놀라울 정도로 널리 유포되었다.

비록 에드워드는 흑사병 이전보다 더 가난해졌지만, 적어도 그는 자신의 재정 능력이 어느 정도인지 더 잘 이해할 수 있게 되었다. 1345년 이후로 그의 재무상은 윌리엄 에딩턴이었는데, 그는 출중한 능력을 발휘했다. 윈체스터 주교였던 에딩턴은 1356년에 대법관에도 오른다. 에딩턴은 정부의 모든 재정을 재무부 아래 중앙 집권화하는 정책을 폈다. 그는 세수 전체를 한곳에 모을 수 있어야 국왕의 전역들에 자금을 댈 수 있을 거라 생각했다. 의회는 협조할 준비가 되어 있었다. 위대한 영국 역사가 맥키색 교수가 설명한 대로, 에드워드는 의회를 상대할 때 해외에서 무슨 일이 벌어지고 있는지를 의회에 알리고 외교정책 사안에서 자문을 구하는 한편, "전쟁을 영토 방어와 프랑스 왕위에 대한 그의 합법적 주장 옹호를 위한 공동 출자 사업처럼 제시"했다. 에드워드는 에딩턴의 노련한 재정 운영 덕분에 과세를 지나치게 많이 하지 않으면서 전쟁을 꾸려나갈 수 있었다.

게다가 잉글랜드는 프랑스에서 새로운 우군을 얻기까지 했다. 바로 젊은 나바르* 국왕이었다. 악인왕 샤를Charles the Bad(샤를 2세 혹은 카를로스 2세)은 산 너머** 자그마한 왕국의 군주에 불과한 인물이 아니었다. 그는 노르망디에 여러 영지들을 보유했을 뿐 아니라 파리 인근에도 부유한 영지를 가지고 있었고, 오히려 에드워드 3세보다도 프랑스 왕위를 주장할 수 있는 자격이 충분했다. 그의 어머니***는 루이 10세(1316년 사망)의 딸이었고, 따라서 그녀는 고모인 이사벨보다 왕위 계승 서열이 더 높았다. 하지만 그녀의 삼촌들은 그녀의 어머니****가 행실이 문란했다는 평판을 주요 근거로 내세워 나바르의 잔의 왕위 주장을 무시할 수 있었다. 그러나 만약 잔의 아들 샤를이 1328년에 어른이었다면 프랑스의 국왕으로 발루아의 필리프보다 더 선호되었을지도 모른다. 결국 이 매력적이고 화술이 뛰어나며, 도덕관념이 없는 젊은이—1350년에 열여덟 살이 되었다—는 자신이 부당한 대우를 당했다는 불타는 감정

---

* 에스파냐어식으로 표기하면 '나바라'인데, 여기서는 '나바르'로 표기한다.
** 피레네산맥 너머를 말한다.
*** 나바르의 잔 2세 혹은 나바라의 후아나 2세로 불린다.
**** 부르고뉴의 마르그리트.

에 휩싸였다. 설상가상으로 왕위를 놓친 것도 모자라 그는 샹파뉴와 앙굴렘의 커다란 영지들을 빼앗겼고, 손실을 줄이기 위해 프랑스 국왕 장의 딸과 결혼했지만 그녀의 지참금은 결코 지불되지 않았다. 샤를은 자신이 취할 최상의 노선은 에드워드에게 도움을 제안하여 플랜태저넷과 발루아가 서로 싸우게 만든 뒤 장을 설득하여 높은 가격으로 나바르와의 동맹을 사들이게 하는 것이라고 결론 내렸다. 그는 광적이다 싶을 만큼 모략에 집착했던 것 같다.

그러나 나바르 국왕이 1354년에 개시한 첫 번째 움직임은 묘수와는 거리가 멀었다. 그는 프랑스의 총사령관Connétable de France인 돈 카를로스 데 라세르다(레에스파뇰쉬르메르 해전의 카스티야 제독)에게 오랫동안 지독한 원한을 품어왔는데, 장 국왕이 그에게 앙굴렘을 하사하자 자신의 노르망디 영토로 유인한 뒤, 매복에 걸린 총사령관을 사지를 난자해 살해했다. 나바르 국왕은 기뻐하며 "내가 신의 도움을 받아 에스파냐의 카를로스를 죽인 것은 모두가 아는 사실"이라고 선언했다. 물론 그는 공개적으로 자인한 후에 "프랑스 국왕에게 변명을 하기는 했다". 장은 총신의 피살에 격노했지만 자신의 위험한 젊은 친척이 에드워드 3세와 접촉하고 있다는 소문에 겁먹고 있었기 때문에 나바르 국왕을 용서해주는 척했을 뿐 아니라 코탕탱반도에서 넓은 땅덩어리를 떼어줘 그를 매수하려고까지 했다. 그러나 이 정도로는 결코 샤를을 달랠 수 없었다. 그가 노골적으로 불만을 드러내고 있다는 사실은 잉글랜드가 적대 행위를 재개하도록 부추겼다.

다시 한 번 에드워드는 삼면에서 동시에 공격하는 정책을 채택했다. 원래 그는 자신이 손수 군대를 이끌고 피카르디를 침공하는 동안, 랭커스터(이제는 공작이었다)가 노르망디에서 잉글랜드-나바르 합동 군사작전을 개시하고, 왕세자는 기옌에서 프랑스 영토로 습격하게 할 계획이었다. 그러나 국왕은 1355년 10월에 칼레로 군대를 이끌고 가긴 했지만 한 달 만에 잉글랜드로 귀환했다. 이번 전역의 주요 군사 활동은 흑태자가 수행한 슈보시였다. 그는 기옌에서 국왕 대행으로 임명되었고, 9월에 보르도에 도착했다. 1355년 10월 왕세자는 중기병과 궁수를 합해 2,600명도 되지 않았을 군대를 이끌고 공국의 수도를 떠났는데, 이들은 모두 말을 타고 있었고 그 후 두 달간 몽펠리에와 지중해 해안 근처에 이르기까지 랑그도크 지방 전역에서 살상과 방화를 저질렀다. 그는 나르본과 카르카손의 신시가지를 습격했고—거기서 유용한 물자인 포도주와 식량을 발견했다—두 도시의 대부분을 잿더미로 만들었다. 카스텔노다리와 리모, 그 외의 여러 소도시들도 그에 못지않은 커다란 피해를 입었고, 왕세자의 1,000킬로미터 행군 동안 방앗간, 성채, 교회를 비롯해 무수한 마을과 촌락들이 불길에 휩싸였다. 왕세자의 서기들 가운데 한 명은 "이 전쟁이 시작된 이래 이 습격에서만큼 적의 손실과 파괴가 컸던 적도 없다"고 썼고, 왕세자 자신은 "훌륭한 도시와 요새가 많이 불타고 파괴되었다"고 우쭐하며 논평했다. 그것은 불필요한 잔인성이나 방종한 파괴 욕구 때문에 이루어진 것이 아니었다. 모든 슈보시의 목적은 적의 약점을 부각시키고, 적이 과세를 하는 토지와 재산을 파괴함으로써 적의 세수를 박탈하는 것이었다. 존 윙필드(왕세자의 수석 행정관)는 "이 습격으로 황폐해진 지역과 부유한 도시들은 왕국의 절반이 바치는 것보다 더 많은 돈을 매년 프랑스 국왕에게 전쟁 비용으로 바치고 있었다"고 주장했다. "나는 이 같은 사실을 징세인 소유의 집에서 찾아낸 서류로 입증할 수 있다."

기사도는 슈보시와 아무 상관이 없었고—그것은 전투에 국한된 것이었다—이 경우 거의 아무런 저항에 맞닥뜨리지 않은 앵글로-가스코뉴 습격자들은 대단히 비기사도적인 방식으로 행동했다. 프루아사르에 따르면, 병사들은 은 접시와 돈을 선호하면서도 특히 카펫처럼 값나가는 것은 결코 빠뜨리지 않았고, 약탈품의 무게로 삐걱거리는 군용 짐수레와 함께 귀환했다. 일단 보르도로 돌아오면 "그들은 자신들이 얻은 모든 금은을 어리석게 써버렸다". 쑥대밭이 된 지역들은 면세 조치와 국왕의 목재 하사, 석공과 목수의 징발을 비롯한 재건 프로그램에도 불구하고 원래 모습을 회복하는 데 몇 년이 걸렸다.

이렇게 슈보시가 진행되는 동안 잉글랜드인들은 (많은 몸값을 받을 수 있는 자들을 제외하면) 사람들을 붙잡는 족족 죽였기 때문에 도시나 성에 닿을 수 없는 사람들은 몸을 숨겨야 했다. 일부는 동굴이나 지하에 피신했다—수많은 장원의 대저택과 요새화된 교회에는 얽히고설킨 지하실과 터널이 있었다. 어떤 이들은 숲으로 도망쳐 오두막을 짓고 살았다. 물론 잉글랜드인들은 숲도 샅샅이 수색했다. 플라페이—프랑스의 많은 지역에서 찾아볼 수 있는 탁 트인 평지—에 거주하는 농민들은 특히 큰 위험에 처했다.

프랑스의 다른 지역들은 랑그도크에서 들려온 소식에 크게 충격을 받았고, 1355년 10월 파리에서 소집된 삼부회는 과세―소금에 매기는 세금을 왕국 전체로 확대하는 안도 포함되었다―에 동의했다. 이는 장이 연간 3만 명의 병사를 유지할 수 있는 금액이었다. 하지만 결국에는 자금이 바닥났고, 납세자들은 돈을 내는 것을 거부했다. 그럼에도 절박했던 국왕은 대군을 소집했고, 군대는 이듬해 봄 샤르트르에 모이기 시작했다.

그사이 악인왕 샤를도 가만히 있지는 않았다. 그는 자신이 잉글랜드 국왕 에드워드 편에 붙을 생각이라는 소문을 퍼뜨려 장으로부터 더 많은 양보를 얻어냈다. 그러나 나바르 국왕은 지나치게 운을 시험했다. 그는 도팽의 환심을 샀고, 장 국왕은 매력 넘치는 친척에게 현혹된 자신의 아들이 샤를과 너무 많은 시간을 보내자 두 사람이 자신을 권좌에서 쫓아내려고 작당하고 있는 게 아닌지 의심했다. 1356년 4월 장 국왕은 루앙으로 말을 몰아 나바르와 도팽이 식사 중인 홀로 쳐들어가 전원을 체포하고, 아르쿠르 백작과 노르망디 귀족 세 명을 참수했다. 나바르의 샤를 국왕은 루브르의 지하 감옥에 갇혔다.

에드워드는 프랑스인들이 크레시에 대한 복수를 하려고 전의를 다지고 있다는 것을 짐작했을지라도 그 같은 장 국왕의 움직임에 기가 꺾이지 않았다. 여름이 끝나갈 무렵 그는 브르타뉴에 있던 랭커스터 공작에게 6,000명을 주어 노르망디로 보내 나바르 국왕의 지원군을 모집한 다음 앙주를 공격하게 했다. 랭커스터가 최종적으로 수행해야 할 명령은 그보다 규모가 크지 않을 왕세자의 군대와 합류하는 것이었다. 1356년 8월 4일 베르주라크를 출발한 왕세자는 리무쟁과 베리를 거쳐 북동쪽으로 긴 슈보시를 펼쳤고, 그에게 매복 공격을 시도했던 프랑스 분견대가 피신한 로모랑탱성을 그리스 불*을 이용해 함락했다. 그다음 북서쪽으로 방향을 틀어 투르로 진격하여 교외 지역을 불태웠다. 이제 그는 프랑스군의 주요 목표물이 되었다. 에드워드 국왕은 장 국왕의 주의를 분산시키려고 했지만 스코틀랜드인들이 버릭을 함락했다는 소식을 듣고 프랑스에서 하루 이틀 정도만 머물고는 잉글랜드로 귀환했다. 랭커스터 역시 프랑스 군대를 이리저리 끌고 다녔지만 루아르강을 건너 왕세자 군대와 합류하는 데는 실패했다.

만약 랭커스터 공작이 흑태자와 성공적으로 합류했다 해도 두 사람의 합동 병력은 프랑스군에 수적으로 한참 열세였을 것이다. 두 사람 모두 적극적으로 전투를 벌일 생각은 전혀 없었다. 9월 초 흑태자는 문득 4만 명의 병력이 약탈품으로 어깨가 무거운 자신의 병사들을 열심히 뒤쫓고 있다는 것을 깨달았다. 그는 보르도로 이어지는 길을 따라 최대한 신속히 퇴각했다.

그러나 장 국왕은 왕세자의 측면을 우회해 푸아티에에 먼저 도달하여 보르도로 가는 길을 차단하는 데 성공했다. 그의 휘하에는 1만 6,000~2만 명 정도의 병력이 있었을 텐데, 2,000명의 석궁수를 비롯하여 다수의 경무장 병력도 있었지만 대다수는 중기병이었다. 양측의 지휘관**은 9월 17일 잉글랜드의 전위 부대가 라샤보

---

*인화성 액체에 불을 붙여 적에게 내뿜는 일종의 화염방사기.
**프랑스 국왕과 잉글랜드 왕세자.

트리에서 프랑스군의 후위와 갑자기 충돌했을 때에야 비로소 서로가 얼마나 가까이 있는지를 깨달았다. 짤막한 소규모 접전 뒤에 왕세자는 푸아티에에서 남동쪽으로 7마일 정도 떨어진, 당시 모페르튀라고 불리던 마을의 야영지로 행군했다.

약탈품을 잔뜩 진 병사들이 퇴각으로 눈에 띄게 지쳐 있었기 때문에 흑태자는 어떻게든 싸움을 피하고 싶었다. 그러나 남쪽으로의 퇴로는 작은 미오송강에 막혀 있었다. 강을 건너려고 하다가는 적의 공격에 전멸당할 수도 있었다. 그는 유능한 베테랑 존 챈도스 경의 조언에 따라 자신이 본진을 지휘하고, 측면에는 챈도스를 배치하여 전투에 대비했다. 다른 병력은 솔즈베리 백작과 워릭 백작이 지휘했는데, 워릭은 기옌 분대를 맡았다. 각 분대는 말에서 내린 1,200명가량의 중기병과 그보다 상당히 적은 수의 궁수, 말에서 내린 약간의 가스코뉴 창기병, 약간의 웨일스 단검병으로 이루어져 있었다. 비록 정확한 지형은 불분명하지만 지세―덤불과 산울타리 관목, 덩굴이 자라고 군데군데 습지가 있는 완만한 구릉지―는 그러한 병력 조합에 안성맞춤이었다. 전방은 완만한 경사면 꼭대기에 둘려 있는 길고 튼튼한 산울타리와 도랑으로 보호되었고, 좌측은 울창한 숲으로, 후위와 우측은 강으로 보호되었다. 여기에 잉글랜드인들은 프랑스 군대를 감시하는 데 작은 언덕을 이용할 수 있었지만 자신들은 대부분 적의 시야에서 가려져 있었다―왕세자의 분대 중 일부는 덤불숲에 있었고, 말들은 시야에서 멀찌감치 벗어난 곳에 매어둔 상태였다.

장 국왕은 이튿날 새벽에 공격할 채비를 갖췄다. 그러나 그날은 주일이었고, 교황의 특사인 페리고르 추기경은 국왕을 설득하여 협상을 시도해도 된다는 허락을 받아냈다. 희망에 부푼 추기경은 하루 종일 말을 타고 두 진영 사이를 오갔다. 흑태자는 그가 슈보시를 통해 손에 넣은 도시와 성들과 포로들을 돌려주고, 7년간 프랑스 국왕에 맞서 무기를 들지 않기로 맹세하겠다고 제의했다. 그는 거액의 돈도 제의했다. 그러나 장은 흑태자의 무조건적인 항복과 100명의 잉글랜드 기사를 내놓으라는 요구 말고는 아무런 조건도 수락하지 않으려 했고, "그에 대해 왕세자는 결코 동의하지 않았다". 그사이 잉글랜드 병사들은 "궁수들 주변으로 커다란 도랑을 파고 산울타리를 세우는" 등 열심히 방어 시설을 개선하며 주일을 보냈다. 그러면서도 왕세자는 여전히 전투를 피하고 보르도로 빠져나갈 수 있기를 바랐다.

그다음 무슨 일이 벌어졌는지는 여전히 논쟁거리다. 그러나 이튿날 아침 솔즈베리 휘하의 후위가 퇴각을 엄호하는 가운데 잉글랜드 병사들이 몰래 빠져나가기 시작했던 것 같다. 장 국왕은 아직 병사들을 질서 있게 다 배치하지 못한 상태였다. 그는 말 탄 기사 네 명이 나란히 통과할 수 있는 산울타리의 한 틈새로 300명의 중기병으로 이루어진 소규모 전위 부대를 돌격시켜, 본 공격을 개시하기에 앞서 공포의 궁수들을 먼저 처리할 계획이었다. 자기 말을 갖고 있는 얼마간의 독일 용병들과 보병들로 이루어진 그의 첫 번째 '대형battle', 즉 분대가 전위 기병들을 뒤따를 것이었다. 그다음 도팽 휘하의 두 번째 분대(4,000명)와 오를레앙 공작이 지휘하는 세 번째 분대(3,000명), 그리고 국왕이 직접 이끄는 네 번째 분

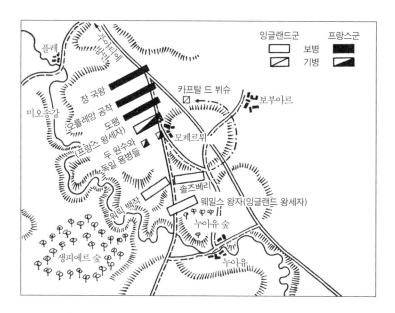

1356년 9월 18일 푸아티에 전투.

대(6,000명)가 올 것이었다. 이 마지막 세 분대의 중기병들은 모두 무거운 갑옷 차림으로 걸어서 전진할 예정이었는데, 이것은 윌리엄 더글러스라는 스코틀랜드 기사의 제안에 따른 것으로 보인다.

오전 열시경 잉글랜드 병사들이 도망치려고 한다는 것을 장이 깨달았을 때 그의 분대는 아직 대형을 갖추지 않은 상태였다. 그런데도 그는 클레르몽 원수Marshal de Clermont와 도드레앙 원수Marshal de d'Audrehem 휘하의 정예 기사 300명에게 잉글랜드 진영의 전방을 보호하고 있는 산울타리를 향해 돌격하라는 명령을 내렸다. 산울타리 뒤에 안전히 자리 잡고 있던 궁수들은 두 원수가 이끄는 분대(300명의 중기병)를 향해 끊임없이 화살을 날렸고, 분대는 이미 둘로 쪼개진 상태였다. 궁수들은 "말과 기사들을 살상했고, 날카로운 화살이 날아오는 것을 느낀 말들은 앞으로 나아가는 대신 뒤로 물러났고 크게 흥분해 뒷발로 서서 날뛰다가 상당수가 주인의 몸 위로 쓰러졌다". 두 원수의 병사들 가운데 상당수가 땅바닥에 쓰러진 상황에서, 산울타리 뒤에서 나온 솔즈베리의 기사들에게 죽임을 당했다. 클레르몽은 죽고 도드레앙은 포로로 잡혔지만 윌리엄 더글러스는 달아났다. 뒤늦게 그들을 뒤따랐던 독일인 용병과 보병들은 험한 지형 때문에 전열이 흐트러진 상태였으나 산울타리에 도달했고, 잉글랜드 병사들은 산울타리에서 그들을 저지하는 데 가까스로 성공했다. 이즈음 무슨 일이 벌어지고 있는지 알아차린 흑태자가 솔즈베리를 구원하기 위해 병사들을 이끌고 왔다. 중무장 병사들의 보호를 받는 일단의 궁수들이 멀리 산울타리에서 따라 나와 습지에 서서 적의 측면을 향해 무자비하게 화살을 쏘아대자 독일인 용병들은 마침내 밀려났다.

그러나 프랑스군의 주력, 즉 중기병 1만 3,000명은 여전히 남아 있었다. 프랑스 진영의 세 분대 가운데 첫 번째 분대, 즉 도팽이 이끄는 분대가 관목과 가시덤불을 헤치고 경사면을 힘겹게 오르며 산울타리를 향해 전진했다. 잉글랜드 전선에 도달한 그들이 도랑을 건너 산울타리를 돌파하려고 시도하는 가운데 "성聖 조지시여!", "성 드니시여!" 같은 구호가 하늘을 찔렀다.* 흑태자는 프랑

---

* 게오르기우스 성인과 디오니시우스 성인은 각각 잉글랜드와 프랑스의 수호성인으로, 본문에서는 각각 영어와 프랑스어로 표기하였다.

스 병사들이 워낙 거세게 공격해왔기 때문에 정예 중기병으로 이루어진 400명의 예비 병력 외에는 모든 자원을 산울타리 방어에 투입해야 했다. 마침내 도팽의 병사들은 산울타리에서 비틀거리며 물러나 일제히 퇴각했다.

잉글랜드 진영의 상황도 그리 나을 것이 없었다. "일부 잉글랜드 병사들은 덤불과 산울타리 아래 쓰러져 있던 아군 부상자들이 걸리적거리지 않게 멀리 치웠고, 무기가 부러진 병사들은 자신들이 죽인 시신에서 창과 검을 취했으며, 심지어 궁수들은 아직 숨이 끊어지지 않은 부상당한 적군한테서 화살을 뽑아냈다." 왕세자의 소규모 예비 병력을 제외하면 "다치지 않거나 격전으로 지치지 않은 자가 하나도 없었다". 이윽고 그들은 오를레앙 공작(장 국왕의 동생)의 분대가 공격 태세를 갖춘 것을 보았다. 그러나 잉글랜드 진영으로서는 놀랍게도—그리고 다행스럽게도—공작의 분대는 방향을 돌려 도팽의 군사들과 함께 전장을 떠났다. 오를레앙이 낙담하지 않았다면 잉글랜드 병사들은 비록 오를레앙의 군사를 격퇴할 수 있었다 해도 너무 지쳐서 프랑스의 마지막 공격에 굴복하고 말았을 것이다. 적군의 마지막 분대—장 국왕이 이끄는 원기 왕성한 6,000명의 군사들—가 산울타리를 향해 저벅저벅 걸어오는 것을 본 기진맥진한 잉글랜드 병사들은 과연 이 마지막 공격을 막아낼 힘을 발휘할 수 있을지 의심했다. 흑태자 옆에 서 있던 한 경험 많은 기사가 희망이 없다는 말을 내뱉었다. 왕세자는 격노하여 그에게 소리쳤다. "거짓말! 비열한 겁쟁이 같으니! 내가 살아 있는 한 우리가 졌다고 말하는 것은 불경하다!" 하지만 병사들은 파멸이 다가왔다고 느꼈다. "결사적이었기 때문에 맹렬해진" 잉글랜드 궁수들은 어느 때보다 활을 잘 쏘았으나 프랑스 병사들은 머리 위로 방패를 들어 화살을 막아냈다. 왕세자는 마지막 남은 예비병력인 400명의 중기병을 투입하며 챈도스에게 외쳤다. "존, 앞으로 나아가라! 오늘 그대는 내가 등을 보이는 모습을 보지 못할 것이니 나는 언제나 선두의 병사들과 함께 있을 것이오." 그는 기수인 우드랜드의 월터Walter of Wodeland에게 자신의 깃발을 장 국왕이 있는 곳으로 곧장 가져가라고 지시한 다음 자신도 "사자처럼 용맹하고 흉포하게" 국왕을 향해 돌진했다. "웨일스 왕자는 별안간 함성을 지르며 날카로운 검으로 프랑스 병사들을 공격하여 창을 부러뜨리고, 타격을 막아내고, 그 앞으로 뛰어든 자들을 베어 죽이고, 쓰러진 이들을 도왔다." 전투는 이제 산울타리 앞의 탁 트인 전장에서 벌어졌고, 마지막 한 발의 화살까지 다 쏜 궁수들도 검과 도끼를 빼들고 울타리 뒤편에서 나와 중기병들을 도왔다. 이것은 그날 전투를 통틀어 가장 격렬한 싸움이었다. 양측이 충돌하자 투구를 내리치는 무기에서 나는 소리가 푸아티에서 10킬로미터 넘게 떨어진 곳에서 들릴 정도였다.

갑자기 성 조지의 깃발이 프랑스 병사들 뒤쪽에서 보였다. 왕세자는 앞서 카프탈 드 뷔슈*에게 60명의 중기병과 100명의 궁수를 딸려 알려져 있지 않던 샛길로 보냈는데, 그들이 골짜기를 통과

---

*카프탈은 '대장', '우두머리'를 뜻하는 중세 가스코뉴 지방의 호칭이자 작위이다. 당시 뷔슈의 카프탈은 그라이의 장 3세였다.

하여 적의 뒤편에서 나타난 것이다. 카프탈의 병력이 얼마나 적은지 알아차리지 못한 프랑스 진영은 흔들리기 시작했고, 이에 흑태자는 마지막 돌격을 이끌었다(프루아사르가 뭐라고 말하든 그들은 말에 타고 있던 게 아니라 여전히 말에서 내린 상태였다—분명히 말을 데려와 다시 올라탈 시간은 없었을 것이다). 프랑스 병사들의 대오가 무너졌고, "군기들이 휘청거리기 시작하고, 기수들이 쓰러졌다… 죽어가는 자들이 서로가 흘린 피에 미끄러졌다". 왕세자는 적을 베어내며 장 국왕이 있는 쪽으로 나아갔지만 "매우 용감한 이들의 용맹한 저항에" 부딪혔고, 나머지 프랑스 병사들은 전장을 떠나고 있었다.

오후 세시경이 되었을 때 장 국왕은 상당히 효과적인 거대한 전부戰斧를 휘두르며 열네 살 된 아들 필리프와 남아 홀로 싸우고 있었다. 엄청난 수의 병사들이 프랑스 국왕을 알아보고 막대한 금액의 몸값을 받아내려는 욕심에 그를 에워쌌다. 그는 아르투아의 한 기사에게 항복하였으나 여전히 위태로운 상황이었다. 가스코뉴인과 잉글랜드인들이 그를 차지하려고 서로 몸싸움을 벌였기 때문이다. 마침내 그와 그의 아들은 워릭 백작과 코범 경에게 구조되어 왕세자 앞으로 끌려갔다.

챈도스가 전투가 끝났다고 말했기에 왕세자는 이미 싸움을 끝낸 터였다. 존 경은 왕세자에게 흩어진 병사들을 결집할 신호로 덤불 위에 군기를 세우라고 충고했다. "저하, 프랑스군의 깃발이나 창기가 더는 보이지 않습니다. 심하게 시달리셨으니 쉬면서 원기를 회복하십시오." 나팔이 울렸다. 그러자 왕세자는 투구를 벗었

존 드 코범 경. 1365년 사망했다. 백년전쟁 전반기에 이름을 떨친 가문의 일원인 코범은 이 그림에서 자신이 건립하고 아마도 프랑스에서 얻은 전리품으로 돈을 댔을 교회를 들고 있다. 그가 쓴 무구는 푸아티에서 걸쳤던 유형의 것이다. 켄트, 코범의 동판 이미지. 빅토리아 앨버트 박물관.

고, 그의 시종들이 무구 벗는 것을 도왔다. 붉은 천막이 세워졌고, 왕세자와 그의 친구들에게 시종들이 술을 내왔다.

그사이 "추적은 푸아티에 성문까지 이어졌다"고 프루아사르는 전한다. "많은 수의 말과 사람이 칼에 베이고 쓰러졌으니, 푸아티에 성내 사람들이 문을 걸어 닫고 아무도 들여보내지 않으려 했기 때문이다. 그런 까닭에 성문 앞 거리는 끔찍한 살육의 현장이 되었다." 흑태자에 따르면, 날이 저물 무렵까지 많은 대귀족을 포함해 2,500명에 가까운 프랑스 중기병이 스러졌다. "프랑스의 꽃들이 전부 죽임을 당했다"고 프루아사르는 말한다. 잉글랜드 쪽 손실은 훨씬 더 적었던 것이 분명하나 믿을 만한 기록은 존재하지 않는다 ─너무 경솔하게 적을 추격한 일부 잉글랜드 병사들은 포로로 잡혔다.

많은 프랑스인들이 죽임을 당하거나 생포되었는데, 포로 가운데는 다른 귀족들뿐 아니라 백작 열일곱 명도 있었다. 그 자리에 있었던 챈도스의 전령은 "많은 궁수와 기사, 종자들이 포로를 잡으려고 사방으로 달려가는 것을 볼 수 있었다"고 기록을 남겼다. 한편 프루아사르는 이렇게 말한다. "네다섯 명 또는 여섯 명의 포로를 잡은 잉글랜드 궁수들이 여럿이었다." 아닌 게 아니라 포로가 너무 많아서 그들을 모두 감시하기란 불가능했기 때문에 잉글랜드인들은 크리스마스 때까지 몸값을 가지고 보르도로 오겠다는 약속만 믿고 일부를 풀어주기도 했다. 엄청난 거금이 쌓였다. 특히 상스의 대주교를 사로잡은 워릭 백작은 나중에 몸값으로 8,000파운드를 받는 등 한몫을 단단히 챙겼다. 그는 전체 몸값 가운데 3/4

이 그의 몫이었던 르망 주교한테서도 거금을 챙겼다. 실제로 르망 주교를 붙잡았던 종자인 로버트 클린턴은 약간의 자기 몫*을 에드워드 국왕에게 1,000파운드를 받고 팔았다. 에드워드는 흑태자의 개인 포로들 가운데 세 명을 2만 파운드에 구입했고, 왕세자도 아버지를 대신하여 6만 6,000파운드를 주고 다른 열네 명의 포로들을 사들였다.

프루아사르는 "왕세자와 함께 있었던 이들은 포로들의 몸값을 받아내고 금은과 접시, 보석들을 차지하여 모두 부자가 되었다"고 전한다. 금은보화가 얼마나 많았는지 값나가는 무구들에는 아예 눈길도 주지 않았다. 프랑스 귀족들의 호화로운 막사들은 여전히 프랑스군 진지에 그대로 서 있었으므로 약탈자들은 그곳에서 풍요로운 수확을 거두었다. 몇몇 체셔 궁수들은 장 국왕의 소유인 은제 배─틀림없이 네프^{nef}, 다시 말해 식탁에 놓는 커다란 소금통이었을 것이다─를 발견하고는 왕세자한테 팔았다. 왕세자는 장의 보석함도 손에 넣었다.

그러나 푸아티에 전투는 매우 아슬아슬한 싸움이었다는 것을 알아야 한다. 승리는 프랑스 쪽으로 쉽사리 넘어갈 수도 있었다. 탁월한 참모 존 챈도스 경의 지휘가 있었긴 해도, 오를레앙이 겁쟁이처럼 공격을 거부하지 않았다면 잉글랜드의 방어선은 프랑스군의 공격에 무너졌을 것이다.

불운한 프랑스 국왕은 기사도를 발휘할 기회를 적에게 내주었

---

*앞으로 받게 될 르망 주교의 몸값 가운데 1/4.

다. 전투가 끝난 후 저녁이 되자 흑태자는 포로들 가운데 주요 귀족들과 장과 그의 아들에게 만찬을 베풀고, 무릎을 꿇고 몸소 국왕의 시중을 들었다(찰스 1세 시대까지 잉글랜드 군주들은 식탁에서 언제나 이러한 시중을 받았다). 잉글랜드인들은 사흘 가까이 아무런 식량도 없이 지냈기 때문에 프랑스 진영의 짐마차에서 가져온 음식이 나왔다. 왕세자는 자신의 포로가 된 국왕에게 "전하, 부디 나쁜 마음을 먹거나 무거운 안색을 짓지 마십시오"라고 말하며 에드워드 국왕이 그를 극진히 예우할 것임을 장담했다. 그는 또한 프랑스 국왕이 누구보다도 잘 싸웠고, 패배했음에도 명예를 드높였다고 말하면서 그의 용맹함에 찬사를 보냈다. 이것은 "금은과 포로들을 잔뜩 챙긴" 잉글랜드인들과 함께 보르도로 말을 달린 장 2세에게는 틀림없이 작은 위안이 됐을 것이다. 하지만 그를 포로로 붙잡은 자들의 훌륭한 매너에도 불구하고 국왕은 물론 그의 보화를 다시는 보지 못했다.

영국해협 너머에서는 "프랑스군이 패주하고 그 국왕이 포로로 잡혔다는 푸아티에 전투 소식에 크게 기뻐했다. 모든 교회에서 장엄한 의식을 거행했고, 잉글랜드 전역에서 밤새 커다란 불을 지피며 축제를 벌였다". 이듬해 봄, 흑태자는 장과 그의 아들을 데리고 런던으로 개선했다. 1357년 5월 24일, 포로 신분의 프랑스 국왕은 하얀 종마를 타고 런던으로 입성했고, 왕세자는 요령 있게 검은 조랑말을 타고 그를 대동했다. 장은 거처로 사보이 궁전을 배정받았고, "국왕과 왕비가 자주 그를 보러 찾아와서 커다란 연회와 성찬을 베풀었다". 에드워드 3세는 그의 불운한 육촌을 무척 마음에 들어해서 그를 윈저성으로 데려왔고, 장은 그곳에서 "마음대로 사냥을 나가고 매사냥을 했다". 그러나 11년 동안 포로로 잡혀 있던 스코틀랜드 국왕 데이비드 2세를 만났을 때 장은 결코 기분이 유쾌하지 않았을 것이다.

한편 중앙정부가 붕괴한 프랑스는 대혼란에 빠져들었다. 진정한 재능이 아직 드러나지 않았던 열여덟 살의 병약한 젊은 도팽 샤를한테는 너무 벅찬 상황이었다. 그는 아버지의 재난과 자신의 어려운 처지를 감당하기 힘들었다. 나바르 국왕의 추종자들이 노르망디에서 들고일어났을 뿐 아니라 프랑스 전역에서 자유부대 Free Companies*, 즉 루티에routier―잉글랜드인과 가스코뉴인 탈영자들, 심지어 프랑스인도 포함되어 있었다―들이 성을 점령하고 노상강도 귀족으로 행세하기 시작하며 시골 지역을 공포로 몰아넣고 파티스를 징수했다.

푸아티에 전투가 끝나고 몇 주 지나지 않아 삼부회가 파리에서 소집되었을 때 의원들은 화가 난 상태였다. 그들은 행정의 철저한 개혁과 과세를 줄이기 위한 절약, 왕실 자문관들의 축출을 요구하고, 도팽이 기사와 성직자, 부르주아로 구성된 상설 자문위원회의 지도에 따라야 한다고 주장했다. 부르주아 계층한테는 부유한 포목상으로, 상인 참사회장Provost of the Merchants(파리 시장에 가까운 직책)을 맡고 있는 에티엔 마르셀이라는 만만찮은 지도자가 있었다. 삼부회의 부르주아들이 더욱 위험했던 것은 그들이 나바르의 추

---

*소속이나 고용주가 없다는 의미의 '자유'부대로, 계약이 만료된 용병단을 지칭한다.

종자들과 손을 맞잡았기 때문이다. 나바르의 추종자들은 자신들의 불미스러운 국왕이 섭정이 되길 원했다. 도팽은 통제력을 점점 상실해갔다. 1357년 말 나바르는 감옥에서 탈출하여 파리로 왔고, 도팽에게 자신을 사면하라고 강요했다. 나바르 국왕은 자신의 잘못에 관해 좌중에게 설명했다. "그의 말이 얼마나 그럴듯했는지 그는 크게 칭송받았고, 그렇게 차츰차츰 파리 사람들의 호의를 사면서 섭정(다시 말해 도팽)보다 더 큰 사랑을 받았다." 그러나 영리하게도 나바르는 마르셀 일파의 기세가 하루가 다르게 등등해지던 수도에 머무르기를 거부했다. 1358년 2월 마르셀 일파는 도팽의 내실로 난입하여 샹파뉴 원수Marshal de Champagne와 노르망디 원수를 살해했는데, "워낙 가까이에서 벌어진 일이라 그[도팽]의 옷이 그들의 피로 물들었고 그 자신도 커다란 위험에 처했다". 폭도는 도팽에게 붉은색과 파란색—파리의 상징 색깔—모자를 쓰게 했다.

1358년 5월에는 자크리의 난이 일어났다. 성안의 영주들이나 성벽으로 둘러싸인 도시 안의 부르주아들과 달리 농민들은 잉글랜드인들로부터 자신들을 보호할 수 없었다. 그들은 병사들이 다가오는 것을 보고 미리 알려줄 보초가 종탑에 있을 때에만 낮 동안 들판에 나가 일을 했다. 밤에는 동굴이나 늪지, 숲에서 숨어 지냈다. 『전투의 나무』에서 오노레 보네는 병사들이 "특히 밭을 갈고 포도밭을 가꾸는 불쌍한 농노들한테서" 어떻게 "과도한 부담금과 몸값을 갈취하는지", 또 "그들이 아무런 자비심이나 동정심 없이 불쌍한 일꾼들한테 안기는 크나큰 고통에 관해 보고 들을 때마다 가슴이 얼마나 비통한지" 털어놓는다. 심지어 그들의 영주들도 몸값 지불과 흑사병으로 야기된 세수 감소를 보충하기 위해 작물과 가축을 빼앗아가며 그들을 핍박했다. 마침내 보베의 비참한 농노들은 칼과 몽둥이를 들고 일어나 자신들을 보호하지 않는 영주들에게 맞섰다. 무시무시한 이야기들이 떠돌았다. 한 귀부인이 10여 명의 남자들에게 강간을 당하고, 불에 구워진 남편의 살을 억지로 먹은 다음, 그녀의 모든 자식들과 함께 '끔찍한 죽음'을 당할 때까지 고문을 받았다는 이야기도 있었다. 곧 센강 북쪽에 수천 명의 자크들이 출현하여 성과 장원의 저택을 약탈하고 불태웠다. 에티엔 마르셀은 그들을 보조군으로 고용하고 싶어 그들을 돕기 위해 병력을 파견하였으나, 그 결정은 정치적으로 처참한 패착이었다. 더 약삭빠른 나바르 국왕은 병사를 모은 다음 모^{Meaux} 근처에서 무장이 변변치 않은 폭도를 학살하여 프랑스 귀족들의 인기를 한몸에 얻었다.

3월, 도팽은 파리에서 도주했다. 그러나 부르주아 계층은 에티엔 마르셀한테서 등을 돌리고 있었고, 마르셀은 7월 말에 그의 지지자들 가운데 한 명에 의해 도끼로 참살되었다. 도팽은 변덕스러운 파리 시민들의 환호 속에 말을 타고 파리로 귀환했다. 하지만 나바르는 여전히 프랑스를 마음대로 활보하고 있었고, 다음 달에 모콩세유에서 국왕의 군대를 무찔렀다.

한편 프랑스 사절단은 장 국왕을 석방시키기 위해 잉글랜드인들과 협상 중이었다. 1358년 1월 런던조약에 따라 도팽은 기엔의 주권과 더불어 리무쟁, 푸아투, 생통주, 퐁티외를 비롯해 프랑스 영토의 최소 1/3에 달하는 지역들을 넘겨주는 데―그 지역들에 대한 완전한 주권과 함께—동의했다. 게다가 장의 몸값은 금화 400만 크라운으로 책정되었다. 에드워드는 그 대가로 프랑스 왕위에 대한 주장을 철회하기로 했다. 하지만 에드워드는 이런 조건들을 자신이 제안했으면서도 도팽이 처한 곤경에 무척 고무된 나머지 더 많은 것을 요구하기로 결심했다. 앙주와 멘, 노르망디, 파드칼레와 더불어 브르타뉴의 종주권을 요구한 것이다. 그러나 삼부회는 이 2차 런던조약이 "견딜 만하지도, 실현 가능하지도 않다"고 선언했다. 사실 에드워드는 이 새로운 요구 사항들이 충족될 거라고 기대하지 않았을 것이고, 그저 차후에도 군사적 개입을 하기 위한 구실로 내걸었을 것이다.

이제 잉글랜드 국왕은 마지막 전역을 위해 몸소 전장에 나설 채비를 갖췄다. 당연하게도 그는 3만 군사를 일으키는 데 아무런 어려움이 없었다. 다들 전리품을 열렬히 기대했고, 푸아티에에서 거둔 멋진 승리로 고무되어 있었다. 귀족들 대다수가 그와 그의 네 아들과 동행했고, 모두 고용 계약제로 대규모 부대를 모집했다. 이름난 지휘관들 아래로 지원자들이 물밀 듯이 몰려들었다. 존 챈도스 경은 워낙 명성이 자자하여 신분이 기사에 불과했는데도 그의 부대는 일부 백작들의 부대보다도 우수했다. 군대는 6,000명의 중기병과 막사, 주방, 방앗간, 대장간, 심지어 접이식 가죽 보트까지 실은 무수한 보급 수레를 포함하고 있었다. 하지만 불운하게도 국왕은 봄에 침공하지 못하고 10월 28일이 되어서야 칼레에 상륙했다.

이번 전역의 목적은 에드워드가 랭스—전통적인 대관식 장소—에서 프랑스 국왕으로 즉위하며 절정에 이르게 될 강력한 슈보시를 실행하는 것이었다. 약간의 독일 용병들과 (로버트 놀리스를 비롯한) 다수의 루티에들도 합류한 뒤 에드워드는 1359년 만성절에 칼레에서 나와 이제는 관례가 된 방식으로 마을을 불태우고 사람들을 학살하며, 아르투아와 티에라슈, 상파뉴를 거쳐 랭스로 진군했다. 그러나 랭스는 그가 오고 있다는 것을 알고 있었고, 랭스의 공작 겸 대주교는 긴 포위전에 대비하여 식량을 비축해둔 상태였다. 잉글랜드인들은 날씨가 끔찍한 12월에 랭스의 강력한 성벽 앞에 도달했고, 눈 속에서 진을 쳐야 했다.

에드워드와 함께 말을 달린 사람 가운데는 제프리 초서도 있었는데, 아마 그는 중기병으로 참가했을 것이다. 그는 브르타뉴 습격에서 포로로 잡히는 불운을 겪었고, 국왕은 친절하게도 그의 몸값을 위해 16파운드를 내놓았다. 시인은 암울한 시기를 보냈던 것 같다. 그는 나중에 "전쟁이 무엇인지 잘 모르면서 '전쟁! 전쟁!'을 외치는 이들이 많도다"라고 썼다.

1360년 1월 많은 사람과 말들이 참혹한 고통에 시달린 뒤 에드워드는 랭스를 손에 넣는 것을 단념했다. 그는 상부 부르고뉴로 떠났고, 그곳이 무시무시하게 유린당하자―잉글랜드인들은 토네르에서 3,000통의 포도주를 마셨다―부르고뉴 공작은 골칫거리를 처리하기 위해 기꺼이 20만 무통mouton 금화*(3만 3,000파운드)로 잉글랜드 국왕을 매수했다. 국왕은 그다음으로 파리를 치고자 했고, 도중에 니베르네를 쑥대밭으로 만들었다. 그는 부르라렌

---

*중세 금화의 일종으로, 한 면에 양羊(mouton)이 새겨져 있어 무통 금화라고 부른다.

에 진을 치긴 했지만 자신이 수도를 공격할 만큼 강력하다고 생각하지 않았다. 당시 파리에 있던 카르멜회 수도사 장 드 베네는 모두가 근교에서 도망쳐와 도시 성안에서 피난처를 찾았다고 기록했다. "수난일과 성토요일*에 잉글랜드인들은 몽레리와 롱쥐모 그리고 주변의 다른 많은 도시들에 불을 질렀다. 그 도시들에서 하늘로 치솟아오른 불꽃과 연기를 파리 도처에서 볼 수 있었다."

(아이러니하게도 영국해협 건너편에서도 잉글랜드 전역을 충격으로 몰아넣을 사건이 막 발생한 참이었다. 1360년 3월 15일 프랑스 배들이 윈첼시를 공격하여 도시를 불태운 것이다. 비록 습격자들은 잉글랜드 땅에서 딱 하룻밤만 보냈을 뿐이지만 그런 일이 일어난 것은 20년 만이었다. 잉글랜드인들은 자신들이 프랑스인들에게 수십 년 동안 저질러왔던 이런 유의 일을 조금 겪고도 얼마나 겁먹었던지 공포가 왕국 전역을 휩쓸었다.)

에드워드는 프랑스인들이 파리에서 나와 자신을 공격하길 바랐다. 그는 전령을 보내 도팽에게 도전했으나 현명하게도 도팽은 도전을 거부했다. 월터 매니 경은 말을 타고 성벽으로 다가가 투창을 던졌다. 하지만 이 우아한 도발 역시 실패했다. 잉글랜드군은 파리 지역에서 2주를 보낸 뒤 참화를 더 유발하기 위해 보스 평원으로 진입했다. 그들은 샤르트르 인근에서 우박을 동반한 폭풍이라는 이상기상 현상을 겪고 군대 전체가 혼란에 빠졌다. 그들은 그날을 '검은 월요일'이라고 불렀다.

---

* 부활절 전의 금요일과 토요일.

그 직후 클뤼니 수도원장이 강화 제안을 가지고 잉글랜드 진영을 찾아왔다. 랭커스터는 국왕이 훌륭히 전쟁을 치러왔고, 그의 부하들은 그로부터 이득을 보고 있지만, 그가 가진 자원에 비해 전쟁은 너무 값비싼 대가를 요구하며, 아마도 국왕의 여생 내내 그럴 거라고 지적했다. 그는 에드워드에게 제안을 받아들이라고 조언했다. "전하, 우리가 지난 20년간 얻은 것보다 더 많은 것을 단 하루 사이에 잃을 수도 있습니다." 국왕은 동의했다. 이번 전역은 그가 치렀던 것 가운데 가장 길었고, 전략적 관점에서 볼 때 실패였다. 도팽이 나바르 국왕과 화평을 맺고 자신의 입지를 전반적으로 강화했다는 사실도 에드워드의 결심과 상관이 있을지 모른다.

1360년 5월 1일 샤르트르 근처의 브레티니라는 작은 마을에서 협상이 시작되었고, 1주일 만에 흑태자와 도팽은 합의에 도달했다. 장 국왕의 몸값은 금화 300만 크라운(50만 파운드)으로 삭감되었고, 영토에 대해서도 1차 런던조약 때 제시된 축소된 조건으로 결정되었다. 즉 기엔의 완전한 주권과 더불어 리무쟁, 푸아투, 앙구무아, 생통주, 루에르그, 퐁티외 외에 다른 많은 지구들 역시 완전한 주권과 함께 잉글랜드의 소유가 된 것이다. 10월 24일 브레티니조약이 칼레에서 비준되었다. 약속된 지역들이 잉글랜드 쪽에 완전히 양도되면 에드워드는 프랑스 왕위에 대한 주장을, 장은 할양 지역들에 대한 주권을 공식적으로 포기하기로 합의가 이루어졌다. 마침내 에드워드는 더는 자신을 프랑스 국왕이라고 부르지 않았다. 하지만 양측 모두 공식적인 포기 선언에 관해서는 신경 쓰지 않았다.

도팽은 나라의 자원이 완전히 바닥난 상태였기에 진실한 태도로 조약에 서명했다. (일부 역사가들이 주장했던 것처럼) 그가 조약에 대해 뭔가 은밀히 의구심을 품었던 것 같지는 않으며, 영토 이양은 1361년 가을에 시작되었다. 이듬해 봄이 되자 몇몇 지역을 제외한 모든 지역이 잉글랜드 수중에 들어갔다. 에드워드는 독립적인 기엔 지역만이 아니라 프랑스 영토의 1/3을 차지하는 거대한 아키텐 지역의 최고 통치자가 되었다. 근대적 민족주의의 기운 같은 것을 감지하려는 것은 잘못이겠지만 할양된 지역 가운데 일부 지역의 주민들은 당연히 군주가 바뀌는 것을 무척 싫어했다. 그것은 아마도 한편으로는 잉글랜드인들이 그동안 입힌 피해 때문에, 다른 한편으로는 주권자가 바뀌면서 자신들의 권리와 특권이 사라질까봐 두려워했기 때문일 것이다. 라로셸에서는 눈에 띄는 반발이 있었다. 한 라로셸 사람은 동료 시민들이 "입으로만 복종하고 마음으로는 복종하지 않을 것"이라고 말했고, 다른 이들은 잉글랜드의 지배를 받느니 차라리 매년 세금으로 재산의 절반을 기꺼이 내놓겠다고 공언했다. 그러나 실질적인 반대나 유혈 사태는 없었다. 결과적으로 변화한 것은 거의 없었고, 대다수의 기존 시장은 직위를 그대로 보장받았다. 더 중요한 지방관 자리와 성주城主 자리에는 다수의 잉글랜드인이 임명되었지만 행정의 대부분은 여전히 프랑스인들이 맡았다. 새 국가의 통치자는 잉글랜드 국왕이 아니라 보르도의 흑태자였고, 에드워드는 그에게 아키텐 공작 작위를 내렸다.

1360년 10월 몸값의 첫 분할 납입금의 2/3인 금화 40만 크라운이 먼저 지불되자 에드워드 3세는 장 2세가 고국으로 떠나는 것을 허락했다. 그러나 아들 세 명은 인질로 남아 있어야 했다(이 액수의 일부는 소금과 포도주를 비롯한 온갖 상품들에 무지막지한 소비세를 부과함으로써, 또 한편으로는 열한 살짜리 딸 이사벨을 악명이 자자한 밀라노 공작 잔 갈레아초 비스콘티의 아들의 결혼 상대로 넘김으로써―"프랑스 국왕은 자기 혈육을 팔아넘겼다"―구할 수 있었다). 하지만 안타깝게도 장의 둘째아들인 앙주 공작이 젊고 아름다운 아내와 재회하기 위해 서약을 깨고는 잉글랜드로 복귀하길 거부했다. 따라서 기사도 넘치는 장 국왕이 1364년 다시금 런던으로 돌아가 으리으리한 환대를 받았다. 사실 대접이 너무 호화로워 각종 파티와 연회들이 그의 몸에 큰 무리가 되었다는 주장도 있다. 1364년 4월 8일 장 2세는 사보이궁에서 마흔네 살의 나이로 사망했다. 세인트폴 성당에서 장엄한 진혼 미사가 거행된 뒤 그의 유해는 생드니 성당에 묻히기 위해 프랑스로 돌아왔다.

비록 에드워드 3세가 프랑스 왕관을 얻지는 못했지만, 그럼에도 당대인들에게는 틀림없이 그가 어마어마한 포상을 얻어낸 것처럼 보였을 것이다. 의심의 여지 없이 브레티니조약은 대단한 성취였다. 이전에는 군사적으로 전혀 중요하게 간주되지 않던 잉글랜드같이 작고 가난한 나라가 그렇게 부유하고 강력한 이웃나라를 굴복시킬 수 있다는 것은 놀라운 일이었다.

물론 프랑스인들에게는 대참사였다. 에드워드의 승리는 그저 "프랑스 왕가의 위신 실추"와 몇몇 패전만을 의미하는 게 아니었다. 장 드 베네 수도사는 그것이 자신에게 어떤 의미를 가졌는지 설명한다. "내가 태어난 마을, 콩피에뉴 인근의 베네가 불길 속에

아키텐 공작 에드워드 흑태자의 인장. 프랜시스 샌퍼드, 『영국의 군주들, 잉글랜드 국왕들의 계보』.

사라진 것은 근처의 다른 마을들이 소실된 것과 함께 통탄할 일이다." 그는 포도나무의 가지를 쳐내거나 덩굴이 썩어가는 것을 막을 사람도 없고, 씨를 뿌리거나 밭을 갈 사람도 없으며, 심지어 늑대의 먹잇감이 될 양이나 소 한 마리 남지 않았고, 길에는 사람의 발길이 끊겼다고 말한다. "이제 가옥과 교회는 새로 이엉을 얹은 지붕으로 환한 미소를 보여주지 못하고, 대신 사방에서 자라난 엉겅퀴와 쐐기풀 사이 곳곳에서 연기가 피어오르는 폐허만 남았으니 참으로 개탄스러운 광경이다. 경쾌한 종소리가 들렸지만, 그건 거룩한 예배에 사람을 부르기 위해서가 아니라 적군의 의도를 알려 적이 계속 접근해오고 있는 동안 사람들이 피신할 수 있도록 하기 위함이다. 더 이상 무슨 말을 하겠는가?"

4장

현명왕 샤를
1360~1380년

아, 프랑스여,
어째서 그대는 친구들의 다정한 포옹에 맞서 고집을 피워야 하는가?
_『에드워드 3세 치세기』

잉글랜드 국왕은 똥이나 먹어라!
_백년전쟁 시기의 노래

학구적인 프랑스 국왕 샤를 5세(1364~1380년 재위). 그는 잉글랜드가 빼앗아간 영토 대부분을 초토전술, 게릴라전, 뇌물을 통해—다시 말해 총력전을 치르지 않고—회복 했다.

샤를 5세의 치세는 에드워드 3세와 흑태자가 겪은 패배에 대한 이야기다. 잉글랜드는 기옌과 칼레를 계속 보유했지만 브레티니에서 획득한 모든 것을 잃었다. 처음으로 플랜태저넷 왕가는 자신들보다 뛰어난 적을 상대하게 되었다.

샤를은 진정으로 위대한 프랑스 군주 가운데 한 명이었다. 앙상하고 좁은 얼굴의 그는 호감 가는 인상이 아니었지만, 냉소적인 유머가 있는 인물이었다(한동안 루브르 지하철역은 루이 성인의 모습을 한 샤를 5세의 당대 조각상 복제품으로 장식되어 있었다). 그는 몸이 지독히 허약하여 궤양에 시달리고 혈액 순환이 원활하지 못했으며, 병명을 알 수 없는 질병으로 쇠약해지고 심신이 지쳐 수시로 자리보전을 해야 했다. 자신이 원했다 하더라도 그는 절대 행동파는 될수 없었을 것이다. 실제로 그는 경건하고, 신학과 역사에 깊은 관심을 가졌으며, 책을 들여다보길 좋아하는 인물이었고, 루브르의 탑에 1,200권 가까운 책을 모아 사슬로 묶어 서재를 만든 당대의 진정한 지성인이었다.* 아닌 게 아니라 연대기 작가들이 그에게 붙인 카롤루스 사피엔스Carolus Sapiens라는 별명은 '현명한 샤를'이라기보다는 '박식한 샤를'이라는 뜻이었다. 왕권에 대해서는 아버지 못지않게 웅대하고 거창한 관념을 품고 있었지만―그는 의외로 호화로운 궁정을 유지했다―샤를 5세의 독특한 재능은 신기하게도 국가 문제를 법률적으로 접근한 데서 발휘되었다. 그는 법률가처럼 올바른 절차와 세부 사항을 꼼꼼하게 따지는 사람이었다.

프랑스의 새로운 국왕은 처음에는 잉글랜드에 맞설 준비나 자신에게 적어도 시간을 벌어준 브레티니 합의를 뒤집을 준비가 되어 있지 않았다. 그는 먼저 다른 네 가지 문제를 처리해야 했다. 브르타뉴에서의 전쟁, 나바르 국왕, 플랑드르의 왕위 계승 문제, 그리고 자유부대들(루티에들)이었다.

피비린내 나는 전쟁을 20년간 치른 뒤인데도 몽포르파派와 블루아파는 여전히 브르타뉴 공국을 놓고 싸우고 있었고, 잉글랜드는 늘 그랬듯 이 분열상을 탐욕스레 이용하고 있었다. 공작 장 4세는 1362년에 조상들의 땅으로 돌아왔고, 마침내 1364년 9월 (존 챈도스 경과 휴 캘벌리 경의 유능한 지휘 아래) 오레에서 숙적인 블루아의 샤를을 격파하고 그를 죽였다. 비록 프랑스 쪽 후보자가 졌지만 적어도 이제는 평화와 안정이 찾아왔고, 1365년 장 공작은 샤를

---

* 중세에는 절도를 막기 위해 사슬로 책을 서가에 묶어놓는 관행이 있었다.

국왕에게 신하로서 예를 표했다.

파리 근처에 영지를 가진 나바르 국왕은 수도를 봉쇄할 수 있었기 때문에 훨씬 더 심각한 문제였다. 1364년 초 그는 장 국왕이 부르고뉴 공국을 아들 필리프에게 하사한 데 분노하여 다시금 반란을 일으켰었다. 나바르는 또 다른 유산을 빼앗긴 셈이었다. 그의 조모 쪽 혈통을 볼 때, 그가 발루아 왕가의 친척들보다 부르고뉴 공국에 대한 권리를 주장할 수 있는 근거가 더 컸기 때문이다. 그는 노르망디에서 추종자들을 모으고, 막강한 카프탈 드 뷔슈의 지휘를 받는 가스코뉴 용병들뿐 아니라 자유부대들에서 병사들을 모집하였다. 그러나 카프탈 드 뷔슈의 병력은 1364년 5월 코슈렐에서 궤멸되었고, 이어 노르망디 깊숙이 침투한 프랑스군은 나바르의 근거지들을 장악했다. 악인왕 샤를은 이듬해에 강화를 맺고 파리 인근의 영지를 모두 내놓았다. 여전히 그는 화해할 수 없는 적이었지만, 더는 실질적인 위협이 되지 않았다.

플랑드르는 다시금 잉글랜드의 통제권 아래로 떨어질 위험에 처해 있었다. 루이 백작은 자기 딸이자 상속녀인 마르그리트를 잉글랜드 왕자인 케임브리지 백작 에드먼드와 결혼시키기로 결정했다. 에드워드 국왕은 프랑스 북부에 있는 자신의 모든 영토를 그의 아들에게 하사하겠다는 제의를 했다. 크게 놀란 샤를 5세는 근친혼을 근거로 그 결혼에 대한 교황의 금지를 이끌어냈다. 프랑스 국왕은 수년간 외교적 책략을 구사한 끝에 마침내 마르그리트를 자신의 동생인 부르고뉴의 필리프와 결혼시키는 데 성공했다. 나중에 발루아 왕가가 이 같은 두 광대한 봉토의 통합을 뼈저리게 후

회하게 된다 해도 적어도 북부 지방에 또 다른 기옌이 수립되는 것보다는 나았다.

자유부대의 루티에들은 가장 큰 골칫거리였다. 예전의 빈곤한 삶이나 농노 신분으로 돌아가지 않으려는 참전 병사들이 너무 많았다. 종종 그들은 흑태자 휘하에서 복무했고, 부대가 해산된 뒤에는 농촌 경제를 수탈하며 먹고살았다. 그들은 대단히 전문적이어서 부대마다 전리품을 모으고 분배하는 서기와 뷔티니에^{Butiniers}*를 비롯한 참모들로 구성된 제대로 된 지휘 체계가 있었다. 일부는 무시무시한 아르시프레트르 아르노 드 세르볼^{Archpriest Arnaud de Cervole}**의 반드 블랑슈^{bandes blanches}(백의단)처럼 자체 제복도 갖추고 있었다. 루티에들 가운데에는 브르타뉴인, 에스파냐인, 심지어 독일인, 그리고 당연히 잉글랜드인도 있었지만 대다수는 가스코뉴인들이었다. 그러나 부대 대장은 존 호크우드 경이나 로버트 놀리스 경, 휴 캘벌리 경, 존 크레스웰 경 등처럼 대부분 잉글랜드인들이었다.

루티에들은 "이유 없이 모든 고장을 쑥대밭으로 만들고, 손에 넣을 수 있는 것은 남김없이 약탈했고, 노소를 불문하고 여자들을 무자비하게 능욕하고 유린했으며, 잔인하게 남녀노소를 살육했다". 생포된 자들은 으레 그렇듯이 고문을 당했다. 그들이 보물을 쌓아둔 곳이나 단지 곡물을 감춰둔 곳이라도 실토할 수 있었기 때

---

* 전리품 분배 담당자.
** 귀족 가문 출신의 용병대장으로, 가문이 교회 영지를 봉토로 받았기 때문에 아르시프레트르(archiprêtre), 즉 '대사제'라는 별명으로 불렸다.

문이다. 루티에의 삶은 폭력적인 만큼 불확실했다. 아르시프레트르는 커다란 재산을 모았으나 자기 부대원들한테 맞아 죽었고, 늘 "엄청난 약탈품과 보물을 챙겨" 기옌으로 복귀했던 가스코뉴 출신의 대장 세갱 드 바드폴은 어리석게도 나바르 국왕에게 밀린 빚을 갚으라고 요구했다 독살당했다. 훌륭한 포도주 저장고를 갖춘 수도원을 애호한 잉글랜드인 대장들은 탐욕스럽다는 점에서는 똑같지만 운은 더 좋았던 듯하다. 존 할스턴 경은 휘하의 루티에들에게 연회를 베풀었는데, 그들은 샹퍄뉴의 교회들에서 약탈해온 성작* 100개로 술을 마셨다고 한다. 의미심장하게도 프랑스인들은 자유부대원들을 출신에 상관없이 모두 잉글랜드인이라고 불렀다—필리프 드 메지에르는 그러한 잉글랜드인들을 신이 내린 천벌이라고 말했다.

루티에들은 브레티니조약 이후에도 곳곳에서 눈에 띄었다. "잉글랜드인, 가스코뉴인, 독일인은 자신들이 먹고살 게 필요하다고 말하며" 요새에서 철수하기를 거부하고 보호비를 뜯어냈으며, 그 지역의 단물을 다 빨아먹고 난 뒤에는 새로운 성으로 옮겨가 그곳을 접수했다. 그들은 잉글랜드인들의 발명품, 즉 슈보시와 파티스를 실천하고 있었을 뿐이다. 자유부대들은 더 큰 단위—그랜드컴퍼니Grand Companies—를 이루면서 더 위험해졌는데, 그랜드컴퍼니에서는 민족별로 루트routes(부대)가 나뉘었다. 1361년 한 그랜드컴퍼니는 론강 유역을 달려 아비뇽으로 가서 사실상 교황을 인질로

---

* 미사 때 포도주를 따르는 술잔.

잡고 몸값을 요구했고, 유독 악질적이었던 또 다른 집단으로 '늦게 온 자들'이란 뜻의 타르드브뉘Tard-Venus는 리옹을 공포로 몰아넣었다. 1363년 브리네에서 아르시프레트르는 부르봉 공작이 이끄는 대군을 물리쳤고, 공작은 전투에서 입은 부상으로 죽었다.

샤를은 이런 암적 존재들을 박멸할 군사나 돈이 없었다. 현지 당국들은 계속 그들을 돈으로 매수해야 했다. 국왕은 그들에게 딴 데서 행운을 찾아보라고 설득했다. 그는 브르타뉴 출신의 무명 편력 기사로 과거에 루티에들과 함께 말을 달리기도 했던 베르트랑 뒤게슬랭 경을 시켜 투르크 세력에 위협을 받고 있던 헝가리인들을 돕기 위한 십자군에 루티에들이 참가하도록 설득했지만 이 계획은 수포로 돌아갔다. 1365년 호기가 찾아왔다. 카스티야 왕위를 주장하던 트라스타마라의 엔리케Enrique of Trastámara가 이복형제인 잔혹왕 페드로Pedro the Cruel에 맞서면서 샤를에게 도움을 요청한 것이다. 샤를은 뛸 듯이 기뻐하며 동원할 수 있는 루티에들을 모조리 뒤게슬랭에게 딸려서 피레네산맥 너머로 보냈다. 그들은 엔리케를 카스티야 왕위에 올리는 통쾌한 성공을 거두었다. 하지만 2년 뒤 엔리케가 나헤라에서 흑태자에게 패배하자 다시 프랑스로 쏟아져 들어왔다.

잔혹왕 페드로는 자신처럼 비스케이만의 통치자인 아키텐 공작(흑태자)에게 기푸스코아 지방과 후한 사례금을 제의하며 도움을 구했다. 공작은 흔쾌히 응하여 잉글랜드, 기옌, 나바르 사람들과 추방당한 카스티야인들, 그리고 '루터들'(루티에들을 가리키던 당시의 영어 표현)로 이루어진 군대를 이끌고 에브로강을 따라 왔고, 1367년 4월 2일 나헤라에서 압승을 거둔 뒤—"경이롭고 위험한 전투로 많은 사람들이 죽고 심하게 다쳤다"—페드로를 왕좌에 복귀시켰다. 그것은 단순한 기사도적 모험 이상의 것이었다. 이제 우방 카스티야는 프랑스가 잉글랜드에 맞서기 위해 카스티야 갤리선을 이용하는 것을 허락하지 않을 것이다. 하지만 불행히도, 모험을 찾아다니는 편력 기사로서 자신의 명예 규범에 충실했던 흑태자는 생포한 트라스타마라 당파의 핵심 인물들을 페드로에게 넘기길 거부했고, 1369년 페드로는 다시 이복형제에 의해 왕위에서 쫓겨나 살해되었다. 그리고 당연히 이복형제 엔리케는 잉글랜드의 친구가 아니었다. 설상가상으로 페드로는 흑태자에게 약속했던 60만 플로린을 지불하지 못했다. 그 돈으로 카스티야 전역의 전비를 대려던 흑태자는 이제 자신의 공국에서 그 비용을 마련해야 할 처지였다(에드워드 흑태자의 유일한 가시적 이득은 커다란 '루비'—실제로는 석류석—로, 한때 그라나다 술탄의 소유물이었던 이 보석은 여전히 잉글랜드 왕실의 유명한 보기寶器 가운데 하나다).

처음부터 흑태자의 아키텐 공국 통치는 그다지 만족스럽지 못했다. 그와 왕세자비는 보르도와 앙굴렘에서 성대한 의식—"기독교권을 통틀어 비할 데 없이 매우 성대했다"—을 치렀다(흑태자는 1361년 같은 플랜태저넷 가문의 아름다운 켄트의 조안Joan of Kent과 연애결혼을 했다. 당시 서른 살이 넘었던 조안은 이미 두 차례 결혼한 적이 있었는데—전남편 가운데 한 명은 아직 살아 있었다—빈털털이 신세였다. 그녀는 교황으로부터 두 번째 남편과의 혼인 무효 선언을 얻어냈다). 챈도스의 한 전령은 에드워드 왕세자의 궁정에 "온갖 고귀함과 기쁨과 즐거움, 후덕함, 관대함과 명예로움이 거했고, 신민들과 부하들은 그를 대단히 사랑하였다"고 신이 나서 썼을지 모르지만, 현지에는 불만의 목소리가 적지 않았다. 너무 많은 잉글랜드인들이 흑태자를 따라 아키텐으로 와 있었고, 너무 많은 이들이 가장 좋은 자리를 차지하고 있었다. 기옌 사람들은 멀리 바다 건너가 아니라 자신들의 땅에 "매우 도도하고 위엄 있는 풍모의(si hauteyn et de si graunt port)" 정력적인 통치자가 있는 것이 싫었고, 행정개혁과 확대된 관료제가 거슬렸다. 새로운 행정체계는 그때까지 기옌 사람들을 평화롭게 내버려두었던 잉글랜드 지배의 매력을 모두 앗아가버렸다. 설상가상으로 새로운 세금도 생겼다. 흑태자의 웅장한 궁정과 그의 주연酒宴과 마상 창시합에는 돈이 들었고, 그는 공국 전역에 3년 연속으로(1364년, 1365년, 1366년) 혹독한 푸아주fouage, 즉 화덕세를 부과했다. 흑태자는 페드로 국왕이 그에게 돈을 지불할 수 없게 되자 다시 5년간의 푸아주를 요구했다. 아키텐의 잉글랜드인 재상 존 헤어웰은 니오르에서 열린 의회에서 과세에 동의하도록 대부분의 아키텐 영주들을 설득했고, 영주들은 극도로 꺼리면서도 마지못해 과세를 받아들였다. 챈도스는 흑태자에게 과세 계획을 포기하라고 경고하였으나 그가 충고를 듣지 않자 자신의 노르망디 영지로 물러갔다. 새로운 영토뿐 아니라 잉글랜드 기옌의 심장부에서도 사람들은 충성의 대상을 바꾸는 문제를 고려하기 시작했다.

1368년 (어쨌거나 흑태자와 사이가 좋지 않던) 아르마냐크 백작과 알브레의 아르망아마니외가 이끄는 기옌의 고위 귀족들 중 일부가 자신들의 영지에 화덕세가 부과되는 것을 거부했다. 알브레와 프랑스 국왕의 누이 결혼식을 위해 파리에 머물던 아르마냐크와 알브레는 흑태자의 과도한 과세에 반대하여 샤를 5세에게 청원하기로 갑작스레 결정했다. 그들의 청원을 허용하는 것은 아키텐 지방에 대한 주권을 주장하는 셈이었고, 브레티니조약의 명백한 위반이었다. 그러나 프랑스는 공식적으로 종주권 포기를 선언한 적이 없었다. 법에 대해 관심이 많아 에드워드 3세에게 법률가나 다름없다고 비웃음을 살 정도였던 샤를은 법적 절차를 영리하게 이용하면 프랑스에서 잉글랜드의 입지를 축소시킬 수도 있겠다는 것을 금세 깨달았다.

샤를 국왕은 오랫동안 전쟁을 준비해왔다. 그는 아버지의 몸값을 마련하기 위해 부과했던 가혹한 소비세—에드세^{aides}, 타유세^{taille}, 가벨세*—를 계속 유지, 확대해왔고 여전히 몸값의 절반가량을 빚지고 있었지만 그의 군자금 담당 대신들은 국왕의 병사들에게 이전보다 더 정기적으로 급여를 지급할 수 있게 신경 썼다. 프랑스 국왕은 잉글랜드에 더 이상 몸값을 보내지 않았고, 그가 특별세에서 얻는 수입은 잉글랜드 의회가 에드워드 3세에게 허용한 비정기적인 전시 세입보다 열 배나 많았다. 프랑스 국왕은 군사 문제를 다루는 창의적인 칙령들을 여러 해에 걸쳐 내렸고, 마침내 상시 병력—그래도 상비군이라고 부를 수 있는 규모는 아니었다—

---

* 각각 주로 포도주에 매기는 물품세, 각 가정이 보유한 토지에 매기는 토지세, 소금에 부과하는 세금을 이른다.

을 얻었다. 3,000~6,000명의 중기병과 800명의 석궁수로 구성된 상시 병력에게는 새로운 세입에서 급여를 지급했다. 원시적이나마 지휘 체계를 세우려는 시도도 있었다. 중기병은 부대장 아래 100명 단위로 조직되었고, 부대장들은 대행과 원수의 지휘를 받았다. 지휘관들이 존재하지도 않는 유령 병사를 내세워 돈을 타내지 못하도록 병사의 급여를 좌우하는 소집과 사열 메커니즘은 더 엄격하게 정비되었다. 도시 거주민들은 성벽 방어 때 도움이 될 수 있도록 활쏘기를 연습하고, 성주들은 방어 시설을 잘 유지하고 보수하라는 명령을 받았다. 성채는 정기적인 검사를 받았고, 영주들은 제대로 된 수비대를 유지할 수 있게 돈을 지원받았다. 일부 국경지대의 샤토chateau*는 국왕이 접수했으며, 방어가 불가능한 샤토는 철거되었다. 루브르의 병기고가 다시 채워지고 새로운 전함들이 루앙의 클로데갈레에서 진수되었다.

비록 한 번도 전역에 나가지 않았지만 샤를은 재위 동안 모든 군사작전을 주도했다. 그의 전략은 초토전술과 게릴라 습격전을 결합한 것으로, 그는 프랑스군에 잉글랜드군과 전면전을 치르지 말라고 금지령을 내렸다. 그는 새로운 지휘관들에 변경의 수비대장이나 루티에로서 능력을 입증한 무명의 인물들을 중용했다. 그는 게릴라 지도자를 원했지 의협심 넘치는 기사들을 원한 게 아니었다. 곧 그는 가공할 만한 무리를 끌어모았는데, 여기에는 올리비에 드 클리송, 부시코, 아모리 드 크라옹, 베그 드 빌렌, 장 드 비엔

---

* 장원의 대저택이나 성.

제독, 그리고 그가 프랑스 총사령관으로 임명한 베르트랑 뒤게슬랭이 있었다.

뒤게슬랭의 기용만큼 샤를의 뛰어난 지모를 증명하는 것도 없다. 페루아는 뒤게슬랭을 "단 한 번도 전투에서 승리하거나 어떤 규모의 포위전에도 성공을 거두지 못했으며, 약탈을 일삼던 루티에들에게 새 생명을 불어넣는 데에만 적합했던" 인물로 간주했고, "그들은 거들먹거리고 우쭐해진 그에게서 자신들의 주인을 발견했다"고 말한다. 이것은 정당한 평가가 아니다. 그가 실력이 형편없는 장군이었다는 것은 분명하지만 결국 그는 말에서 내린 중기병과 궁수로 이루어진 잉글랜드군을 정면 공격으로는 무찌를 길이 없다는 걸 깨닫고, 국왕의 파비우스적인 전술*을 이해한 인물이었다. 그는 전투에서는 이길 수 없다 해도 전역에서는 승리를 거둘 수 있는 지휘관이었다. 샤를은 터무니없이 높은 가격에 그의 몸값을 지불하고, 그에게 백작 작위를 하사하고, 나중에는 그를 생드니의 프랑스 국왕들 옆에 안장시킴으로써, 못생기고 재주 없으며 비천한 출신의 별 볼 일 없는 사람을 의도적으로 민간의 영웅으로 만들었다.

1368년 내내 샤를의 부하들은 아키텐의 대귀족과 지주, 도시, 주교와 수도원장들이 흑태자와 관련해 올린 탄원을 900건 가까이 수집했다. 이 모든 것은 비밀리에 진행되었고, 그해 말에 가서야 프

---

*2차 포에니 전쟁 때 적과 정면대결을 피한 채 적의 보급선과 후방을 괴롭히는 지연 전술을 구사하여 '퀸크타토르(지연하는 자)'라는 별명을 얻은 로마 장군 파비우스 막시무스에게서 유래한 전술.

랑스 국왕은 자신이 그러한 탄원들을 받아들일 자격이 있다고 공개적으로 선언했다. 1369년 1월 그는 탄원들에 답하도록 보르도의 흑태자에게 소환장을 보냈다. "나의 도시 파리로 와서 귀족들이 모인 궁정과 짐 앞에 모습을 드러낼 것을 명한다." 놀란 표정이 역력한 흑태자는 고개를 저은 다음 프랑스 사절단을 쏘아봤다. "기꺼이 파리로 갈 것이오." 그는 험악하게 답변했다. "그러나 머리에는 투구를 쓰고 6만 군사와 함께 가리다." 하지만 이제 흑태자는 군대를 보낼 수는 있어도 그 군대와 함께 말을 달릴 수는 없었다. 에스파냐 전역 이후로 그는 줄곧 이질과 원인을 알 수 없는 열병에 시달렸고, 이제는 수종으로 몸도 부어오른 상태였다. 그는 가마로만 이동할 수 있었다. 불편한 몸은 그의 성미와 판단력에도 영향을 미치고 있었다.

아들보다 기민한 에드워드 3세는 눈앞에 참사가 임박한 것을 보고 화덕세를 철회하라고 말했다. 또 샤를에게 아키텐에서 온 탄원서를 받지 말라고 간청하고, 10년 전 브레티니에서 정한 대로 공식적인 포기 선언을 하자고 제안했다. 샤를은 이를 묵살하고 에드워드 국왕에게 도전하는 공식 서한을 보냈다. 프루아사르의 주장에 따르면 서한은 허드렛일꾼을 통해 전달되었고, 이에 에드워드는 격노했다. 1369년 전쟁이 선포되었다. 11월 프랑스 국왕은 아키텐 영지를 몰수했다고 선언했다.

프랑스군은 잉글랜드 측이 사태를 파악하기도 전에 아베빌과 퐁티외 백작령을 점령했다. 페리고르와 케르시, 아주네에서 싸움이 벌어졌고, 동시에 잉글랜드는 루에르그 전역을 상실했다. 1369

년 말 잉글랜드의 사상자 수는 실로 처참할 정도였다. 흑태자는 황급히 존 챈도스 경을 불러들였지만 전장에 복귀한 그는 새해 전날 이름 없는 포위전에서 목숨을 잃고 말았다. 심지어 적들도 챈도스의 죽음을 애도했다―샤를 5세는 챈도스가 살아 있었다면 틀림없이 항구적인 화평을 이룰 방도를 찾았을 것이라고 말했다.

잉글랜드인들은 검증된 옛 전술로 돌아갔다. 에드워드 국왕의 셋째아들인 곤트의 존―이제는 랭커스터 공작―은 추수기 전인 1369년 여름 중반에 노르망디를 침입하여 슈보시를 전개했다. 잉글랜드 정부가 자금이 너무 부족해 병사들에게 급여를 제대로 지불하지 못하고, 전리품에서 보수를 지불하도록 조정하고, 그러한 목적으로 특별 재산 관리인들을 지명하면서 잉글랜드의 군사 활동은 그랜드컴퍼니의 전역과 다르지 않게 되었다. 사실 곤트의 병사들 가운데 다수는 루티에 또는 사면을 약속받고 잉글랜드에서 데려온 악질적인 범죄자들이었다. 실제로 이듬해 로버트 놀리스 경―한때 자신은 잉글랜드 국왕이나 프랑스 국왕이 아니라 자기 자신을 위해서 싸운다고 자랑하던―은 더 큰 규모의 또 다른 슈보시를 지휘했다. 군대 내 많은 잉글랜드 귀족들은 '늙은 강도(vetus vispilio)' 밑에서 싸워야 한다는 사실에 경악하고 제 갈 길을 가버렸다. 로버트 경은 대담하게 일드프랑스로 치고 들어가 파리 성문 바로 앞까지 그 지역을 유린했다. 샤를 국왕은 불타는 마을들에서 피어오르는 연기를 오텔드생폴 왕궁에서 보면서도 병사들이 전투에 나서는 것을 허락하지 않았다. 결국 1360년에 그랬던 것처럼 잉글랜드인들은 진저리를 내며 떠났다.

전반적으로 프랑스군은 자신들에게 승산이 있을 때도 전면전을 피했다. 총사령관 뒤게슬랭의 전술은 급습과 야간 공격, 매복, 전체적으로 적을 성가시게 하는 전술이었다. 그는 수비대 숫자가 적은 고립된 도시와 요새에 집중하여 식량 징발 부대와 짐마차 행렬을 공격하고, 연락선을 차단하고, 지속적인 기습 공격으로 적의 사기를 서서히 떨어뜨렸다. 포위전에서는 재빠른 항복을 이끌어내기 위해 좋은 조건과 심지어 돈을 제시했고, 약속을 지켰다. 그의 전체적인 전략은 아키텐의 프랑스인들이 들고일어나도록 부추기는 것으로, 이를 위해 말로 설득하고 뇌물로 매수하고 위협을 하는 등 여러 수법을 구사했다. 아키텐 사람들이 잉글랜드의 보복을 두려워하면 그는 그들에게 잉글랜드인들이 철수할 때까지 성벽 뒤에 머물다가 그들이 떠나면 나와서 낙오자들만 공격하라고 말했고, 또 그들에게 무장 지원을 약속했다.

하지만 리모주에서는 그러한 전술이 그다지 성공을 거두지 못했다. 장 드 크로 주교가 이끄는 리모주 시는 1370년 잉글랜드에 등을 돌렸다. 흑태자는 자신의 아들의 대부代父인 크로 주교를 친구로 생각했기 때문에 특히 분노했고, "아버지의 영혼을 걸고" 리모주 시민들이 대가를 톡톡히 치르게 하겠다고 맹세했다. 10월 한 달 내내 잉글랜드 병사들은 성벽 아래에 지뢰를 부설했다(중세 공성전에서 지뢰란 목재 받침대로 지지해놓은 토대 밑에 파놓은 땅굴을 말한다. 땅굴이 다 준비되면 목재 받침대를 폭파해 위에 있는 성벽을 무너뜨렸다). 방어군은 대항 갱도를 파서 맞섰지만 성공하지 못했고, 공격군의 갱도가 갑자기 폭발하며 성벽의 넓은 부분을 무너뜨려 부서진 파편들이 해자를 메웠다. 수비대가 성벽에 커다란 틈이 생겼다는 것을 깨닫기도 전에 잉글랜드 병사들이 성내로 쏟아져 들어왔다. 가마에 실려온 에드워드 왕세자는 부하들에게 자비를 베풀지 말라고 명령했다. "참으로 보기 애처롭게도 남녀노소가 왕세자 앞에 무릎을 꿇고 자비를 구했으나 그는 노여움에 휩싸여 간청을 듣지 않았다." 3,000명이 넘는 민간인들이 학살당했다. 수비대의 지도자 세 명은 살아남았는데, 그들은 곤트의 존과 그의 형제 케임브리지 그리고 펨브룩 백작과 일대일로 격투를 벌이다가 항복했기 때문이다. 곤트는 크로 주교의 목숨도 살려주었다. 그러나 리모주의 이러한 운명도 다른 도시들이 잉글랜드에 대항해 들고일어나는 것을 막지는 못했다.

리모주 포위전은 흑태자의 마지막 군사 활동이나 마찬가지였다. "그의 병세가 계속해서 심해졌기 때문이다." 더욱이 그는 큰아들의 죽음으로 크게 낙심해 있었다. 어의의 충고에 따라 왕세자는 곤트의 존에게 뒷일을 맡기고 1371년 1월 잉글랜드로 돌아갔다. 고국에서 건강을 약간 회복한 그는 이듬해 배를 타고 원정에 나섰으나 나쁜 날씨와 역풍 때문에 잉글랜드로 되돌아왔다. 1372년 10월 그는 마침내 아키텐 공국을 포기하고 버컴스티드에 있는 성으로 물러나 칩거했다. 그리고 몇 차례 공식 석상에 모습을 드러냈을 때를 제외하고는 병석에 누워 지냈다. 1376년 4월 "잉글랜드 기사도의 꽃"은 세상을 떠났다. 여전히 그의 기념비가 캔터베리 대성당에 남아 있다. 갑옷을 입고 있는 그는 틀림없이 푸아티에에서 그런 차림을 하고 있었을 것이다. 그는 엄청난 전설을 남겼다. 셰익스피어는 『리처드 2세』에서 그에 대해 이렇게 썼다.

> 전시에 그보다 더 사나운 사자도 없었으며,
> 평화 시에 그보다 더 유순하고 순한 양도 없었다네.
> 그 젊고 왕자다운 기사보다.

잉글랜드 왕가의 새로운 용사는 곤트의 존―그의 칭호와 작위를 빠뜨리지 않고 부른다면, 카스티야 국왕이자 랭커스터 공작 존―이었다. 그는 잉글랜드 역사상 가장 막강한 신하일 것이다. 랭커스터 공작령은 국왕의 사법권이 적용되지 않는 독자적인 제후령이었다. 게다가 곤트는 피크 디스트릭트의 광대한 양 방목장부터 시티* 바로 바깥에 있는 호화로운 사보이궁에 이르기까지 잉글랜드 전역에 걸쳐 엄청난 규모의 부유한 영지와 재산을 소유하고 있었다. 그의 세입과 수행원은 그의 아버지에 못지않았다. 더욱이 잔혹왕 페드로의 딸의 남편인 그는 적법한 카스티야 국왕이었다. 그러나 정력적이고 야심만만하긴 했어도 그는 아버지나 큰형과 같은 인물이 아니었고, 결국에는 묘하게 무능한 인물―프랑스 세력의 전진을 격퇴할 사람은 못 되는―로 드러난다.

샤를의 재정복은 계속되었다. 푸아티에 시장은 잉글랜드를 지지했지만 1372년 시민들은 뒤게슬랭에게 성문을 열어주었고, 푸아투의 나머지 지역도 곧 주도主都의 뒤를 따랐다. 같은 해 6월 라

---

* 런던 중심부를 가리킨다.

로셸 앞바다에서 카스티야 함대는 펨브룩 백작―아키텐의 새로운 총독―휘하의 잉글랜드 함대를 물리쳐서 병사들의 급여를 싣고 있던 배를 해저로 가라앉히고 백작을 포로로 붙잡아 에스파냐로 끌고 갔다. 그러자 라로셸 시장은 잉글랜드 수비대를 제압하고 뒤게슬랭을 성안으로 받아들였다. 총사령관은 오베르뉴 지방의 위송도 손에 넣었고, 동시에 앙구무아와 생통주 전체도 프랑스 수중에 들어왔다. 수비대를 제대로 유지하기 위해 필요한 잉글랜드 병력은 충분하지 않았고, 적은 어디에나 있는 듯했다. 노르망디와 브르타뉴의 잉글랜드 거점들도 함락되고 있었고, 심지어 건지섬마저 웨일스의 에번Evan of Wales(예전의 귀네드 왕가의 일원)이 이끄는 프랑스군에 침공당했다.

늙고, 상처喪妻한 후 탐욕스러운 정부―앨리스 페러스―의 손아귀에서 놀아나며, 술도 엄청 마셨을 에드워드 국왕은 마지막으로 프랑스 침공을 시도했다. 1372년 8월 말에 4만 명의 중기병과 1만 명의 궁수, 앓고 있는 흑태자를 태운 선박 400척으로 이루어진 함대가 국왕을 그레이스듀호에 태우고 샌드위치에서 출항했다. 잉글랜드의 대함대는 6주 동안 역풍에 맞서 항해하며 수시로 바람에 시달리고 거듭해서 항로에서 밀려난 끝에 결국 체념한 선원들과 함께 항구로 되돌아왔다. 수포로 돌아간 원정에 90만 파운드의 거액이 들어갔다. "신과 조지 성인이여, 우릴 도우소서!" 늙은 에드워드가 외쳤다. "지금의 프랑스 국왕만큼 사악한 국왕도, 이렇게 골칫거리를 안겨준 국왕도 없습니다."

이듬해에 캔터베리 대주교는 또 다른 슈보시를 위한 기도를 요청했는데, 기도는 프랑스의 새로운 전술에 대해 잉글랜드가 내놓은 유일한 답이었다. 1373년 여름 중반 곤트의 존은 3,000명의 중기병과 8,000명의 궁수를 칼레에서 이끌고 와 피카르디와 샹파뉴, 부르고뉴, 부르보네, 오베르뉴, 리무쟁을 관통하여 이런 유의 공격으로는 가장 대담한 습격을 가하며 프랑스 중앙에 끔찍한 파괴와 화재의 흔적을 남겼다. 한겨울에 오베르뉴의 산악 지대를 힘겹게 관통한 곤트는 굶주린 6,000명의 군사와 함께 무사히 보르도에 닿았다. 나머지 병사들 대부분과 말 전부는 추위와 굶주림으로 목숨을 잃었다. 그는 뛰어난 위업을 거두긴 했지만―다섯 달 동안 1,000킬로미터 가까운 거리를 이동했다―단 하나의 도시도 손에 넣지 못했고, 그와 맞서 싸울 적도 찾지 못했다.

1373년 말 아키텐 공국은 더 이상 존재하지 않았다. 심지어 기옌마저 축소되었다. 그해에 앙주 공작은 잉글랜드 쪽 가론강 변에 있는 바자와 보르도로 통하는 요충지인 라레올마저 장악했다. 플랜태저넷가의 오랜 봉신인 알브레마저 발루아 쪽으로 넘어가, 1337년 에드워드 3세가 처음 전쟁을 시작했을 때보다 훨씬 작아진 기옌 공국 안쪽으로 돌출부가 생겨났다. 더욱이 잉글랜드의 요새를 모두 포함해 브르타뉴 대부분도 프랑스가 점령하고 있어서 브르타뉴 공작은 잉글랜드로 피신해야 했다. 북부에서는 오직 칼레와 노르망디의 한 수비대만이 버티고 있을 뿐이었다.

그러나 1374년에 이르자 양측은 모두 지쳐가고 있었고, 특히 아키텐의 피로감이 심했다. 술에 절고 기진한 에드워드 3세는 허연 수염을 길게 늘어뜨린 늙은이가 되어 있었다. 에드워드 재위 기간의 마지막 몇 해 동안은 곤트의 존이 왕위를 떠받치고 있었지만, 그의 대신들은 인기가 없었고 그 자신도 일치단결된 전쟁 수행 노력을 조직하지 못했던 것 같다—1340년대나 1350년대 같은 전체적인 전략이 부재했다. 국고는 텅 비었다. 심지어 1369년 전쟁이 재개되기 전인데도 장 국왕의 몸값으로 받았던 막대한 금액은 이미 다 써버린 상태였고, 잉글랜드 경제는—따라서 국왕의 세수도—흑사병의 타격에서 아직 회복하지 못했다. 한때 그렇게 성공적이었던 슈보시와 온갖 전술도 완전히 실패했다. 오베르뉴 산지에서의 불쾌한 경험에서 여전히 회복 중이던 곤트로서는 휴전이 더없이 반가울 따름이었다. 한편 이해(1374년)부터 샤를 5세의 건강은 갈수록 악화되어 다른 질환들에 통풍까지 추가되었다. 총사령관 뒤게슬랭은 기옌의 심장부를 점령할 가망성이 거의 없다고 보았다. 1374년 1월 그와 곤트는 페리괴에서 만나 아키텐 전역에서 휴전하기로 합의했다. 1375년 6월 추가적인 휴전 협상이 이루어져 아키텐만이 아니라 프랑스 전역에서 2년간 휴전하기로 합의했다. 심한 피해를 입은 리무쟁 출신의 교황 그레고리우스 11세는 항구적인 화평을 이끌어내기 위해 최선을 다했다. 1375~1377년 놀라울 만큼 현대적으로 여겨지는 상설 평화 회담이 브뤼주에서 열렸고, 중재자들인 추기경들을 비롯하여 곤트와 부르고뉴 공작 둘 다 참석했다. 양측은 영토에 관한 타협에 도달했지만 어느 쪽도 기옌의 주권을 둘러싼 해묵은 문제에 대해서는 양보하려 들지 않았다. 그럼에도 부르고뉴 공작은 회담이 끝났을 때 회담 참석자들에게 연회를 베풀었다.

1377년 6월 21일 에드워드 국왕은 당시로서는 눈에 띄는 노령인 예순다섯 살의 나이로 세상을 떠났다. 그는 위대한 왕이었으나 안타깝게도 정부들 가운데 가장 인기가 없었던 저 앨리스 페러스 때문에 백성들은 그의 죽음을 그다지 애도하지 않았다. 그러나 편력 기사는 아닐지라도 기사도가 부족하지는 않았던 샤를 5세는 에드워드가 세상의 가장 위대한 영웅들과 어깨를 겨룰 만한 인물이라고 밝히고 "참으로 고결하고 용맹하게 나라를 다스렸다"고 말했다. 그는 프랑스 귀족들을 호출하여 생샤펠에서 거행된 잉글랜드 국왕을 위한 진혼 미사에 함께 참석했다. 에드워드의 제위는 흑태자의 열 살짜리 아들인 보르도의 리처드가 승계했다.

그럼에도 1377년 6월 전쟁은 다시 시작되었고, 이번에는 새로운 국면을 맞이했다. 잉글랜드의 '왕립선'은 다섯 척만이 여전히 활동 중이었던 반면 프랑스는 클로데갈레에서 꾸준하게 해군을 재구축하는 중이었다. 1370년대 후반이 되었을 때 그들은 최소 스물다섯 척의 갤리선을 보유하게 되었다. 잉글랜드는 싱크포트Cinque Ports*에서 노와 돛으로 움직이는 바지선인 '볼링거Balingers'를 얻기는 했지만, 제노바의 전함과 그것을 조종할 선원들을 고용해야 했다. 프랑스의 해군력이 그토록 가공할 만해진 것은 탁월한 제독 장 드 비엔 덕분이었다. 그의 목표는 영국해협을 장악하여 잉글랜드의 증원군이 기옌과 브르타뉴에 닿지 못하게 하는 것이었

---

*잉글랜드 남동부 해안에 위치한 다섯 곳의 특별 항구인 헤이스팅스, 롬니, 하이드, 도버, 샌드위치를 말한다. 국왕 특허장을 받아 전통적으로 국왕에 필요한 선박을 제공해 왔다.

다. 에드워드 국왕이 죽은 그달에 4,000명의 병력을 실은 50척에 가까운 배가 영국해협을 건넜다. 라이는 약탈당했고, 그 후 프랑스 병사들은 내륙의 루이스까지 침투하여 그곳을 불태웠다. 그다음 배를 타고 플리머스로 가 그곳을 불태웠다. 8월에 그들은 되돌아와 헤이스팅스를 불태웠으나 사우샘프턴과 풀^{Poole}에서 격퇴되었다. 프랑스에서 벌어졌던 일들에 비하면 따끔한 상처 정도에 불과했지만 그러한 습격들은 잉글랜드에서 원성을 불러일으켰다. 그러나 계속되는 습격에도—1380년 윈첼시와 그레이브젠드도 습격당했다—이러한 치고 빠지기 전술은 칼레에서 바욘까지 프랑스 해안을 따라 줄줄이 늘어선 요새들로 지탱되는 잉글랜드의 해상 연락선을 차단하지 못했다.

1377년에 앙주 공작과 총사령관이 다시 기엔을 침공했다. 기엔의 가령 토머스 펠턴 경은 패배하여 9월에 에메에서 포로로 잡혔고, 베르주라크도 함락되었다. 그러나 기엔 사람들은 여전히 플랜태저넷 왕가에 충성하면서 굳세게 버텼다. '가스코뉴인'들에 대한 프루아사르의 신중한 견해를 기억하는 게 이해하는 데 도움이 될 것이다. 즉 "그들은 진득한 사람들은 아니지만(ils ne sont point estables) 프랑스보다 잉글랜드를 선호하며, 잉글랜드가 언제나 이길 거라고 생각하는 경향이 있다". 아닌 게 아니라 카프탈 드 뷔슈이자 모래사장으로 뒤덮인 랑드 출신의 용맹한 저 가터 기사는 거액을 제의받았음에도 포로로 억류되어 있는 동안 충성의 대상을 바꾸느니 죽는 쪽을 택했다. 1379년 정말로 유능한 국왕 대리 사령관이 보르도에 도착했다. 더럼 카운티에서 온 가터 기사 래비의 네빌 경Lord Neville of Raby은 공세를 취해 프랑스 총사령관의 방식대로 습격을 하고, 배를 타고 지롱드강을 거슬러 올라가 모르타뉴를 탈환했다. 그는 1년을 넘지 않은 사령관 재임 기간 동안 80군데가 넘는 도시와 요새, 성채를 탈환했다고 한다.

프랑스인들은 다른 전선에서도 저지당하고 있었다. 그들은 브르타뉴를 정복했지만, 버킹엄 공작(에드워드 3세의 막내아들이자 장래의 글로스터 공작) 휘하의 함대가 출동하는 바람에 브레스트 항구를 손에 넣는 데는 실패했다. 그 후 샤를 국왕은 아키텐을 몰수했던 방식대로 장 공작에게서 브르타뉴를 몰수하려는 실수를 저질렀다. 그러자 브르타뉴인들은 일제히 공작 편으로 집결했다. 그들은 프랑스 왕국에 통합되고 싶은 마음이 전혀 없었던 것이다. 로버트 놀리스 경을 대동하고 복귀한 장은 열렬한 환영을 받았고, 그는 신속히 서부를 회복하여 결국에는 공국 전체를 되찾았다. 그는 브레스트를 맹방인 잉글랜드에 넘겼다.

1377년 국왕 대리 휴 캘벌리 경은 칼레에서 나와 불로뉴를 습격하여 배를 불태우고 약탈했다. 칼레 접경지대에 있는 마르크 요새가 프랑스의 수중에 떨어지자 그는 같은 날 그곳을 재탈환했다. 1378년 나바르 국왕이 다시 등장했다. 그는 곤트의 존의 딸 캐서린을 아내로 맞는 대가로 곤트의 존에게 에브뢰 백작령을 넘기겠다고 제의했던 듯하다. 그는 샤를 5세를 독살하려는 흥미로운 계략을 꾸미고 있었는데(샤를 본인이 최근에 이 방법으로 성가신 추기경을 제거했다고 여겨졌다) 그의 하수인 두 명이 체포되면서 음모가 발각되었다. 총사령관 뒤게슬랭은 즉시 노르망디에 남아 있던 나바르의 마지막 영지를 침공했다. 그러나 악인왕 샤를은 피레네산맥 너머의 왕국으로 도망치기 전에 셰르부르를 잉글랜드에 파는 데 성공하여 잉글랜드인들이 그곳 요새에 쇄도했다.

노르망디, 브르타뉴, 파드칼레의 보통 사람들은 잉글랜드 수비대 때문에 계속 고통을 겪고 있었다. 1371년 코탕탱의 생소뵈르르비콩트 수비대는 263개의 교구를 좌지우지하면서 교구마다 13파운드가 넘는 돈을 거뒀다. 잉글랜드인들은 브르타뉴에서 더 탐욕스러웠다. 1384년 브레스트에서는 160군데의 교구에서 각각 40파운드에 가까운 액수를 갈취했고, 반과 플리르멜과 베셰렐에서도 똑같이 탐욕을 부렸다. 브레티니조약에 따라 평화가 유지되는 동안 그리고 프랑스의 재정복으로 사태가 역전되는 와중에도 잉글랜드 병사들은 비참한 농민들을 협박하고 몸값을 받아내 두둑한 이득을 챙겼다. 때로는 막대한 금액을 뜯어내기도 했다. 1365년 매튜 거니 경은 장 드 라발의 몸값으로 근 5,000파운드를 받아냈고, 1375년 드레이턴의 배싯 경은 한 포로의 몸값으로 2,000파운드를 받았다. 몸값과 전리품 외에도 병사가 돈을 벌 수 있는 방법은 또 있었다. 1375년 생소뵈르르비콩트의 잉글랜드 수비대는 요새를 넘겨주고 평화롭게 물러나는 대가로 9,000파운드를 받았다(셰르부르가 생소뵈르르비콩트 대신 노르망디의 골칫거리가 되었다).

병사들이 잉글랜드 국왕의 군대에 훌륭하게 복무하는 한 아주 개탄스러운 행위도 용인되었다. 장 르벨에 따르면 최초의 루티에 가운데 한 명이었던 로버트 놀리스 경은 1358년 그랜드컴퍼니의 주요 대장이었는데, 루아르강 유역의 성 40채를 지배하던 그해에만 금화 10만 크라운(거의 1만 7,000파운드)을 벌었고―루아르강 유역의 농민들은 그의 이름만 들어도 겁에 질려 강에 뛰어들었다고 한다―오를레앙 근교를 약탈하고, 심지어 아비뇽의 교황까지 위협했다. 불에 그슬린 〔아비뇽의〕 지붕 박공은 '놀리스의 주교관'이라고 불렸다. 그러나 에드워드 3세는 로버트 경이 프랑스인들에게 입힌 피해에 아주 흡족해하며 그를 사면했다. 나중에 그는 국왕의 주요 장군 가운데 한 명이 되어 앞에서 본 대로 1370년의 슈보시를 이끌었으며, 1380년에는 또 다른 슈보시에서 참모장으로 활약했다(1370년 그는 일당 8실링, 즉 연봉으로 146파운드라는 거금을 받았다). 로버트 경은 "왕후장상의 부"를 축재했고, 런던에 궁전 같은 집을 지었으며, 부유한 영지도 사들였다. 그는 천수와 영예를 누리다 1407년에 죽었다. 심지어 존 챈도스 경이 존경하던 친구 휴 캘벌리 경도 1360년대 후반에 2,000명의 루티에들을 이끌고 아르마냐크 지방을 유린했다. 이부형제인 놀리스처럼 캘벌리도 사면을 구해야 했다. 나중에 그는 칼레의 부지사, 그다음에는 브레스트의 총독이 되었다.

1376년 평민원은 국왕에게 니컬러스 호크우드 경도 놀리스처럼 사면해달라고 탄원했다. '루터'들 가운데 가장 유명한 호크우드는 에식스의 무두장이 아들로 태어나 평범한 궁수로 에드워드 군대에 징집되었지만, 1360년에는 교황을 협박하는 타르드브뉘(루티에)를 이끌고 있었다. 2년 뒤, 그는 악명 높은 화이트컴퍼니를 이끌고 알프스를 넘어가 이탈리아에서 콘도티에레*로서 길고도 영광스러운 경력을 시작했다. 그는 결국 비스콘티 가문의 사생아를 아내로 얻었고, 피렌체 공화국에서 연금으로 금화 3,000두카트를 받게 된다.

사회계층 이동의 또 다른 사례로는 노펴의 사울Saul of Norfolk이라는 농노를 들 수 있다. 1340년대에 징병관에게 징집되어 브르타뉴에서 복무한 그는 1373년에는 로버트 살 경이자 칼레 근처 마르크 요새의 대장이 되었다. 에드워드 국왕은 그에게 기사 작위를 내렸고, 그의 용기는 속물적인 프루아사르에게도 칭송받았다. 그러나 말로는 결코 좋지 않아서 1381년 고향 자택에서 그를 시기한 농민들에게 살해되었다(한 연대기 작가는 로버트 경을 "강인하고 활력 넘치는 기사… 그러나 대도大盜이자 싸움꾼"이라고 부른다).

백년전쟁은 출세의 시대로 오래도록 기억되었다. 15세기 문장관 니컬러스 업턴은 "그 시절에 우리는 프랑스 전쟁에 참전한 빈한한 이들이 귀족이 되는 것을 많이 보았다"고 썼다. 로버트 살 외에 다른 농노들도 가문의 문장을 가진 신사가 되었을지도 모른다. 게다가 일부 젠트리 가문들이 죽어서 사라졌기 때문에 새로운 사람들이 부상하여 그들의 자리를 차지할 수 있는 여지가 있었다.

많은 대가문들이 프랑스에서 획득한 전리품 덕을 보았다. 에드워드 돌링리지 경(1388년 브레스트의 수비대장)이 지은 서식스의 보디엄성처럼 켄트의 쿨링성 역시 1364년 코범 경이 그런 자원들을 가지고 지은 것이며, 전쟁에서 이름을 날린 지휘관 리처드 스크로

---

* 중세 후기부터 르네상스 시대까지 이탈리아를 무대로 활동한 용병대장들을 가리키는 말이다.

베르주라크를 포위하러 가는 앙주 공작. 험프리스, 『프루아사르의 삽화들』.

프 경이 12만 파운드나 들여 18년에 걸쳐 완공한 요크셔의 볼튼성도 마찬가지일 것이다. 영혼의 구원을 걱정하던 병사들은 자신들이 부정하게 번 돈으로 로버트 놀리스 경이 폰트프랙트에 기증한 교회나 런던에 있는 월터 매니 경의 차터하우스* 같은 종교 시설을 건립했다.

잉글랜드군은 그들의 나라에, 특히 일반 병사들에게 악명을 안겨주었다. 프루아사르―그는 프랑스인이 아니라 오늘날의 우리라면 벨기에인이라고 부를 거라는 점을 기억할 필요가 있다―는 잉글랜드인을 "도도하고 성마르고 벌컥 화를 잘 내며, 진정시키고 도리를 깨닫게 하기 어려운 사람들"이라고 생각했다. "그들은 전투와 학살을 즐긴다. 다른 이의 재산을 몹시 탐내며, 천성적으로 이민족과 친교나 동맹을 맺지 못한다. 태양 아래 잉글랜드의 중간계급보다 못 믿을 족속도 없다. 혈통이 좋은 사람들은 천성적으로 강직하고 충성스러우나 범부들은 잔혹하고 신의가 없으며 불충하다… 그들은 돈을 내지 않으면 그 사람들〔상류계급―지은이〕에게 아무것도―달걀 한 알이나 닭 한 마리도―내주려고 하지 않는다."

그러나 백년전쟁에서 잉글랜드의 귀족계급은 아랫사람들 못지않게 탐욕을 과시했다. 앞서 본 대로 모험가들만이 한재산을 모은 게 아니었다. 역사가인 고故 K. B. 맥팔렌의 말을 빌리자면, "보통 사람과는 거리가 먼 저 음해받는 집단, 중세 잉글랜드의 지주 귀족계급"도 마찬가지였다. 맥팔렌은 전쟁에서 결정적인 역할을 담당

---

*카르투시오회 수도원.

했고, 그 결과 막대한 돈을 모은 일단의 귀족들을 나열하면서 "귀족계급이 백년전쟁을 시작해서 용병들이 마무리하게 만들었다"는 이론은 사실이 아니라고 주장한다. 1375년의 '좋은 의회'에서 가터 기사 윌리엄 로드 래티머(크레시에서 싸웠다)는 베슈렐의 수비대장으로 있는 동안 8만 3,000파운드를 모은 것 때문에 비난을 받았다―그가 자신의 본래 영지 외에 추가로 장원 열두 개를 구입한 것은 틀림없는 사실이다. 가터 기사이자 애런들과 서리의 백작인 리처드 피츠앨런―민간에는 "뾰족 모자"로 알려졌다―은 1376년 사망했을 때 주화와 금화로 된 유산만 6만 파운드를 남겼다. 그는 창의적인 투자자이자 대금업의 큰손이었다. 물론 맥팔렌의 견해에 따르면 애런들의 막대한 부의 원천은 거의 틀림없이 백년전쟁이었을 것이다. 워릭 백작인 비첨 가문도 스태퍼드 가문처럼 14세기 프랑스에서의 군사 활동으로 부자가 된 또 다른 대귀족 가문이었다. 전장에서의 복무에 대한 보상으로 코범 가문은 국왕으로부터 귀족 작위를 하사받았다. 모험가든 대귀족이든, 루티에든 징집된 궁수든 모두가 전쟁을 계속 흘러가게 만들 좋은 이유가 있었다.

비록 모두가 희망을 품고 있긴 했지만 모든 병사들이 백년전쟁에서 실제로 한재산을 모은 것은 아니라는 점을 여기서 강조할 필요가 있다. 오르테스의 푸아 백작 성에서 자정 만찬이 시작되길 기다리던 "쉰 살의 뛰어난 군인으로 몰레옹의 바스코^{Bascot of Mauléon}라고 불리는 가스코뉴의 한 종자"는 불가에 앉아 프루아사르에게 자신의 이야기를 들려주고 싶어 안달이었다. 바스코('사생아'란 뜻)는 소귀족 가문의 사생아로 전적으로 군인 생활로 제 앞가림을 했다. "내가 처음 무기를 든 건 카프탈 드 뷔슈 휘하에서 치른 푸아티에 전투에서였습니다." 바스코가 말했다. "그날 나는 포로 세 명을 잡았는데 한 명은 기사, 두 명은 종자로, 다해서 40만 프랑의 몸값을 받았죠." 그다음 그는 프로이센으로 가서 튜턴 기사단 편에서 싸웠다가 프랑스로 돌아와 자크리의 난을 진압했다. 랭스 전역 동안에는 에드워드 국왕 곁에 있었다. 브레티니조약 이후 그는 한 자유부대의 대장이 되어 호크우드와 함께 아비뇽으로 쳐들어가 교황한테 돈을 요구했다. 브르타뉴에서는 휴 캘벌리 경 휘하에 있었는데 오레 전투에서 포로들을 잡아 "2,000프랑을 받았고", 흑태자를 따라 에스파냐로 갔다. 프랑스와 잉글랜드 사이에 전쟁이 재개되자 그는 제 잇속을 챙길 절호의 기회를 잡기로 결심하고, 그에게 "10만 프랑"의 가치가 있었던(아마도 인근 시골 지역에서 돈을 뜯어냄으로써) 알비 근처의 한 성을 손에 넣었다. 물론 그는 "나는 여전히 영어를 잘하고 앞으로도 계속 그럴 것"이라고 말하긴 한다. 그러나 바스코는 "마치 대귀족이었던 것처럼" 행차하고 접시를 사용해 식사를 하지만 "이득만큼 큰 손실"도 보았음을 인정하며, 때로는 너무 비참할 정도로 가난하여—"나락에 떨어지고 좌절해"—심지어 말 한 마리를 구할 여유도 없었다. 그가 참가한 온갖 전역과 그가 얻은 은 접시에도 불구하고 그는 푸아 백작의 식솔로 생을 마감하는 중이었다. 많은 잉글랜드의 중기병들도 틀림없이 그런 식으로 인생의 쓴맛을 느꼈을 것이다.

1378년 새로운 교황으로 이탈리아인 우르바누스 6세가 선출되었다. 1367년 교황청은 로마로 되돌아갔었고, 우르바누스는 프랑

토머스 헝거퍼드 경. 1397년 사망했다. 평민원 의장이자 곤트의 존의 집사장이었다. 그의 가문은 프랑스와의 전쟁으로 크게 이익을 얻었고, 팔리 헝거퍼드성을 지었다. 팔리 헝거퍼드성의 창유리 그림. 빅토리아 앨버트 박물관.

스의 영향력을 감소시킬 급진적 개혁을 결심했다. 이러한 움직임에 크게 놀란 일단의 추기경들은 우르바누스의 선출이 무효라고 선언하고 또 다른 교황 클레멘스 7세를 선출했다. 샤를은 기뻐했고, 클레멘스를 초대하여 아비뇽에 교황정을 재선하게 했다. 시구 기독교권은 거의 반세기 동안 지속될 교회 대분열을 눈앞에 두고 있었다. 스코틀랜드와 나폴리만이 프랑스 편에 가담해 클레멘스를 교황으로 인정했고, 대다수의 나라들은 중립을 유지하고자 했다. 잉글랜드는 자연히 우르바누스를 열렬히 지지했다. 여태까지 교황은 휴전을 협상하고 화평을 맺는 데 매우 중요한 역할을 해왔다. 그런데 이제 이러한 중재 작업을 수행할 국제적 기구가 사라져버

백년전쟁

린 것이다.

어느 때보다 몸이 아프고, 고통스러운 삶의 끝에 다가가고 있던 샤를 5세는 근래에 도무지 승전을 거두지 못하자 크게 지치고 낙담하여 화평을 청했다. 그는 잉글랜드에 도르도뉴강 남쪽의 아키텐 땅 전부와 앙굴렘을 넘기는 동시에 그의 딸과 리처드 2세의 혼인을 제의했다. 하지만 이 계획은 우르바누스의 추기경 중 한 명이 젊은 잉글랜드 국왕에게 다른 혼처를 주선하면서 무산되었다. 프랑스는 샤를의 혹독한 과세에 점점 더 크게 반발했다. 그러나 과세야말로 전쟁 수행에 반드시 필요했다. 랑그도크에서 반란이 일어나 징세인들이 군중에게 맞아 죽는 일이 벌어졌다. 봉기는 진압되었으나 국왕은 크게 충격을 받아 가장 중요한 세금인 화덕세를 폐지했고, 그리하여 전쟁에 가장 필수적인 정기적 세원이 심각하게 줄어들었다.

잉글랜드인들은 누구보다도 악착같았다. 1378년 서부의 원수 Marshal of the West인 애런들 백작은 성령강림절에 아르플뢰르를 공격했지만 프랑스 쪽의 열띤 반응에 서둘러 자신의 선단으로 퇴각해야 했다. 같은 해에 그와 곤트는 생말로를 포위했으나 역시 별다른 성공을 거두지 못했다. 1380년 7월 애런들 백작의 동생으로 잉글랜드의 원수Marshal of England였던 존 애런들 경은 브르타뉴에 끔찍한 소규모 습격을 이끌어 잉글랜드의 잔혹성과 아비뇽 교황에 대한 독선적인 증오를 과시했다. 그의 병사들은 수녀원으로 쳐들어가 수녀들을 강간하고 고문했으며, 습격의 나머지 기간 동안 재미를 보려고 불운한 여성들 가운데 일부를 끌고 갔다. 그러나 신은 종파 분리론자와 정통파 수녀들 사이의 이 미묘한 신학적 구분을 인식하지 않는 듯했고, 무시무시한 폭풍우로 존 경을 귀환길에 스무 척의 배와 1,000명의 병사와 함께 바닷속으로 가라앉혔다. 휴 캘벌리 경과 다른 일곱 명만이 살아서 해변으로 밀려왔다.

같은 달 버킹엄 백작과 로버트 놀리스 경은 칼레에서 나와 또 다른 슈보시를 감행했다. 그들은 보스와 방돔을 관통하는 우회로를 따라 브르타뉴로 향하여 렌에서 장 공작의 군사와 만났다. 그들은 평소처럼 끔찍한 피해를 야기했지만 프랑스 쪽이 싸움을 걸어오지 않아 아무런 성과도 거두지 못했다.

베르트랑 뒤게슬랭이 오베르뉴의 한 성을 포위하던 중 병이 나 사망한 것도 1380년 7월의 일이다. 그의 주군은 그보다 3개월을 더 살지 못하고 9월 16일 뱅센에서 심장마비로 사망했다. 그의 나이 고작 마흔세 살이었다. 그러나 프랑스에서 잉글랜드인들을 몰아내는 데는 실패했지만 샤를 5세는 에드워드 3세가 정복했던 땅의 많은 부분을 되찾았다.

5장

잃어버린 평화
1380~1399년

왜냐하면 그(리처드)는 언제나 프랑스인들의 향락에 이끌리고
흔히 그들과 평화롭게 지내서
잉글랜드 왕국에 혼란과 불명예를 가져오기 때문이다.
_프루아사르

잉글랜드 백성들은… 보르도의 리처드를 내버려두면
그가 어떻게 그들을 모조리 말살할 것인지 말했다.
그의 속마음은 철저히 프랑스인이어서 이를 도저히 감출 수 없지만
언젠가 그에 대한 대가를 치를 날이 올 것이다.
_프루아사르

곤트의 존(1340~1399년). 리처드 2세의 야심 많은 숙부이자, 잔혹왕 페드로의 사위로 명목상 카스티야 국왕이었다. 그는 아버지와 큰형과는 다른, 묘하게 무능한 인물이었다.

1380년, 잉글랜드와 프랑스의 국왕은 둘 다 미성년자였다. 1367년 보르도에서 태어난 리처드 2세는 과대망상증의 기미가 있었고, 강박관념에 사로잡혀 적을 만드는 데 소질이 있는 깐깐하고 고압적인 사람으로 자라났다. 리처드보다 한 살 어린 샤를 6세는 과도하게 향락에 빠져 살고 정신착란과 호전적인 기질이 결합되었다는 측면에서 할아버지 장 2세를 빼닮았다. 두 군주는 탐욕스럽고 독단적인 숙부들에게 둘러싸여 있었다. 잉글랜드에서는 엄청나게 부유하고 막강한 곤트의 존이 자신이 왕위를 차지해야 마땅하다는 생각을 너무 노골적으로 드러내, 일부 당대인들은 그가 어린 리처드를 몰아내려고 하는 게 아닌지 의심할 정도였다. 그에 비해 케임브리지 백작은 존재감 없는 소심한 인물이었고—"자신의 안락한 삶과 자잘한 일을 사랑하는 왕자"—국왕의 막내 삼촌으로

버킹엄 백작이자 훗날 글로스터 공작이 되는 우드스톡의 토머스 Thomas of Woodstock는 난폭한 성미만큼 야심도 커, 나중에 조카의 정부에 맞서 흉계를 꾸민다. 잉글랜드 왕가의 세 공작은 내키진 않았지만 의회가 선택한 자문회의가 왕국을 통치하는 데 따랐다. 반면 프랑스에서는 앙주 공작이 나폴리 왕국의 왕위를 추구하는 데 더 관심을 보이는 사이 부르고뉴의 대담공the Bold of Burgundy 필리프가 프랑스를 마음대로 통치했고, 베리 공작은 예술 후원에 푹 빠져 있었다.

이 시기의 백년전쟁은 잉글랜드와 프랑스에만 국한되지 않은 국제분쟁이었다. 리처드 2세 재위 초반에 잉글랜드 의회는 "프랑스, 에스파냐, 아일랜드, 아키텐, 브르타뉴와 여타 지역"에서의 온갖 전쟁들을 걱정스럽게 언급했다—이 전쟁들은 곧 플랑드르와 스코틀랜드, 심지어 포르투갈로까지 확대된다. 갈등은 로마와 아비뇽 간의 분열로 더욱 악화되었다. 갈등을 중재할 불편부당한 교황이 더는 존재하지 않았다. 게다가 이제 기옌과 바다에서 공격하는 쪽은 잉글랜드인들이라기보다는 프랑스인늘이었고, 잉글랜드는 침공의 두려움에 떨었다.

리처드 2세의 자문회의가 맞닥뜨린 가장 시급한 과제는 잉글랜드 남해안을 습격하는 프랑스와 카스티야 연합 함대에 맞서 싸울 선박을 구하고, 기옌으로 가는 해상로를 계속 확보하는 데 필요한 잉글랜드 수비대 주둔지를 프랑스 해안에 유지하는 것이었다. 그 주둔지들은 "왕국의 감시 망루들"로 통하는 칼레와 셰르부르, 브레스트, 바욘이었고, 1377년 이곳 요새들을 유지하는 데 드는 연

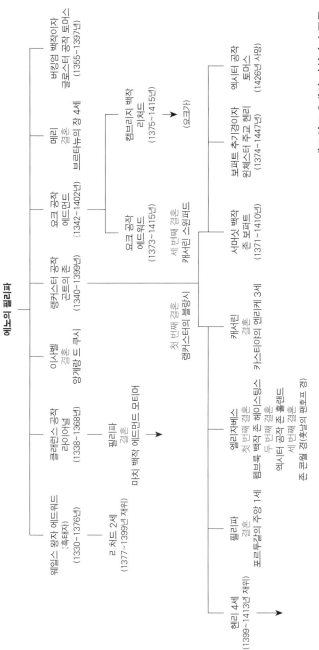

에드워드 3세(1327~1377년 재위)
결혼
에노의 필리파

에드워드 3세의 자식과 손주들

웨일스 왕자 에드워드
(흑태자)
(1330~1376년)

클래런스 공작
라이어널
(1338~1368년)
결혼
엉게랑 드 쿠시

이사벨
결혼

랭커스터 공작
곤트의 존
(1340~1399년)

요크 공작
에드먼드
(1342~1402년)

메리
결혼
브르타뉴의 장 4세

버킹엄 백작이자
글로스터 공작 토머스
(1355~1397년)

필리파
결혼
마치 백작 에드먼드 모티머

캠브리지 백작
리처드
(1375~1415년)

요크 공작
에드워드
(1373~1415년)

첫 번째 결혼
랭커스터의 블랑시

세 번째 결혼
캐서린 스윈퍼드

(요크가)

엘리자베스
첫 번째 결혼
펨브룩 존 백작 해이스팅스
두 번째 결혼
엑서터 공작 존 홀랜드
세 번째 결혼
존 코닐 경(훗날의 팬호프 경)

캐서린
결혼
카스티야의 엔리케 3세

서머싯 백작
존 보퍼트
(1371~1410년)

보퍼트 추기경이자
윈체스터 주교 헨리
(1374~1447년)

엑서터 공작
토머스
(1426년 사망)

필리파
결혼
포르투갈의 주앙 1세

헨리 4세
(1399~1413년 재위)

간 비용은 4만 6,000파운드에 달했다. 평민원은 외국과의 전쟁 자금을 마련하는 것은 자신들의 의무가 아니라고 불평했다. 1380년이 되었을 때 왕실 보석들은 저당되어 있고, 방어에 필요한 대규모 융자를 받을 수도 없었으며, 왕실 금고는 완전히 비었다. 프랑스에 있는 수비대 병사들은 20주 동안 급여를 한 푼도 받지 못한 상태였고, 브르타뉴에 있는 버킹엄 백작의 군대에 지급해야 할 급여도 여섯 달째 밀려 있었다. 어쩔 수 없이 의회는 "왕국의 안전과 바다를 지키기 위해" 극빈자를 제외한 왕국의 모든 사람에게 인두세를 차등 부과하는 데 동의했다.

1인당 1그로우트 은화(4페니)의 과세는 임금도 없이 땅에서 피땀 흘려 일하는 농노들에게 가혹한 부담이었다. 그들은 이미 흑사병으로 인한 인구 감소로 불안정한 상태였다. 인구 감소 덕분에 노동력은 시장성이 있었지만 아직까지는 농노들이 대가를 받는 고용을 위해 영주의 장원을 떠나는 것이 불가능했다. 1381년 5월 켄트, 서식스, 에식스, 베드퍼드의 예속 농노들이 반란을 일으켜, 성조지의 기치 아래 활을 들고 런던까지 진군했다(켄트에서 반란군이 바다에서 12리그 범위 안에 사는 사람 가운데 해안 감시 임무를 맡고 있는 이는 아무도 끌고 가지 않았다는 사실은 흥미롭다). 런던으로 가면서 "진정한 평민들"은 징세인은 붙잡는 대로 족족 죽였고, 장원과 수도원을 약탈했으며, 모후(켄트의 조안)를 희롱했다. 런던에 도착한 그들은 일부 플랑드르인과 다수의 부유한 시민을 죽이고 감옥의 죄수들을 풀어줬으며, 곤트의 존 소유인 사보이궁과 세인트존 기사단 수도원을 불태우고, 런던탑으로 쳐들어가 대법관이었던

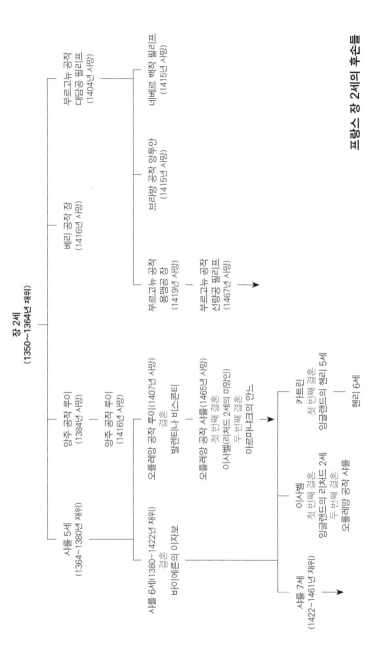

프랑스 장 2세의 후손들

캔터베리 대주교와 재상이었던 세인트존 기사단 수도원장의 목을 쳤다. 프루아사르는 "잉글랜드는 어느 순간 회복 불가능할 정도로 망가진 듯했다"고 말하면서, "이 사람들의 3/4은 무엇을 청하거나 요구해야 할지 모른 채 짐승처럼 서로가 하는 대로 따랐다"고 무시하듯 덧붙인다. 그들은 어린 국왕을 압박해 스미스필드에서 국왕과 만났으나, 지도자인 와트 타일러가 자신들의 눈앞에서 런던 시장에게 살해당하자 "이 불손한 무리"는 공포에 질려 흩어졌으며, 봉기는 끝이 났다. 그해 여름 내내 여기저기서 교수형이 이어졌다. 의심할 바 없이 전쟁 과세가 농민 반란에 불을 댕긴 불씨였다.

과세는 프랑스에서도 비슷한 봉기를 야기했다. 앙주 공작은 1382년 나폴리로 떠날 때까지 자문회의 의장이었고, 그 짧막한 집권기에 샤를 5세가 폐지했던 세금을 다시 도입했다. 분노한 파리 시민들은 병기고로 난입하여 무기를 탈취한 다음 도시를 장악하고 징세인들을 색출했다. 북부의 다른 도시들에서도 같은 성격의 봉기들이 일어났고, 남부에서도 대규모 반란이 터졌다. 부르고뉴 공작 필리프의 단호함만이 이런 상황을 중단시켰다. 그는 재빨리 병력을 모아 반도叛徒를 진압했다. 그 후 6년 동안 그는 프랑스를 지배했다.

경제적 곤란이 정복은커녕 잉글랜드의 전쟁 능력을 저해했다. 양모 무역은 과도한 징세로 숨통이 막혔고, 사람들은 포도주에 예전보다 거의 두 배의 가격을 지불했다. 기옌의 많은 포도밭들이 프랑스에 유린당해 버려졌고, 보르도와 사우샘프턴 간의 운송비는 운송선에 대한 무장 호위가 필요해지면서 훨씬 비싸졌다. 1381년,

1382년, 1383년 의회는 전쟁을 위한 과세 승인을 또다시 거부했다. 그 결과 수비대들은 괴로움을 겪었고—이 시기에 셰르부르 수비대장의 급여는 1만 파운드에서 2,000파운드로 줄었다—병사들은 거의 전적으로 몸값과 파티스로 먹고살아야 했다.

그사이 부르고뉴 공작은 플랑드르에 대한 고삐를 죄고 있었다. 1379년 이후로 그의 장인 루이 드 말 백작은 헨트의 직물업자들과 싸우고 있었고, 1382년 그들에게 패배했다. 곧 그들의 뤼아르트^{ruwaert}(섭정)이자 에드워드 3세의 옛 친구의 아들인 필립 판아르테펠더가 그 지방 전체를 장악했다. 루이는 사위한테, 판아르테펠더는 잉글랜드에 도움을 호소했다. 리처드 국왕은 플랑드르로 군대를 이끌고 갈 채비를 했으나 평민원은 자금을 내주길 거부했다. 1382년 11월 프랑스군은 로세베커에서 플랑드르 장창병들을 제압하고 "그들을 개처럼 무자비하게 살육했다". 판아르테펠더도 전사자 중 한 명이었다. 루이 백작은 이듬해에 죽었고, 그에 따라 부르고뉴의 필리프가 플랑드르 백작이 되었다.

무일푼의 잉글랜드 정부는 프랑스의 '클레멘스파'의 성공에 놀란 우르바누스 6세에게서 우군을 얻었다. 우르바누스는 잉글랜드 주교들에게 대립 교황 지지자들에 맞선 십자군에 자금을 댈 수 있게 성직자의 재산에 세금을 매기라는 서신을 보냈다. 주교들이 워낙 달변으로 설교했기 때문에 많은 잉글랜드인들은 그토록 성스러운 대의에 이바지하지 않는다면 천국에 들어갈 수 없을 것이라고 철석같이 믿었다. 런던 주교구에서만 "한 통 가득 금은이 모였다". '십자군'을 이끈 것은 전쟁을 좋아하고 화려한 개인 깃발을 휘

날리던 젊은 주교, 노리치의 헨리 데스펜서였다. 1383년 4월 그는 휴 캘벌리 경을 포함하여 2,000명으로 추정되는 병력과 함께 칼레에 상륙했다. 플랑드르 지방은 흠잡을 데 없는 우르바누스파였는데도 그들은 플랑드르 해안을 따라 진군하며 여러 도시를 함락하고 이프르를 포위했다. 그들과 맞서기 위해 대규모의 프랑스군이 진군하자 수치스럽게도 잉글랜드군은 재빨리 퇴각했다 오히려 그라블린에서 포위를 당했지만 겨우 브르타뉴인들에게 구조되었다. 데스펜서 주교는 잉글랜드로 귀환했고, 플랑드르에서의 일로 탄핵을 당했다.

곧 새로운 대법관 마이클 드 라폴 경—헐의 대상大商 아들—이 등장하면서 새로운 유화 정책이 시행되었다. 그는 전쟁 때문에 군주정이 갈수록 부채의 수렁에 빠지고 있으며, 그 결과 중앙정부에 대한 지배력을 상실해 정부에 대한 지배력이 의회로 넘어갈지도 모른다고 보았다. 전비에 대한 그의 판단은 옳았다. 하지만 평화를 확보하려는 그의 시도는 대실패로 드러난다. 그는 본국에서는 사람들을 주전파와 주화파로 양분시켰고, 해외에서는 잉글랜드에 가장 충성스러운 맹방들을 저버렸다.

헨트에서 섭정을 할 잉글랜드 왕족을 보내달라고 요청했을 때, 마이클 드 라폴은 400명의 보잘것없는 병력을 딸려 존 부시어 경을 보냈을 뿐이었다. 1385년 말 헨트는 부르고뉴의 필리프에게 항복했고, 부르고뉴 공은 차남을 브라방의 상속녀와 결혼시킴으로써 플랑드르만큼 넓은 영토에 대한 상속권도 획득하여 곧 저지대 지방 대부분을 지배했다. 이제 잉글랜드는 경제 봉쇄와 양모 무역의 차질을 걱정해야 할 처지였다. 또한 마이클 드 라폴은 잉글랜드에 잡혀 있던 블루아가의 공위 요구자를 풀어줌으로써 브르타뉴의 장 4세—에드워드 3세의 피후견인—를 격노하게 만들었다. 1368년 장의 병사들은 브레스트의 잉글랜드 수비대를 포위했다. 그즈음 잉글랜드는 데탕트 정책 때문에 플랑드르와 브르타뉴에 있던 자신의 맹방들을 전부 잃었을 뿐 아니라 적들이 잉글랜드를 공격하도록 부추기고 있었다. 이미 프랑스-스코틀랜드 연합군이 북부 잉글랜드를 침공했고, 상황은 더 나빠질 게 분명했다.

이제 서퍽 백작이 된 마이클 드 라폴은 상황이 얼마나 위험한지 제대로 인식하지 못했다. 그는 곤트의 존이 잔혹왕 페드로의 딸과 재혼함으로써 권리를 주장할 수 있게 된 카스티야 왕위를 얻으러 원정을 떠나는 것을 허락했다. 잉글랜드가 그 세기 최대의 침공 위협에 직면한 1386년 7월 곤트의 출발은 완전히 미친 짓이었다. 3만 병력의 프랑스 군대가 이미 슬라위스 주변에 집결해 있었다. 프랑스 전역에서 병사들이 왔다—"그동안 프랑스에서 그토록 심각한 파괴와 만행을 저질러온 저 끔찍한 잉글랜드를 침략하여 그들 때문에 죽은 우리 부모와 친구들의 복수를 하자". 대량의 식량과 군수품, 말이 특별 집결지에 모였다. 심지어 교두보를 세우는 데 사용할 수 있게 아성牙城과 망루, 성벽을 비롯한 조립식 목재 요새도 준비되었다. 엄청난 수의 사람과 어마어마한 물자를 수송하기 위해 1,200척의 코그선, 갤리선, 돛으로 움직이는 바지선이 슬라위스 항구에 집결했다.

잉글랜드는 눈앞에 닥친 위험을 깨닫고 두려움에 떨었다. "포도주에 취해 제정신이 아닌 듯한" 런던 시민들은 아직 프랑스군이 상륙하지도 않았는데 런던 중심부를 방어하기 위해 근교의 건물들을 해체했다. 잉글랜드의 패배를 너무 확신한 나머지 많은 사람들이 흥청망청 "수천 파운드"의 돈을 낭비했다. 징집관들에게 소집되었으나 급여를 받지 못한 병사들은 강도질과 약탈을 자행하며 시골을 휘젓고 다녔기 때문에 런던에서 80킬로미터 이내로 접근하는 게 금지되었다. 프랑스군의 침공이 시시각각 다가오는데도 북부에서 온 다수의 부대가 남부에 도착하자마자 해산되어 고향으로 돌려보내졌다. 온 나라가 난리통이었다.

하지만 잉글랜드의 국왕 자문회의는 훌륭한 방어 계획을 갖고 있었다. 왕립선들이 템스강에서 숨어 기다리다가 적군이 안쪽으로 유인되어 오면 적의 함대를 공격하여 도주의 가능성을 차단할 계획이었다. 한편 해안을 따라 흩어져 있던 소규모 잉글랜드 부대들도 퇴각하여 런던 근처에서 주력 부대에 합류할 계획이었다.

그러나 부르고뉴의 필리프가 아프면서 침공은 가을까지 연기되었다. 마침내 작전을 개시할 때가 왔지만 항해장들은 프랑스 최고사령부에 이제는 날씨가 믿을 만하지 못하다고 알렸다. "가장 무섭고 강력한 주군들이시여, 사실인즉슨 바다는 거친데 밤은 너무 길고 어둡고 춥고 축축하며 바람이 심합니다. 우리에게는 양식이 부족하고, 보름달과 순풍도 필요합니다. 더군다나 잉글랜드 해안과 정박지들은 위험합니다. 우리 배들 가운데 아주 많은 수가 낡고 작아서 큰 배들한테 침몰당할지도 모릅니다. 그리고 바다의 상태는 9월 29일부터 11월 25일 사이에 가장 나쁩니다." 1386년 11월 중순 프랑스는 침공을 중단하기로 결정했다.

만일 프랑스군이 상륙하는 데 성공했다면 틀림없이 잉글랜드 인들이 프랑스 땅에서 자행했던 것과 같은 만행을 저질렀을 것이다. 일부 역사가들은 프랑스 병사들이 같은 프랑스 사람들한테도 잉글랜드 병사들만큼이나 못되게 굴었음을 강조하며, 이런 맥락에서 중세 후기 프랑스는 하나의 민족이 아니라 여러 민족들의 집합체였다고 주장한다. 그러나 어느 지역의 프랑스인이든 백년전쟁의 무정부 상태와 유혈을 전적으로 잉글랜드인 탓으로 돌렸다는 증거는 풍부하다. 루티에들 가운데 프랑스인이 많이 있었는데도 그들이 프랑스 전역에서 "잉글랜드인들"로 알려졌다는 것은 의미심장하다. 이러한 증오심은 잉글랜드인에게 꼬리가 있다는 이야기 같은 기이한 전설을 낳기도 했다(이 전설은 아마 웨일스 보병들이 긴 칼을 허리띠 뒤쪽에 매달고 다니던 모습에서 기인했을 것이다).

백년전쟁은 잉글랜드 민족주의의 성장에 중요한 역할을 했다. 잉글랜드인들은 프랑스인들을 자신들의 자연스러운 먹잇감으로 간주하기 시작하면서 증오심과 경멸감을 키워나갔다. 외스타슈 데 샹(1410년 사망)은 한 시에서 다음과 같이 말하는 잉글랜드 병사를 등장시킨다. "프랑스인 개야, 너는 포도주를 마시는 것 말고 아무 것도 안 하는구나." 프랑스인들의 경우와 마찬가지로 공통의 적대감은 지역적 충성심을 넘어섰다.

그렇긴 해도 당대 잉글랜드에서 가장 고귀한 정신의 소유자들 일부는 백년전쟁을 거부했다. 『왕권에 관하여』에서 롤라드파^{Lollards}의 창시자 존 위클리프는 모든 전쟁을 이웃을 사랑하라는 신의 계명에 반하는 것으로 규탄했다. 그는 어떤 왕국을 자기 것이라고 주장하느라 사람들의 목숨을 위험에 빠뜨릴 권리가 과연 누구에게 있는지 의문을 제기했다. 결코 이단이 아니었던 도미니크회 수도사 존 브러미어드도 『설교자를 위한 요강(Summa Predicantium)』에서 전쟁으로 야기되는 타락―탐욕, 생명 경시, 양심의 가책 부재―과 특히 그것이 급여를 받지 못하는 병사들한테서 야기하는 타락에 관해 걱정했다.

프랑스인에 대한 증오는 잉글랜드가 여전히 침공의 위협을 받고 있다고 생각하던 1386년에 열린 의회에서 매우 명백하게 나타난다. 카스티야로 떠난 곤트의 존이 중재력을 행사할 수 없다는 것은 누가 봐도 분명했다. 국왕의 삼촌으로 이제 글로스터 공작이 된 버킹엄은 대법관인 서픽 백작에 반대하는 세력을 이끌었다. 리처드는 백성들이 반란을 일으키고 있으니 "친족인 프랑스 국왕"에게 진압을 도와달라고 요청하겠다고 말하며 특유의 거만함으로 대응했다. 이는 만약 군주가 "분별없는 생각으로 자신의 이상한 바람을 함부로 실현코자 하면" 영주와 귀족들이 "국왕을 왕위에서 끌어내리고 가장 가까운 혈통의 왕족 누군가를 옹립하는 것"은 합법이라는 반박을 낳았다. 이 가까운 혈통이 자신이라는 것을 암시했던 것으로 보이는 글로스터는 조카에게 에드워드 2세의 운명도 상기시켰다. 그는 리처드에게 경고했다. "프랑스 국왕은 전하의 주적이자 전하 왕국의 불구대천의 원수입니다. 만약 그가 전하의 영토에 발을 들인다면 전하께 도움의 손길을 내밀기보다는 전하의 권리를 빼앗고, 전하의 왕국을 탈취하고, 전하를 왕위에서 몰아내려고 힘쓸 것입니다… 그러니 전하의 할아버지 에드워드 3세와 아버지 에드워드 왕세자가 당신들의 세습적 권리였던 프랑스 왕국을 정복하기 위해 추울 때나 더울 때나 평생토록 피땀 흘리며 쉬지 않고 힘써왔음을, 그리고 그들을 계승함으로써 이제는 프랑스 왕국이 전하의 것이 되었음을 기억하십시오." 이어서 글로스터는 귀족과 평민을 불문하고 얼마나 많은 잉글랜드인들이 "그 전쟁에서 죽음과 치명적인 위험을 견뎌왔는지", 그리고 그 전쟁을 치르기 위해 "얼마나 많은 왕국의 평민들이 무수한 재물을 쉴 새 없이 바쳐왔는지"를 말했다.

글로스터 공작은 많은 지지를 받았던 것 같다—잉글랜드인들은 전쟁에 돈을 대는 것을 싫어했지만 침략을 당할 거라는 전망은 더 싫어했다. 리처드는 마지못해 뜻을 굽히고 "국왕과 왕국에 중한 해를 끼치고 잘못을 저지른 죄"로 탄핵당한 서퍽을 해임했다. 언동이 위압적인 글로스터와 그의 주요 동지인 애런들 백작—리처드가 싫어한 전직 총독—이 지배하는 새로운 자문회의가 구성되었다. 1387년 3월 애런들이 이끄는 불과 60척의 배가 포도주를 싣고 라로셸에서 슬라위스로 향하던 한 플랑드르 선단을 마게이트 앞바다의 캐드샌드에서 공격했다. 백작은 1만 9,000톤의 훌륭한 포도주와 함께 50척의 플랑드르 선박을 나포한 뒤, 포도주를 잉글랜드로 보내 형식적인 가격만 받고 팔아 잠시나마 새로운 자문회의에 대한 대중의 환심을 샀다. "백작을 칭송하는 소리가 평민들 사이에서 엄청나게 커졌다." 그러나 애런들은 계속 플랑드르 해안을 습격했지만 손에 넣기만 한다면 플랑드르 해상을 마음대로 좌우할 수 있는 슬라위스를 점령할 기회를 놓쳤다. 그러고 나서 그는 브르타뉴로 갔다. 브레스트의 포위를 풀고, 프랑스에 대한 잉글랜드-브르타뉴 연합 공격을 제안해 장 공작과 화해를 이끌어내기 위해서였다. 그러나 장은 여전히 적대적이었고, 애런들은 빈손으로 잉글랜드로 돌아올 수밖에 없었다.

1387년 8월 리처드 2세는 독자적으로 통치할 의사를 밝히고 그의 총신들로 구성된 새로운 자문회의를 구성했다. 그러자 글로스터와 애런들은 군대를 일으켜 래드컷브리지에서 총신들을 무찔렀다. 이듬해 글로스터와 애런들을 비롯한 상고 귀족들Lord Appel-lants(고소인들)은 리처드의 간청에도 불구하고 "무자비한 의회"에서 그들에게 사형을 선고했다. 그러고 나서 글로스터와 애런들은 마침내 브르타뉴로부터 지원 약속을 받아내고 프랑스에 맞서 대대적으로 공세를 퍼붓기 시작했다. 그러나 기엔의 국왕 대리 사령관이자 카스티야에서 돌아온 곤트의 존은 남서부 지방에 대한 공격을 거부했고, 여기에 크게 놀란 브르타뉴 공작은 자신도 싸우지 않기로 결정했다. 그들의 변심을 모르고 있던 애런들은 1388년 6월 출항했으나 그가 할 수 있는 일은 올레롱섬과 라로셸 주변 지역을 습격하는 게 전부였다. 그는 브르타뉴인들이 그에게 말을 공급해주려고 하지 않아 내륙으로 진군할 수 없었다. 심지어 이 사소한 교전들조차도 잉글랜드로 복귀하라는 자문회의의 명령을 무시하고 이루어진 것이었다. 새로운 보조금에 대한 천문학적 요구와 전역의 처참한 실패에 마침내 평민원은 등을 돌렸고, 8월에 퍼시 가문*이 오터번에서 스코틀랜드인들에게 참담한 패배를 당하자 잉글랜드 북부 전역이 공포에 떨었다. 곤트와 다른 대귀족들은 다시금 화평을 맺는 쪽으로 점점 기울었다.

해협 너머에서는 샤를 6세가 그 나름대로 성숙해지고 있었다. 즉 할아버지 장 2세처럼 사치와 휘황찬란함을 좋아하는 사람이 되어가고 있었다는 이야기다. 아름답고 품행이 좋지 못한 왕비 바이에른의 이자보Isabeau of Bavaria는 쾌락을 탐하는 그의 취향을 부추겼다. 1388년 11월 그는 숙부들을 국왕 자문회의에서 쫓아내 그들의 분노를 자아냈고, 아버지의 대신들(늙고 쭈글쭈글한 얼굴이 마모셋원숭이 모양의 문고리를 닮았다 하여 민간에 '마르무제'로 알려져 있었다)을 재등용했다. 마르무제 가운데는 대단히 유능하고 냉철한 자들이 몇몇 있었고, 그들은 화평을 맺기로 결정했다.

잉글랜드 자문회의는 글로스터와 애런들의 의견을 누르고 협상을 시작했다. 1389년 5월 리처드 2세는 권력을 잡아 스스로 통치할 수 있었고, 그 역시 화평을 원했다. 국왕은 전투에는 소질이 별로 없었다. 이브셤의 수도사The Monk of Evesham는 그가 "소심하고 외국과의 전쟁에서 성공을 거두지 못했다"고 적시했다. 리처드는 진심으로 프랑스인들을 찬탄하며 우러러봤던 것 같다. 유미주의자인 그가 북유럽에서 가장 고상한 상류사회를 존경한 것은 어쩌면 당연한 일일 것이다. 더 나아가 그의 재무관들은 그에게 전비가 얼마나 막대한지, 그리고 이 전비가 평상시 왕실 세입을 얼마나 크게 능가하며, 그를 의회에 의존하게 만드는지를 틀림없이 보여주었을

---

*노섬벌랜드 백작 세력.

것이다.

1389년 6월 18일 프랑스와 잉글랜드 사절단은 칼레 근처의 루링겐에서 휴전협정에 서명했다. 이후 리처드는 화평을 유지하기 위해 최선을 다했다. 1393년 셰르부르는 새로 즉위한 나바르 국왕에게 되팔렸고(나바르 국왕은 그곳을 재빨리 프랑스한테 재매각했다), 브레스트는 1396년 브르타뉴에 팔렸다. 양측 모두 항구적인 합의를 보고자 했다. 샤를 국왕과 그의 귀족들은 투르크를 상대로 한 십자군 원정을 떠날 수 있게 잉글랜드와의 분쟁을 해결하고 싶어했다. 심지어 부르고뉴의 필리프도 자기 백성들이 잉글랜드와의 우호적인 통상 관계를 얼마나 중시하는지 잘 알고 있었기에 화평에 열성적으로 호응했다.

그러나 잉글랜드에는 여전히 주전파들이 있었다. 프랑스인들이 다른 지역의 잉글랜드 영토 대신 아키텐 땅 일부를 내줄 용의가 있다는 말을 듣자마자 글로스터는 항의했다. "프랑스는 이미 우리의 소유인 것을 대가로 내주려고 한다. 그들은 다음의 사실을 알고 있다. 우리가 장 국왕과 그의 모든 자식들이 조인한 헌장, 즉 모든 아키텐 땅이 주권과 함께 우리에게 넘겨졌음을 명시한 헌장들을 보유하고 있으며, 그 이후에 그들이 탈환한 것은 모두 기만과 사기로 손에 넣은 것이라는 점을. 그들은 밤낮으로 우리를 기만하기 위해 계략을 꾸미고 있다. 그들의 요구대로 칼레와 다른 땅들을 돌려주면 그들은 모든 해상 변경 지대의 주인이 될 것이고, 우리는 우리가 정복한 땅을 모두 상실할 것이다. 그러므로 나는 살아 있는 한 결코 화평에 동의하지 않을 것이다." 애런들도 마찬가지로 자신의 견해를 바꾸지 않겠다고 천명했다.

그러나 리처드는 의지가 확고했고, 기옌이 열쇠라고 보았다. 이제 곤트의 존은 카스티야에 대한 희망을 버린 상태였지만 여전히 왕위를 원했다. 프랑스와 잉글랜드 사이에 화평을 이루는 한 가지 길은 기옌 공국을 잉글랜드 왕위에서 분리하여 곤트와 그의 승계자들한테 물려주는 것이었다. 심지어 곤트가 떠나면 글로스터도 "잉글랜드에서 운신하기 편할 것"이므로 그 역시 곤트를 계속 해외에 붙잡아두기 위해서라도 이런 방안을 지지했다—적어도 프루아사르가 받은 인상은 그랬다. 1390년 리처드는 곤트를 종신 기옌 공작에 봉했고, 1394년에는 그에게 공작 작위 계승권도 주었다. 그러나 기옌 사람들은 흑태자에 대한 안 좋은 기억이 있었고, 나중에 곤트의 후계자들이 발루아가와 결혼함으로써 공국이 프랑스에 흡수될까봐 우려했다. 그들은 반란을 일으켰고, 곤트는 그들을 굴복시킬 수 없었다. 1398년 잉글랜드와 프랑스는 마지못해 28년간의 휴전에 합의했다.

1396년 리처드는 17만 파운드의 지참금을 받고 샤를 6세의 아홉 살짜리 딸 이사벨과의 혼사를 밀어붙였다. 앞선 시대의 금란장Field of the Cloth of Gold*이라 할 칼레 인근에서 거행된 결혼식에서 그는 샤를과의 만남에 깊이 감동을 받은 모양인지 아비뇽에 복종하고 로마의 우르바누스 교황 퇴위에 노력하도록 잉글랜드 교회

---

* 1520년 잉글랜드 국왕 헨리 8세와 프랑스 국왕 프랑수아 1세 간의 회담이 열린 곳. 양국의 고관대작들이 참석한 가운데 금실로 짠 비단 천막을 치는 등 화려함의 극치를 보여줘서 금란장이라 한다.

를 설득하겠노라고 약속하는 끔찍한 실수를 저지르고 말았다. 이 약속이 리처드의 백성들에게 야기한 충격과 공포를 역사가들은 분명 과소평가했을 것이다. 일부 잉글랜드 성직자들은 "우리 국왕은 프랑스인이 되었다. 그는 우리를 오욕에 빠뜨리고 파멸시키려고 작정했지만 절대 그렇게는 안 될 것이다!"라고 중얼거렸다. 평범한 런던 시민들은 리처드가 "프랑스인의 심장을 가졌다"고 불만을 표했다.

프루아사르는 글로스터를 싫어한 게 분명하지만 그가 인기가 굉장히 많다는 것을 부인하지는 않았다. "마음이 결코 프랑스인들에게 기울지 않은" 아무도 못 말리는 공작은 개인적으로 프랑스와의 전쟁을 계속해나갔다. 대부분 프랑스 병사들로 구성된 십자군이 니코폴리스에서 투르크인들에게 학살당했다는 소식이 1396년 잉글랜드에 전해지자 글로스터는 "저 으스대는 프랑스인"은 그래도 싸다며 크게 기뻐했다. 그는 자신이 국왕이라면 최상의 병사들을 그렇게 많이 잃은 프랑스를 즉시 공격할 것이라고 덧붙였다. 많은 잉글랜드인들이 공작과 같은 생각을 했다. 그들은 반세기가 넘게 프랑스와 싸웠다. 거의 매년 여름에 열성적인 젊은 병사들을 가득 실은 배들이 샌드위치에서 칼레로, 사우샘프턴에서 보르도로 출항했었다. 여전히 전쟁은 귀족계급에게 이상적인 직업 활동이었다. 잉글랜드 귀족들은 그들의 후손들이 훗날 대사 자리나 내각 입각을 생각하듯 프랑스에서의 지휘권을 생각했다. 더욱이 글로스터부터 가장 비천한 평민에 이르기까지 모든 계급의 남자들은 프랑스에서의 복무를 잠재적 수입원으로 간주했다. 전쟁이 잉글랜드

군주정에는 감당하기 힘든 전비를 치르게 했지만 잉글랜드 백성들한테는 막대한 돈을 벌어다주었고, 그들 중 다수에게 화평은 실업 그 이상을 의미했다. 요즘 식으로 표현하면, 전쟁을 계속해나가길 거부하는 것은 정부가 축구 도박이나 경마를 폐지하기로 하는 거나 다름없었다.

1397년 리처드 2세는 마침내 주전파 지도자들을 파멸시켰다. 6월 글로스터 공작은 웨스트민스터에서 열린 한 연회에서 국왕에게 빌미를 주고 말았다. 브르타뉴에 막 매각된 브레스트의 수비대원들 일부가 연회에 참석했는데, 공작은 조카에게 앞으로 그들이 무엇을 하며 먹고살 수 있을지 물으면서 그들이 급여를 제대로 받지 못했다고 덧붙였다. 국왕은 자신의 돈으로 그들이 런던 근처의 쾌적한 마을 네 곳에 살고 있으며, 밀린 급여도 틀림없이 받게 될 것이라고 대답했다. 글로스터는 폭발했다. "전하, 전하는 선조들이 정복했던 도시의 포기를 고려하기 전에 먼저 생명의 위험을 무릅쓰고 적들한테서 도시를 빼앗아봐야 합니다." 리처드는 격노했고, 공작도 자신이 너무 나갔음을 깨달았다. 8월, 글로스터와 애런들, 그들의 친구들은 서식스에 있는 애런들성에서 은밀히 회합을 갖고, 권력을 찬탈하고 국왕을 유폐시킬 방법을 논의했다. 하지만 그들의 계획은 곧 탄로가 났고, 그들은 체포되었다. 애런들은 참수되었고, 글로스터 공작 토머스는 "누구보다도 비천하고 순종적으로" 자비를 간청했지만, 칼레의 감옥 깃털 이불 속에서 질식당해 죽었다(하지만 프루아사르는 그가 수건으로 목이 졸려 죽었다고 전해 들었다).

리처드 2세와 글로스터 공작. 공작은 프랑스와의 화평에 반대하고 국왕을 유폐시킬 음모를 꾸몄다. 1397년 국왕은 공작이 자비를 구했지만 칼레의 감옥에서 질식당해 죽게 했다. 험프리스, 『프루아사르의 삽화들』.

이제 리처드는 왕국의 기존 법과 관습을 대놓고 무시하는 정신 나간 폭군이 되어 있었다. "국왕은 잉글랜드에서 제멋대로 행동했고, 아무도 감히 그에게 맞서 발언하지 못했다." 그는 셰익스피어가 묘사한 것보다 더 비극적인 인물, 즉 자신의 왕국을 잃었을 뿐 아니라 그것을 더 완벽하게 소유하길 원해서 결국 잃어버린 인물이었다. 결국 그는 도를 넘고 말았다. 곤트의 아들이자 후계자인 볼링브루크의 헨리를 국외로 추방하고, 1398년에 곤트가 죽자 볼링브루크를 아예 평생토록 유배시키고 그의 영지를 모조리 몰수한 것이다. 이 일과, 그가 싫어하는 사람은 누구든 사면을 받기 위해 엄청난 돈을 내도록 만든 조치와 같은 공공연한 여타 부당한 처사에 잉글랜드의 대귀족들은 격분했다. 1399년 리처드가 아일랜드로 떠나 있는 동안 볼링브루크는 잉글랜드로 돌아왔고, 많은 지지를 받아 국왕을 폐위시킬 수 있었다. 현대의 한 전기 작가의 주장에 따르면 "중언부언하는 신경증 환자"가 된 국왕은 "완전한 우울증 상태로 급속히 빠져들었다". 볼링브루크는 헨리 4세로 즉위해 랭커스터 왕조를 열었다. 리처드는 몇 달 뒤 사망했는데, 스스로 곡기를 끊은 것으로 보인다. "어떤 이들은 그를 불쌍히 여겼고, 어떤 이들은 불쌍히 여기는 대신 진즉에 죽어 마땅했다고 말했다"고 프루아사르는 전한다. 하지만 그의 결점이 무엇이었든 그는 진심으로 프랑스와 화평을 맺으려고 시도했고, 그의 실패는 전쟁의 재개를 의미했다.

6장

잉글랜드의 기회
1399~1413년

부르고뉴 공작은… 심히 부끄러워하며 말했다.
"사라져라, 괴로움이여! 이게 무슨 소란인가?
[프랑스의—지은이] 국왕은 제정신이 아니니, 신이시여 그를 도우소서.
도망쳐라, 조카여, 도망쳐라. 국왕이 너를 죽일 것이니."
_프루아사르

노르망디는 여전히 프랑스일 것이며,
프랑스 귀족들의 피가 흐르는 일도 없었을 것이며,
왕국의 귀족들이 유배에 처해지지도 않았을 것이고,
국왕이 진실하고 충성스러운 친구를 그토록 많이 잃은 그곳 아쟁쿠르에서
그날 그렇게나 많은 훌륭한 자들이 죽지도 않았을 것이다.
이 저주받을 이름 아르마냐크의 거만한 자부심만 없었다면.
_파리 부르주아

"정신이 너무 이상해져버려 어떤 약도 소용없었던" 샤를 6세(1380~1422년 재위). 그의 재위 기간 동안 프랑스는 심각한 내전 상태에 빠져들며 잉글랜드에 열세를 면치 못했다.

영국해협 너머에서 벌어지던 일들도 잉글랜드와 프랑스 간의 항구적 평화를 저해하는 쪽으로 돌아가고 있었다. 발루아 왕족들 사이에서 심화되던 경쟁 관계는 끝내 나라를 프랑스판 장미전쟁으로 몰아넣으며, 그 결과 프랑스는 외침에 자신을 방어할 수 없게 된다. 그것은 잉글랜드에게 최대의 기회를 제공했다.

1392년 샤를 6세는 말을 타고 숲속을 달리다 수행원 네 명을 죽이고 심지어 자기 조카도 죽이려 하는 등 완전히 미쳐버렸다. 나중에 그는 늑대처럼 울부짖으며 왕궁의 회랑을 뛰어다니기도 했다. 그의 공포증 가운데 하나는 자신이 유리로 만들어졌다고 생각해서 누구든 자기 가까이에 오는 자는 자기를 부수려고 한다고 의심하는 것이었다. 그는 광증에서 회복되었으나 오래가지는 못했고, 정신이 말짱한 시기와 갈수록 길어지는 광증의 발작 시기가 번

갈아 나타났다. 프루아사르는 "정신이 너무 이상해져버려 어떤 약
도 소용없었다"고 설명한다(광증의 원인은 최근에 제시된 바 있는 포
르피린증 탓이었을지도 모르는데, 이 유전병은 훗날 조지 3세의 광기의
원인이 된다).

　국왕이 미쳐 있을 때 프랑스는 부르고뉴 공작의 통치를 받았는
데, 부르고뉴는 해마다 프랑스 왕실 세입의 1/8~1/6을 자신의 금
고로 돌렸다. 샤를이 정신이 말짱할 때는 오를레앙 공 루이가 권
력을 쥐었는데, 국왕의 동생인 그도 삼촌인 필리프 못지않게 남의
고혈을 빠는 자였다. 루이는 프랑스의 자원을 이용하여 이탈리아
에서 자신의 야망을 실현하기를 바랐다. 그는 잔 갈레아초 비스콘
티의 딸이자 상속녀인 아내 발렌티나("이 세상의 쾌락과 높은 지위를
선망하고 탐내는, 도도한 마음의 귀부인")를 통해 밀라노 공국에 대한
권리를 가지고 있었다. 그는 가혹한 세금을 새로 부과했고, 마법을
부린다는 의혹을 받는 등 부르고뉴보다 더 큰 미움을 샀다. 프랑스
인들은 두 파로 나뉘었다. 이 분란이 앞으로 30년간 지속되어 잉글
랜드인들이 프랑스를 좌지우지하게 만든 끔찍한 내전의 시작이라
는 것을 깨달은 사람은 거의 없었을 것이다. 싸움은 거의 20년 동
안 겉으로 불거지지 않았다.

　프랑스인들은 리처드 국왕의 폐위 소식을 듣고 깜짝 놀랐다.
헨리 4세가 잉글랜드에서 어느 정도 지지받은 것은 그가 리처드
의 화평 정책을 반대했기 때문이다. 하지만 잉글랜드 국왕은 신속
히 위원단을 파견해 휴전이 계속 유효함을 프랑스에 확인해주었
고, 샤를 6세의 정부도 여기에 동의했다. 이렇게 해서 시간을 번 헨

리는 어린 이사벨 왕비를 고국으로 돌려보내길 거부했다. 그녀는 1400년 7월에야 가족에게 되돌아갈 수 있었는데, 그녀의 보석이나 지참금은 돌려받지 못했다. 헨리는 장 국왕의 몸값이 완전히 지급되지 않았기 때문에 보석과 지참금은 돌려줄 수 없다고 했다.

사실 헨리는 심하게 쪼들리는 상태였다. 리처드 2세의 치세 동안에는 수출 양모에 매긴 관세에서 나오는 연간 평균 세입이 4만 6,000파운드였는데, 1403년이 되자 2만 6,000파운드로 감소했다. 나중에 세입은 다시 증가하지만 평균 3만 6,000파운드에 그쳤다. 칼레 유지비는 연간 1만 7,000파운드가 들었고, 헨리는 그곳의 수비대에게 급여를 지급하지 못했다. 결국 병사들이 반란을 일으켰고, 그는 부유한 상인들한테 돈을 빌려 병사들의 불만을 무마했다. 그뿐 아니라 국왕은 대귀족들의 반란과 웨일스에서 발생한 전면적인 민족 봉기 때문에도 골치를 앓고 있었다. 따라서 헨리 4세는 프랑스에서 전역을 개시할 처지가 아니었다. 하지만 사람들은 모두 국왕이 언젠가는 프랑스에서 군사작전을 펴고 싶어한다는 것을 알고 있었다.

오를레앙 공 루이는 기옌을 정복할 때가 무르익었다고 생각했다. 1402년 그는 기옌 공작 작위를 샤를 6세의 어린 아들에게 하사했다. 헨리 4세가 이미 그 칭호를 웨일스 왕자에게 하사했으므로 그의 행동은 잉글랜드에 대한 중대한 도발이 아닐 수 없었다. 1404년 프랑스 자문회의의 승인을 받아 오를레앙은 기옌 공국에 조직적인 군사작전을 개시했고, 여러 성채를 접수했다. 헨리는 자신이 직접 가서 기옌을 지원하는 방안도 고려했지만, 결국엔 버클리 경에게 소규모 병력을 딸려 파견하는 것밖에 할 수 없었다. 1405년 총사령관 샤를 달브레가 북동부 국경 지대를 점령하고, 클레르몽 백작이 도르도뉴강 너머를 공격하고, 아르마냐크 백작이 가론강 남쪽에서 진군하여 보르도를 위협하면서 상황은 악화되었다. 1406년 공국의 수도인 보르도의 시장 토머스 스윈번 경은 적군이 보르도의 외곽이나 다름없는 프롱삭, 리부른, 생테밀리옹에 도달하자(그리고 포도밭에 중대한 피해를 야기하자) 포위전에 대비했다. 보르도 대주교는 헨리에게 "우리는 지금 이곳을 잃을 위기에 처해 있습니다"라고 절박하게 편지를 써 보냈고, 나중에 보낸 편지에서는 자신들을 저버렸다며 국왕을 책망했다. 1406년 12월 보르도 사람들은 지롱드강 전투에서 프랑스군을 무찌르며 겨우 공격을 격퇴했다. 기엔의 다른 도시들도 랭커스터 왕가에 계속 충성했다. 심지어 프랑스군에 점령되었을 때도 베르주라크 시는 잉글랜드인들에게 보호를 호소했다. 1407년 오를레앙 공작이 블라예(보르도 앞에 있는 지롱드강의 마지막 요새)를 손에 넣는 데 실패하자 질병과 계속되는 비로 이미 사기가 떨어질 대로 떨어진 그와 그의 병사들은 낙심하여 퇴각했다. 평화를 되찾은 기엔은 세력을 완전히 회복했다.

프랑스의 공세가 기엔에만 국한된 것은 아니었다. 사략선들이 영국해협에 출몰했고, 1404년에는 생폴 백작이 리처드 2세의 왕비 이름으로 조공을 요구하며 와이트섬을 습격했으나 별다른 성공을 거두지 못했다. 다트머스에 대한 공격도 성공적이지 못했고, 칼레를 탈환하려는 시도는 처참한 실패로 끝났다. 1404년 7월 샤를 6세는 자신이 웨일스 왕자로 인정한 오와인 글린두르와 동맹

로버트 스윈번 경과 그의 아들 토머스 경(1412년경). 두 사람은 모두 보르도의 시장이었다. 토머스는 프롱삭의 대장이었으며, 1406~1407년 오를레앙 공작의 기옌 침공을 격퇴하는 데 중요한 역할을 했다. 에식스주 리틀호크슬리의 동판 이미지. 빅토리아 앨버트 박물관.

을 체결했다. 그러나 1,000명의 중기병과 500명의 궁수로 구성된 프랑스 원정군은 나쁜 날씨 때문에 항해를 할 수 없었다. 이듬해 마침내 밀퍼드 헤이븐에 상륙한 병력은 그 수가 너무 적어 웨일스 인들에게 그다지 도움이 되지 못했다. 어쨌든 오와인의 봉기는 이미 희망이 없는 상황이었다. 게다가 1407년 프랑스에서 극적인 사태가 전개되면서 프랑스 왕가는 잉글랜드는 고사하고 웨일스 일에 더 이상 개입할 수 없게 되었다.

1400년의 프랑스 왕국은 서유럽에서 다시금 가장 강력한 세력인 것처럼 보였다. 1396년 투르크의 맹공에 맞서 헝가리를 원조하기 위해 니코폴리스 십자군 운동을 개시한 이들이 바로 프랑스인들이었고, 비록 십자군이 끔찍한 패배를 맛보긴 했어도 그런 작전을 할 수 있다는 것 자체가 대단한 위업이었다. 더 나아가 프랑스는 여전히 아비뇽에 자신들의 교황을 두고 있었다. 그리고 브르타뉴를 다스려 고분고분하게 만들고, 플랑드르를 흡수했으며, 저지대 지방을 지배했다. 또 제노바에 대한 종주권을 획득했으며, 이제는 밀라노를 손에 넣을 수도 있는 야심찬 이탈리아 정책에 몰두하고 있었다.

하지만 프랑스의 이러한 표면적인 강력함은 실재라기보다는 프랑스 궁정과 프랑스 왕족들의 화려한 위용에 기인한 것으로, 실속 없는 허울에 불과했다. 왕국이 거대한 아파나주apanages*로 나뉘어 있었기 때문이다. 잉글랜드와 달리 프랑스의 공작령과 백작

---

* 왕위를 계승하지 못하는 왕자나 형제들에게 하사되는 작위와 영토.

령들은 영토적 실체로, 때로는 여러 도瞷 전부가 작위와 함께 상속되면서 반擧독립적인 제후령을 이루었다(잉글랜드에서 그나마 이와 비견될 만한 사례는 랭커스터 공작령이었다). 아파나주를 보유한 발루아 왕가의 탐욕스러운 왕족들은 인근의 시골이 여전히 루티에들에게 유린당하고 있을지라도 대개 자신들의 아름다운 성에서 반쯤 국왕처럼 화려하게 사는 데 만족했다. 그러나 예외적인 두 명이 있었으니, 부르고뉴 공작과 오를레앙 공작이었다.

1404년 4월 부르고뉴의 대담공 필리프가 사망하자 그의 아들 용맹공 장John the Fearless이 뒤를 이었다. 그는 니코폴리스 십자군 원정 동안 보여준 용감무쌍한 행위로 이런 별명을 얻었다. 작고 무뚝뚝한 그는 엄하고 정력적이고 매력 없는 사람으로, 당대의 유명한 초상화로 판단하건대 지나치게 긴 코와 툭 튀어나온 턱, 비뚤어진 입술 등 대단히 못생긴 사람이었다. 페루아의 견해로는 아버지보다 훨씬 야심찬 인물로 "냉혹하고, 냉소적이고, 교활하며, 고압적이고, 음울하고, 흥을 깨는" 사람이었다. 비록 추문을 일으킬지라도 세련되고 우아한 사촌 오를레앙과 이렇게 딴판인 사람도 없었을 것이다.

두 공작은 모두 프랑스를 지배하려고 단단히 작심했다. 그들은 거의 모든 중요 정책마다 대립했다. 부르고뉴의 장이 플랑드르 신민들의 비위를 맞추기 위해 로마 교황을 지지한 반면 오를레앙의 루이는 아비뇽 교황을 떠받들었다. 장이 플랑드르 무역에 끼칠 위험 때문에 잉글랜드와의 전쟁을 반대한 반면 루이는 잉글랜드를 상대로 흥분했다. 두 공작 간의 시끄러운 언쟁과 맞비난으로 국왕

자문회의는 엉망진창이 되었고, 두 정파로 나뉜 그들의 추종자들은 거리에서 난투극을 벌였다. 오를레앙파가 반대 세력을 억누르겠다는 루이의 의도를 드러내는 나무 몽둥이 휘장을 달았을 때, 장은 부르고뉴인들에게 그 몽둥이를 깎아낼 목수의 대패를 새긴 휘장을 과시하게 했다. 1407년 11월 20일 장 공작과 루이 공작은 화해의 표시로 함께 성체를 배령했다. 그러나 고작 사흘 뒤, 칠흑같이 어두운 수요일 밤 오를레앙의 루이는 왕비를 방문하고 비에유 뒤탕플가街를 걷다가 매복해 있던 자들에게 습격당했다. 그의 손이 잘리고(악마를 불러내는 것을 막기 위해) 뇌수가 길가에 흩뿌려졌다. 부르고뉴 공은 사촌의 장례식에서 눈물을 흘렸으나—"이렇게 간악한 살인도 없다"고 고통스럽게 내뱉었다—이틀 뒤에 암살자들의 정체가 발각될 위기에 처하자 한 삼촌에게 "제가 그랬습니다. 악마가 저를 유혹했습니다"라고 불쑥 털어놨다. 그는 파리에서 빠져나와 있는 힘을 다해 플랑드르로 도망쳤다.

프랑스, 특히 파리는 무장한 두 진영으로 나뉘었다. 부르고뉴 파와 아르마냐크파였다. 아르마냐크파는 지도자인 아르마냐크 백작 베르나르Bernard, Count of Armagnac의 이름을 땄는데, 루이의 아들인 오를레앙의 샤를Charles of Orleans과 아르마냐크 백작의 딸이 결혼한 사이였다. 기득권층이라고 할 수 있는 아르마냐크파는 왕가의 대신료들과 소수의 부유한 부르주아, 장의 영토 바깥의 대다수 귀족들과 다른 왕족들의 지지를 받았다. 그에 반해 부르고뉴파는 파리의 부르주아와 학계의 지지를 받았다. 1408년 장은 사촌 암살을 정당화하기 위해—그가 폭군이었다는 것을 근거로—소르본

대학의 신학자를 기용했고, 파리로 돌아와 국왕의 사면을 얻어냈다. 그다음 그는 루이가 부과했던 높은 세금을 줄이겠다고 약속함으로써 자신을 개혁의 기수로 내세우고, 왕실 재정을 관리하던 재상의 처형을 이끌어냈다. 1411년이 되자 부르고뉴 공은 행정부를 숙청하고 적재적소에, 특히 중요한 푸주한 길드에 선물 공세를 펼침으로써 파리를 장악했다. 아르마냐크파는 군대를 모았고, 베리 공작(샤를 5세의 유일한 생존 형제)과 함께 수도를 봉쇄했다.

부르고뉴의 장은 헨리 4세에게 눈길을 돌려, 자신에게 병력을 지원하면 잉글랜드 왕세자와 자신의 딸을 결혼시키고, 잉글랜드가 (슬라위스를 비롯한) 플랑드르의 네 도시와 노르망디를 정복하는 데 원조하겠다고 제안했다. 1411년 10월 800명의 잉글랜드 중기병과 2,000명의 궁수가 애런들 백작의 지휘 아래 칼레를 나와 진군했다. 헨리는 자신이 직접 군사를 이끌 생각이었지만 고질적인 병 때문에 이번에도 좌절했다. 곧 잉글랜드 원정군은 묄랑에서 장과 3,000명의 파리 민병대에 합류했다. 합동군은 생클루에서 아르마냐크의 거점을 강습하여 봉쇄를 무너뜨렸다. 그러고 나서 애런들과 부하들은 집으로 돌아갔다.

노쇠한 베리가 이끄는 아르마냐크파도 곧 그들대로 잉글랜드에 원조를 요청했다. 1412년 5월, 그들은 석 달 동안 1,000명의 중기병과 3,000명의 궁수를 쓰는 대가로 잉글랜드에 1369년의 경계를 기준으로 아키텐 전 지역을 궁극적으로 할양하는 동시에 기옌 국경 지대의 요새 스무 곳을 즉시 넘겨주겠다고 제의했다. 8월, 헨리의 둘째아들 클래런스 공작이 코탕탱에 상륙하여 블루아를 향해 진군했다. 그는 이곳에서 부르고뉴 병사들이 베리의 영토를 침공하여 이미 아르마냑파한테서 항복을 이끌어냈으며, 부르고뉴를 포함한 모든 프랑스 왕족들이 잉글랜드의 군사적 원조를 일체 거절하고 있다는 소식을 들었다. 하지만 클래런스의 토머스는 이에 아랑곳 않고 루아르강을 건너 야생 습지대인 솔로뉴를 통과한 뒤 앵드르 계곡을 따라 이동했다. 결국 프랑스 왕족들은 금화 21만 크라운(3만 4,000파운드)을 주겠다고 약속하여 잉글랜드인들을 매수했고, 약속한 금액 중 7만 5,000크라운은 잔액의 보증인이 될 일곱 명의 중요 인질과 함께 즉시 건네기로 했다. 또한 잉글랜드 지휘관들은 개별적으로도 현금을 받았다. 클래런스는 12만 크라운을 요구해 4만 크라운과 1만 5,000크라운 상당의 황금 십자가(예수의 옆구리 상처를 표현한 루비와 발과 손에 박힌 못을 표현한 다이아몬드 세 개로 장식한)를 받았다. 클래런스의 당숙인 요크 공작은 4만 크라운을 요구해서 5,000크라운과 다마스쿠스에서 제작된 4만 크라운짜리 황금 십자가를 받았다. 또 헨리 국왕의 매부인 존 콘월 경은 금화 2만 1,375크라운을 전액 지급받았다(베드퍼드서 앰프실에 있는 존 경의 새 저택은 틀림없이 이 돈으로 지었을 것이다. 릴런드는 "(새 저택이) 그가 프랑스에서 얻어왔다는 전리품으로 지어졌다"고 기록했다). 잉글랜드 귀족계급의 탐욕을 부채질하고 그들의 아버지와 할아버지들이 프랑스인들한테 뜯어낸 저 엄청난 금액들을 떠올리게 하는데 이보다 더 나은 것은 없었을 것이다. 클래런스와 그의 군대는 겨울을 보내기 위해 보르도로 가는 길에 자신들에게 익숙한 옛 방식대로 불을 지르고 살육을 저질렀다.

랭커스터가와 보포트가의 가계도

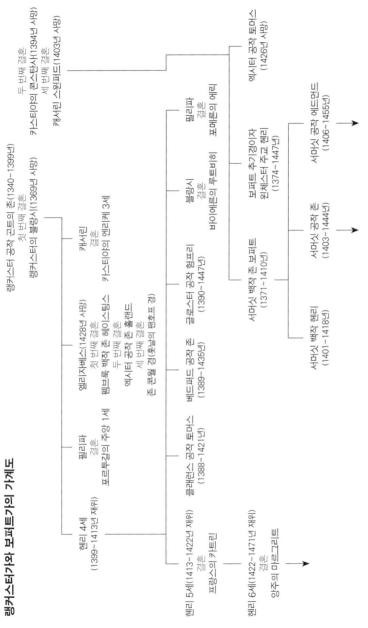

랭커스터 공작 곤트의 존(1340~1399년)

랭커스터의 블랑시(1369년 사망)
첫 번째 결혼

카스티야의 콘스탄사(1394년 사망)
두 번째 결혼

캐서린 스윈퍼드(1403년 사망)
세 번째 결혼

헨리 4세
(1399~1413년 재위)

필리파
결혼
포르투갈의 주앙 1세

엘리자베스(1428년 사망)
첫 번째 결혼 펨브룩 백작 존 헤이스팅스
두 번째 결혼 엑시터 공작 존 홀런드
세 번째 결혼 존 콘월 경(훗날의 팬호프 경)

캐서린
결혼
카스티야의 엔리케 3세

필리파
결혼
포르투갈의 에릭

엑시터 공작 토머스
(1426년 사망)

헨리 5세(1413~1422년 재위)
결혼
프랑스의 카트린

클래런스 공작 토머스
(1388~1421년)

베드퍼드 공작 존
(1389~1435년)

글로스터 공작 험프리
(1390~1447년)

서머싯 백작 존 보퍼트
(1371~1410년)

블랑시
결혼
바이에른의 루트비히

보퍼트 추기경이자
원체스터 주교 헨리
(1374~1447년)

헨리 6세(1422~1471년 재위)
결혼
앙주의 마르그리트

서머싯 백작 헨리
(1401~1418년)

서머싯 공작 존
(1403~1444년)

서머싯 공작 에드먼드
(1406~1455년)

한편 프랑스 북부에서는 칼레 수비대가 클래런스의 슈보시를 기회 삼아 발링험을 공격해 손에 넣었다. 잉글랜드는 발링험 점령을 통해 칼레 경계 지역 안에 새로운 요새를 얻었고, 잉글랜드의 그 소중한 보루를 방어하는 거점들의 고리에 또 하나를 추가했다.

이제 부르고뉴의 장조차 잉글랜드의 전면적인 침공 가능성에 불안해했다. 그는 방어 비용을 대기 위한 새로운 과세를 허용해달라며 파리에 삼부회를 소집했다. 하지만 삼부회가 그의 정권을 비판하자 장은 카보슈^{Caboche}가 우두머리인 파리 푸주한들을 동원해 보복했다. 이들의 공포정치는 여러 주 동안 지속되며 아르마냐크파뿐만 아니라 부자들도 겨냥했다. 그들의 난폭 행위가 워낙 흉악하여 많은 부르조아들이 장 공작에게 등을 돌렸고, 도팽과 왕족들에게 자신들을 구하러 와달라고 요청했다. 1413년 8월, 부르고뉴의 용맹공 장은 샤를 6세를 납치하려던 시도가 수포로 돌아가자 파리를 아르마냐크파와 베르나르 백작의 잔혹한 가스코뉴인들에게 넘기고 고향으로 돌아가 몇 년 동안 자신의 반^半왕국에서 지냈다. 이미 프랑스가 그와 아르마냐크파에 의해 망가진 뒤였다. 한편 1413년 3월 20일, 헨리 4세는 웨스트민스터 사원의 예루살렘 체임버에서 마지막 숨을 토해냈고, 잉글랜드에는 새로운 국왕이 즉위했다. 바로 헨리 5세였다.

7장

헨리 5세와 아쟁쿠르 전투
1413~1422년

흥분한 병사들이—거칠고 가혹한 마음으로—
피비린 손을 마음껏 휘두르며 난입하여
지옥 같은 마구잡이 양심으로 풀처럼 베리라,
너희의 싱싱하고 어여쁜 처녀와 꽃피는 아기들을.
그때 그게 내게 무슨 상관이란 말인가?
불경한 전쟁이—악귀들의 왕자처럼 화염에 휩싸인 채—
그 더럽혀진 얼굴로 폐허와 쑥대밭과 상관있는
온갖 더러운 행위를 한다 한들.
_『헨리 5세』

우리 국왕께서는 노르망디로 가셨다네,
은총을 누리는 막강한 기사단과 함께.
신께서 그에게 놀라운 기적을 베푸셨으니
잉글랜드는 소리 높여 외쳐라
데오 그라치아스,
데오 그라치아스 앵글리아 레데 프로 빅토리아
(감사드린다네, 잉글랜드는 승리를 신께 감사드린다네).
_아쟁쿠르 캐럴

'역사에 만약은 없다'지만 그가 만약 서른다섯 살의 나이로 사망하지 않았다면? 백년 전쟁의 가장 영웅적인 국왕으로 평가되는 헨리 5세(1413~1422년 재위)의 재위 기간 동안 잉글랜드는 프랑스를 거의 정복할 뻔했다.

국가적 전설에서 헨리 5세는 잉글랜드 국왕들 가운데 가장 영웅적인 인물로 남아 있다. 그는 아쟁쿠르에서 프랑스 기사계급을 쳐부수고 자신의 아들이 프랑스의 왕좌를 상속받게 한 영광스러운 정복자이다. 그럼에도 그는 현저하게 비영웅적인 자질들을 과시했으며, 일종의 신사적이고 중세적인 방식으로 나폴레옹이나 심지어 히틀러와도 적잖은 공통점이 있었다.

1413년 3월 헨리 4세의 아들이자 곤트의 존의 손자인 몬머스의 헨리Henry of Monmouth가 즉위했을 때 그의 나이 스물다섯 살이었다. 비록 그의 탕아 시절에 관해 셰익스피어가 묘사한 내용 가운데 일부는 근거가 있어 보이지만, 젊은 국왕은 이미 국정 운영 경험이 있었다. 그는 상당한 피를 흘린 끝에 웨일스 반란을 진압했고, 아버지가 병환에 시달릴 때 국왕 자문회의 의장으로 활동했다. 키가 크고 건장한 그는 갑옷을 마치 가벼운 외투처럼 걸쳤다. 바가지 모양으로 짧게 자른—당대 군인들의 머리 모양—갈색 머리 아래 길쭉하고 발그레한 얼굴에서는 갈색 눈과 긴 코가 두드러졌다. 태도는 쌀쌀했지만 정중했다. 그에게는 정부情婦가 없었다. 적어도 그가 국왕이었을 때는 말이다. 실제로 1415년 봄 윈체스터에서 그를 본 한 프랑스인은 그가 군인이라기보다는 성직자에 더 가까워 보인다고 생각했고, 분명히 그에게는 성직자 같은 면이 있었다. 그는 책을 좋아했고, 종종 자신이 직접 편지를 썼으며, 성가聖歌의 후원자였고, 신학과 교회의 성무에 열렬한 관심을 보였다. 더 나아가 즉위 이전에는 이단 탄압에 적극적인 역할을 했다. 한 롤라드파 대장장이를 통에 넣어 화형시키는 일을 몸소 주관한 적도 있었다. 롤라드파 신도가 비명을 지르기 시작하자 헨리는 그를 끄집어내게 한 다음 이단적 견해를 철회한다면 연금을 주겠다고 제의했다—남자(그는 성변화聖變化를 부인했다)는 제의를 거절했고, 곧장 통 안으로 다시 집어넣어졌다.

무자비한 권위와 차가운 잔인함이 이 검약하고 청교도적인 플랜태저넷의 두드러진 성격이었지만, 그는 오늘날 카리스마라고 부르는 것을 갖고 있는 동시에 사람들한테서 진정한 헌신의 감정을 불러일으켰다. 셰익스피어는 그에게서 위엄과 과하다고 할 수 있는 권력욕을 알아챘다. 빅토리아 시대의 한 역사가는 헨리를 "엄하고, 군림하려 들고, 과도한 야심에, 편협하고, 독실한 체하며, 깐깐하다"고 요약하지만 "전체적으로 봤을 때 이론의 여지 없이 당대의 가장 위대한 잉글랜드인이었다"고 덧붙인다. 그러나 그에게는 잉글랜드인답지 않은 뭔가가 있었다. 한 현대 역사가(E. F. 제이컵)는 헨리 5세한테서 이탈리아풍 기질, 즉 얼마간 에스테나 곤차가 같은 면모를 보았고, 페루아는 그가 "이탈리아 폭군들의 시대에 속한다"고 간주한다.

헨리의 한결같은 무자비함은 내적 긴장을 암시한다. 어쩌면 그것은 왕위에 대한 자신의 권리가 얼마나 문제의 소지가 많은지를 내키진 않지만 혹은 무의식적으로 인식한 데서 기인했을 수도 있다. 그는 에드워드 3세의 셋째아들 후손이었지만, 마치 백작Earls of March 가문은 모계를 통해 에드워드 3세의 둘째아들 피를 물려받았다. 실제로 리처드 2세는 한 마치 백작을 자신의 후계자로 선포하기도 했고, 마치 가문 상속녀의 혈통은 훗날 요크 가문이 왕위를 주장하는 근거가 된다. 잉글랜드의 모든 사람들은 플랜태저넷가가 프랑스 왕위에 대해 주장하는 자격이 모계를 통해 비롯된다는 것을 알고 있었다. 비록 헨리는 현現 마치 백작을 감옥에서 풀어주고 리처드 국왕을 웨스트민스터의 웅장한 묘에 다시 안치할 만큼 자신감이 넘쳤지만, 의심과 불안이라는 요소는 신은 자신의 편이라는 광신적인 확신과 이따금 보이던 자신의 권리—그 가운데 가장 비논리적인 권리인 프랑스 왕위에 대한 권리까지 포함해—에 대한 히스테리에 가까운 고집을 야기했을지도 모른다.

어쨌거나 헨리 5세가 영국해협을 건너 발루아가를 공격하는 것은 피할 수 없는 일이었다. 헨리 4세의 좋지 않은 건강과 잇따라 터진 국내 문제는 그가 발루아가를 공격하는 것을 막았다. 그러나 이제 웨일스 반란은 분쇄되었고, 새 국왕은 자신이 잉글랜드 내부의 어떤 소란도 제압할 수 있을 거라 자신했다. 그는 존 올드캐슬 경이 이끌던 롤라드파의 한심한 음모가 진행되기도 전에 별다른 어려움 없이 이를 분쇄했다. 그는 스코틀랜드인들의 침공 가능성도 무시할 수 있었는데, 그곳의 젊은 지배자 제임스 1세가 본의 아니게 런던탑의 손님이 되었기 때문이다. 아마 헨리는 전쟁의 재개가 잉글랜드를 하나로 통일시킬 거라고 기대했을 것이다. 무엇보다도 프랑스는 아르마냐크파와 부르고뉴파라는 경쟁 분파로 갈가리 찢겨 계속 엉망진창이었다. 야심만만한 잉글랜드 국왕이라면 도저히 놓칠 수 없는 기회였다.

1413년이 되자 아르마냐크 백작과 총사령관 샤를 달브레가 이끄는 아르마냐크파는 수도를 포함해 프랑스 대부분의 지역을 장악했다. 부르고뉴의 장 공작이 의기소침해 자신의 영역에 박혀 있는 동안 프랑스 내 그의 지지자들은 핍박을 받고 살해되었다. 한 부르고뉴 군대가 1414년 초에 파리 탈환에 실패하자 아르마냐크파는 부르고뉴를 침공하여 공작을 폐위시키겠다고 공언했다. 양측 모두 헨리 국왕과 협상했다.

1414년 봄, 장 공작의 대리인들이 잉글랜드에 도착했다. 장은 자신이 아르마냐크파를 물리치면 헨리에게 아르마냐크파 지도자들의 가스코뉴 영토와 앙구무아를 주겠다고 약속하며 잉글랜드 병력 2,000명만을 원했다. 그러나 가을에 잉글랜드인들은 자신들이 브레티니조약에서 받았던 모든 영토뿐 아니라 베리 공작의 영토를 요구하며, 거기에 헨리를 프랑스 국왕으로 인정하라는 조건까지 덧붙여 공작을 경악시켰다.

한편 헨리는 자신의 신붓감으로 샤를 6세의 딸을 1,000만 크라운의 지참금과 함께 달라고 요구하며 아르마냐크파와도 협상 중이었다. 그의 사절단은 모계 혈통을 통한 프랑스 왕위 승계를 지지하는 논변을 거침없이 펼쳤다. 처음부터 잉글랜드 국왕은 브레티니조약 내용 이상을 요구했고, 만날 때마다 요구 조건을 더 늘렸다. 아르마냐크파는 셰익스피어가 주장한 대로 테니스공을 내놓기는커녕* 기꺼이 프랑스 공주를 내주려고 했고, 심지어 아키텐을 1369년 상태대로 회복시킬―그곳의 최종 주권은 제외하고―용의도 있었으며, 장 국왕의 몸값 잔액도 지불하려고 했다. 그러나 헨리는 아키텐의 주권과 노르망디 영토를 계속 고집했다. 아르마냐크파는 마지막으로 협상을 시도해봤지만, 결국 1414년 여름 중반 윈체스터에서 대법관 보퍼트 주교는 그들에게 아키텐과 노르망디뿐 아니라 앙주와 투렌, 푸아투, 멘, 퐁티외까지 주지 않으면 국왕이 직접 가서 칼을 들이대고 그 땅들을 찾아갈 것이라고 통고했다. 프랑스 사절단은 자신들이 전쟁 발발에 책임이 있다는 헨리의 주장에 격분했지만 어쩔 수 없이 고국으로 돌아갔다. 그들은 헨리가 지난해부터 줄곧 무장을 해왔다는 것을 잘 알고 있었다.

에드워드 3세의 경우처럼 재정이 헨리 5세의 가장 큰 문젯거리였다. 전임 국왕 치세 때 정상적인 왕실 세입이 에드워드 시대에 훨씬 못 미쳤다는 사실은 이미 살펴보았다. 헨리의 신민들이 그

---

*『헨리 5세』 1막 2장 250~260행에 나오는 내용으로, 헨리 5세의 권리 요구에 대해 프랑스 사절은 도팽이 주는 선물이라며 테니스공 세 개를 내어놓는다.

에게 기꺼이 돈을 빌려주기로 한 것만큼 전쟁에 대한 잉글랜드인들의 열성을 더 잘 입증해주는 것도 없다. 1414년 11월 보퍼트 주교의 호소에 응답해 의회는 국왕에게 가장 넉넉한 보조금을 주는 데 찬성했다. 하지만 그것만으로는 충분하지 않아 돈을 빌리기 위해 잉글랜드 곳곳에 국왕의 위원들이 파견되었고, 이 관행은 헨리 5세의 남은 치세 내내 지속된다. 고위 성직자들과 대수도원, 귀족과 젠트리, 도시 조합과 개별적인 자치시 시민들한테서도 무이자 융자를 받았다. 부유한 런던 상인 딕 휘팅턴은 최종적으로 무려 2,000파운드를 제공했다. 반면 일부 소상인들은 10페니 정도의 소액을 내놓았다. 에드워드 3세가 빌렸던 융자금과 달리 헨리 5세가 조달했던 융자금은 대부분 상환되었다.

헨리의 군대는 부대장들에게 특정한 수의 중기병과 궁수를 규정된 급여에 따라 고용하도록 위임한 고용 계약 시스템에 따라 모집되었다. 보통은 부대장이 병사들에게 선불로 첫 급여를 지급한 뒤 나중에 재무관에게 그 액수만큼 환급을 받았고, 재무관은 이후의 정기적 급여를 지불했다. 일반적으로 급여는 에드워드 시대와 같았다. 궁수의 장비는 1세기 동안 변함이 없었으나 중기병의 무구는 크레시와 푸아티에 전투 때 입던 것과 크게 달라졌다. 지난 50년 동안 기사를 궁수로부터 보호하기 위해 판금 갑옷이 사슬 갑옷을 점차 대체하고 있었다. 중기병은 말 위에서보다 땅에서 더 자주 싸우기 때문에 판금 갑옷은 여전히 놀라울 만큼 유연했다. 그래도 굉장히 무겁다는 것은 부정할 수 없는 사실로, 최대 30킬로그램까지 나갔다. 잉글랜드 귀족들은 이러한 정교한 갑옷을 대개 밀라노나 뉘른베르크에서 수입해왔다. 갑옷으로 무장한 기사들은 베거나 찌르는 무기보다는 때려 부수는 무기들—철퇴, 전투용 망치, 전부—을 들고 싸웠다. 그런 무기를 휘두르려면 양손을 써야 했기 때문에 그들은 더 이상 방패를 들지 않았다.

헨리는 모두 합해 약 8,000명의 궁수와 2,000명의 중기병으로 구성된 군대를 모집했고, 여기에 갑옷을 입지 않은 창기병과 검병이 추가되었다. 그들은 지난 2년간 준비한 65명의 포병들이 운용하는 대규모 포대의 지원을 받았다. 군량과 군수품, 말과 선박도 이전 세기와 똑같이 대규모로 모았다. 국왕은 병참에 재능이 있었고, 보급 작전을 몸소 감독했다. 그는 신선한 고기를 확보하기 위해 소와 양을 도살하지 않고 항구까지 몰고 가게 했다. 선박은 싱크포트에서 제공하거나 다른 데서 세를 내거나 징발하여 최종적으로 1,500척의 함대가 솔렌트에 집결했다. 기함인 트리니테루아얄호는 무려 540톤이 나갔고, 300명의 선원들이 조종했다. 헨리는 포체스터성에 머물면서 에너지가 한없이 넘쳐나는 듯 세부 사항까지 꼼꼼하게 신경을 써서 승선의 전 과정을 체계적으로 관리하며 여러 주를 해안에서 보냈다.

그런데 이 시기에 별안간 마치 백작이 국왕을 살해하고 자신이 리처드 2세가 지목한 후계자의 아들인 것을 내세워 국왕이 되려는 음모를 드러냈다. 이 "사우샘프턴 음모"에 가담한 "타락한 세 사람"은 헨리의 친족인 케임브리지 백작과 토머스 그레이 경, 그리고 왕실 재무관인 마셤의 스크로프 경Lord Scrope of Masham이었다. 퍼시 가문과 롤라드파인 존 올드캐슬 경도 연루되었다. 1주일도 채 지

헨리 5세의 수행 기사인 존 페리언트와 그의 아내(1415년). 그는 아쟁쿠르 전투에서 전사할 뻔했는데, 아쟁쿠르 전투에서 입었던 것과 같은 종류의 갑옷을 착용하고 있지만 얼굴 가리개는 하지 않았다. 허트퍼드셔, 딕스월 교회의 동판 이미지. 빅토리아 앨버트 박물관.

나지 않아 세 명의 주모자는 참수되었다. 더 이상의 골칫거리는 발생하지 않았다.

1415년 8월 11일, 맑고 화창한 날 헨리 5세와 그의 대함대는 닻을 올렸다. 약한 미풍만 불어서 영국해협을 건너는 데는 사흘이 걸렸다. 잉글랜드 군대는 예상과 달리 칼레에 상륙하는 대신 노르망디의 부유한 항구 도시 아르플뢰르 바로 바깥의, 센강 하구에 위치한 셰프드코에 상륙했다. 국왕은 신중하게 고른 목적지를 가장 가까운 자문관들 중에서도 극소수에게만 알렸을 뿐이다. 그는 아르플뢰르를 기지로 삼아 이곳에서부터 노르망디 지방을 정복하고 강을 따라 파리를 칠 계획이었다. 그곳은 또 다른 칼레가 될 것이었다. 하지만 보급로가 더 짧아 프랑스 내륙 지방을 공략하는 데 더 적합했다. 그러나 아르플뢰르를 점령하기는 쉽지 않았다. 기가 꺾일 만큼 튼튼한 성벽과 스물여섯 개의 탑, 세 개의 강력한 외보外堡—도개교와 쇠창살 내리닫이문들로 보강된 요새화된 관문들—그리고 깊은 해자가 도시를 둘러싸고 있었다. 또한 그곳의 수비대는 강인하고 유능한 데스투트빌 경이 이끄는 수백 명의 중기병으로 이루어져 있었다. 헨리가 적법한 노르망디 공작에게 항복하라며 도시를 향해 외치자 비아냥거리는 답변이 돌아왔다. "귀하가 우리에게 돌보라고 준 게 아무것도 없으니 우리도 귀하에게 돌려줄 게 없소."

잉글랜드 병사들은 도시 전체를 빙 둘러서 도랑을 파고 말뚝을 세웠고, 선박들은 하구를 단단히 감시하여 아르플뢰르에 증원군이나 식량이 공급될 가능성을 사실상 차단했다. 그들은 땅굴을 파서 성벽을 폭파하는 일에 착수했지만, 자신들의 땅굴을 탐지해 내 그에 맞서 갱도를 파는 프랑스인들의 솜씨에 갈수록 실의에 빠졌다. 헨리는 포대에 의존해야 했다. 여기에는 무게가 거의 0.5톤에 달하고 매우 강력한 석재도 무너뜨릴 수 있는 돌덩어리를 발사하는, 길이 3.7미터에 구경이 60센티미터가 넘는 무쇠 대포도 있었다. 대포들은 때때로 쪼개지기도 했지만, 원시적이어도 지독히 효과적인 산탄을 토해냈다. 아르플뢰르 수비대 역시 성벽에 포를 설치해두었기 때문에 잉글랜드군은 대포를 자신들이 원하는 위치에 갖다놓아야 하는 문제에 맞닥뜨렸다. 잉글랜드 병사들은 토루土壘를 쌓고 참호를 판 다음, 두꺼운 목재 차단막으로 보호되는 바퀴 달린 육중한 포대를 느릿느릿 앞으로 조금씩 옮겼다. 그들은 상당한 피해를 입었지만 결국 포대를 설치하고 성벽을 두들기기 시작했다. 국왕은 종종 밤새도록 자지 않고 포격을 지시했다. 성벽들이 무시무시한 굉음과 함께 부서져내리면서 부분부분 무너지기 시작했다. 그러나 한 달이 지난 뒤에도 잉글랜드인들은 작은 도시에 불과한 곳을 여전히 손에 넣지 못했다. 한여름의 찌는 듯한 더위 탓도 있었고, 한편으로는 많은 병사들이 늪지대에서 잠을 자야 했기 때문이다. 또한 질 나쁜 포도주와 사과주, 오염된 물 때문에 이질과 아마도 말라리아가 발병한 탓도 있었다. 애런들 백작과 마치 백작, 서퍽 백작, 노리치 주교를 비롯해 많은 이들이 죽었다. 연대기 작가 캡그레이브는 "많은 사람들이 밤의 추위와 열매를 잘못 먹은 탓에 이 포위전에서 죽었다. 그 밖에 썩은 고기로도 죽음을 맞이했다"고 기록했다. 그러나 9월 17일 외보 한 군데가 잉글랜드군 수중에 떨어졌다.

도시 안에서는 포격으로 건물들이 무너지고 심각한 사상자가 발생한 한편, 식량이 고갈되었다. 도시는 절박하게 도움을 호소했지만 도팽과 그의 자문관들한테서는 아무런 답변도 오지 않았다. 9월 18일 수비대는 10월 6일까지 휴전을 요청하고 그때까지 구원군이 오지 않으면 항복하겠다고 밝혔다. 헨리는 9월 22일까지만 여유를 허락했다. 결국 아무런 지원도 없었고, 일요일인 그날 아르플뢰르는 항복했다. 감사 기도를 드리기 위해 도시의 주ᵗ 교회까지 맨발로 걸어간 국왕은 주민들을 추방했다. "그들은 남녀노소 가리지 않고 모든 프랑스 주민들을 쫓아내고 잉글랜드 사람들로 도시를 채웠다." 몸값을 받아낼 수 있는 부유한 부르주아들은 잉글랜드로 보내진 반면 2,000명의 "더 가난한 부류"는 루앙까지 길을 떠나야 했다. 극소수의 극빈자만이 남는 것이 허락되었고, 이들은 충성 서약을 해야 했다.

헨리는 프랑스에서 유용한 새 기지를 얻긴 했지만 심각한 손실을 입었다. 군사의 1/3가량이 포위전 중에 전사하거나 질병으로 죽었고, 몸을 가눌 수 있는 병사들도 다수가 여전히 아팠다. 그는 병자들을 귀환시켜야 했지만 수비대도 남겨두어야 했다. 9월 3일 헨리는 보르도에 편지를 써서 센강을 따라 루앙과 파리를 지난 다음 기옌까지 수백 킬로미터에 달하는 행군을 하겠다고 알렸다. 자문관들은 그러한 습격은 절대 고려할 수 없다고 국왕을 납득시켰지만 잉글랜드로 귀환하자고 설득하는 데는 실패했다. 국왕은 슈보시를 주장했다. 그는 칼레까지 260킬로미터를 행군할 작정이었다. 그것은 이상한 결정이었다. 어쩌면 그는 신이 선택한 적법한 군주를 프랑스인들은 결코 해칠 수 없다는 걸 만방에 보여줄 심산이었을 수도 있다. 10월 6일 잉글랜드 병사들이 아르플뢰르를 떠나기 시작했다. 국왕과 글로스터 공작은 본대를 지휘하고, 존 콘월 경은 전위를, 요크 공작과 옥스퍼드 백작은 후위를 지휘했다. 그들은 포대와 보급 수레를 버리고 8일치 식량만 챙겨갔다. 그저 황폐해진 시골을 통과해 행군할 것이라 예상했기 때문이다. 그들은 어떤 방해가 있을 거라 예상하지 않았다. 헨리의 계획은 단순하게 북동쪽으로 행군한 다음 솜강에 도달하면 강을 따라 남동쪽으로 가다 프랑스군의 방어가 없는 여울을 건넌 뒤 곧장 칼레로 향하는 것이었다.

도팽의 군대는 잉글랜드군의 이동을 중간에 차단하기로 결정했다. 오를레앙 공작, 부르봉 공작, 알랑송 공작, 브르타뉴 공작 같은 대귀족들과 심지어 부르고뉴의 장의 동생들인 브라방 공작과 네베르 백작까지 차례차례 합류하면서 잉글랜드군보다 규모가 몇 배나 더 큰 군대가 모였다. 도팽은 참가하는 것이 허락되지 않았다. 모두가 화려하게 갖춰입은 중기병을 이끌고 왔다. 헨리가 아르플뢰르를 떠나기도 전에 부시코 원수와 그가 이끄는 전위가 달브레 총사령관 및 본대와 루앙에서 만났던 것 같다. 잉글랜드 병사들이 지나간 곳마다 불길에 휩싸인 농가가 있었으므로 그들이 잉글랜드군의 경로를 따라가기는 무척 쉬웠다─헨리 국왕은 한번은 불길이 없는 전쟁은 "머스터드 없는 소시지" 같다고 말한 적이 있다.

우리는 헨리의 군대와 함께 다닌 한 사제의 이야기를 통해 헨리의 슈보시에 관해 많은 것을 알 수 있다. 굵은 빗줄기가 퍼붓는 가운데 행군하던 잉글랜드군은 처음에는 자신들이 쫓기고 있다는 것을 깨닫지 못하다가, 솜강을 따라 나 있는 얕은 여울들이 프랑스 병사들로 막혀 있다는 것을 발견했다. 에드워드 3세의 여울 블랑슈타크는 다름 아닌 부시코가 지키고 있었다. 더욱이 물이 불어 강이 범람했다. 10월 19일 헨리는 거의 솜강의 수원 부근인, 베탕쿠르와 페론 근처 부아엔의 두 여울에서 겨우 강을 건넜다. 궁수들이 베탕쿠르에서 허리까지 차오른 강물을 건너는 사이, 병사들은 프랑스군이 파괴해버린 둑길을 재건했다. 한편 부아엔에서도 유사한 작전이 이루어졌다. 프랑스군 기병들이 공격해왔지만 격퇴했고, 어두워진 직후 잉글랜드군의 도강이 완료되었다. 10월 20일 프랑스 측 전령들이 도전장을 갖고 헨리의 막사로 찾아왔다. 그들은 "우리의 주군들은 귀하가 군대를 이끌고 프랑스 영토의 도시와 성채, 마을들을 정복하고, 도시에서 주민들을 모조리 몰아내려고 한다는 것을 들었다. 이런 까닭에, 또 나라를 위해서 그리고 그들이 한 맹세 때문에 다수의 우리 주군들은 자신들의 권리를 지키기 위해 모였다. 그리고 그대가 칼레에 가기 전에 그대를 만나 싸우고 그대의 행위에 대해 복수할 것임을 우리를 통해 알린다"고 전했다. 헨리는 간단하게 대답했다. "만사는 신의 뜻대로 이루어질 것이다." 그리고 무슨 일이 있어도 자신은 칼레로 행군할 것이라고 덧붙인 다음 전령들에게 금화를 100크라운씩 안겨 돌려보냈다. 자신이 프랑스군의 기동에 당했음을 인정한 국왕은 즉시 부하들에게 진을 치라고 명령했다—당연히 그는 프랑스군이 어느 때고 공격해올 거라고 예상했다. 그러나 프랑스군에게서는 여전히 어떤 조짐도 찾아볼 수 없었다.

다음 날 아침 잉글랜드 병사들은 억수같이 쏟아지는 비를 맞으며 터덜터덜 행군을 계속했다. 거센 바람에 날리는 빗방울이 그들의 눈을 찔렀다. 며칠 동안 그들은 별다른 사건 없이 하루에 29킬로미터씩 행군을 이어갔는데, 그사이에도 비는 그칠 줄 몰랐다. 10월 24일 가랑비가 내리는 가운데 요크 공작의 정찰병들이 자신들의 오른쪽으로 프랑스군이 "무수한 메뚜기 떼"처럼 진군하는 것을 발견했다. 그쪽에서 진군해온다면 프랑스군은 곧 잉글랜드군의 전진선을 가로막게 될 것이었다. 헨리는 능선을 따라 전열을 갖췄고, 곧 자신들의 목표물을 발견한 프랑스군도 진영을 갖췄다. 프랑스군은 크레시 전투 이후로 많은 것을 배운 듯 그날은 늦은 시각에 강력한 진지를 공격하려 들지 않았다. 그러면서도 그들은 계속 전진하여, 해거름이 되자 칼레로 가는 잉글랜드군의 길을 사실상 차단했다.

퇴각의 희망은 모조리 사라졌다. 잉글랜드 병사들은 터벅터벅 흙탕길을 걸어 메종셀이라는 작은 마을로 갔다. 국왕은 블랑지 마을 근처에서 당연히 이불을 덮고 잤을 것이다. 그의 부하들은 비에 흠뻑 젖은 채 야영해야 했고, 좀 더 운 좋은 이들은 나무나 덤불 아래서 형편없으나마 비를 피할 만한 곳을 찾았다. 이제 병사들은 6,000명이 채 안 됐다. 약 5,000명의 궁수와 800명 정도의 중기병만 있었다. 많은 이들이 여전히 이질로 고생하고 있었고, 심지어 가장 힘센 병사들도 빗속에 이어진 고달픈 행군과 영양 부족으로 쇠약해져 있었다. 약간의 차가운 음식에 들판에서 가져온 생채소와 견과류로 보충한 식단이 그들이 먹을 수 있는 식사의 전부였다. 그날 밤 그들은 불을 거의 피우지 않았던 것 같다. 중기병과 달리 말이 없어서 화살 50발을 담은 화살통과 방어용 나무 말뚝을 비롯해 직접 무기를 지고 다녀야 하는 궁수들은 특히 지쳐 있었을 것이다. 심지어 헨리도 동요한 나머지 포로들을 풀어주고, 적군의 지휘관들에게는 아르플뢰르를 되돌려주고, 만약 칼레까지 안전한 통행을 보장한다면 그동안 자신이 입힌 모든 피해를 보상하겠다고 제안하는 메시지를 보냈을 정도였다. 그러나 프랑스 측이 내건 조건은 너무 극단적이었다. 기엔을 제외한 프랑스에서의 그의 모든 권리 주장을 철회하라는 것이었다.

국왕은 병사들에게 밤사이 조용히 하라고 명령하며, 명령 위반 시 기사들은 말을 몰수하고 더 지위가 낮은 병사들의 경우에는 한쪽 귀를 자르겠다고 엄포를 놨다. 자연히 으스스한 적막감이 잉글랜드 진영을 휘감았고, 무구 장인들이 망치를 두들기고 칼을 가는 소리와 사제에게 고해한 뒤 보속을 받는 이들의 속삭임만이 이따금씩 들려왔다. 프랑스 진영은 잉글랜드 병사들이 이미 패배를 받아들인 것이라 믿고 이런 정적을 좋은 징조로 여겼다. 4만 명에서 5만 명가량의 중기병이 있는 프랑스 진영의 북새통과 그곳에서 흘러나오는 자신에 찬 소음을 들은 많은 잉글랜드 병사들 역시 분명 그렇게 생각했을 것이다. 그사이 헨리는 전장을 살펴보기 위해 정찰병을 내보냈다.

가터 기사 카모이스 남작 토머스와 그의 아내(1419년). 그는 아쟁쿠르에서 좌익을 지휘했다. 서식스주 트로턴에 있는 동판 이미지. 빅토리아 앨버트 박물관.

새벽이 되었을 때 양 군대는 전투를 준비하고 있었다. 비는 마침내 그쳤으나 온통 갈아엎어진 발밑 땅은 미끌미끌한 진흙탕이 되어 있었다. 일부 장소에서는 무릎 깊이까지 빠질 정도였다. 국왕은 갓 파종한 밀밭에 꾀죄죄한 병사들을 정렬했다(크레시에서 에드워드 3세가 운용한 것과 유사한 대형이었다). 그리고 자신은 중앙을, 요크 공작은 우측을, 가터 기사 카모이스 경은 좌측을 지휘했다. 말에서 내린 중기병은 세 개의 '대형battle'으로 배치했고, 대형 사이마다 궁수들을 쐐기꼴로 배치했다. 궁수의 본진은 양 날개에 뿔 모양을 이루었지만 만약 프랑스군이 중앙을 공격한다면 안쪽으로 활을 쏠 수 있도록 살짝 앞쪽으로 나와 있었다. 예비 병력은 없었다. 하지만 적어도 잉글랜드 진영의 양 측면은 숲으로 보호되었다.

잉글랜드 진영의 바로 북쪽에 위치한 프랑스 진영도 두 개의 작은 숲 사이에 자리 잡고 있었는데, 하나는 트랑쿠르라는 작은 마을에, 다른 하나는 아쟁쿠르 마을 가까이에 있었다. 프랑스군의 위치 선정은 매우 좋지 않았다. 길이 너무 좁을 뿐 아니라 쟁기질이 된 앞쪽의 밭은 말발굽에 짓밟혀 완전히 갈아엎어져 있었다. 실제 대형은 말에서 내려 한쪽 끝을 잘라낸 창을 들고 두 줄로 늘어선 중기병들이었고, 그들 뒤쪽과 양익에는 여전히 말에 올라탄 중기병들이 남아 있었다. 포대가 역시 양익에 있었지만, 비에 흠뻑 젖은 땅에서 무거운 갑옷이 엄청나게 거추장스러워진 중기병들이 우왕좌왕하면서 운용이 여의치 않았다. 부시코 원수와 달브레 총사령관이 명목상 지휘관이었지만, 사실 제대로 된 지휘 체계나 리더십 같은 것은 전혀 찾아볼 수 없었다. 하지만 프랑스군도 그 순간만큼은 잉글랜드군이 먼저 공격해오길 기다릴 만한 분별력을 가지고 있었다.

헨리 국왕은 미사를 세 번 올리고 성체 배령을 거행한 다음 병사들에게 연설했다. 그는 자신이 "합법적 유산을 되찾기 위해 프랑스에 왔다"는 것과, 프랑스인들이 모든 잉글랜드 궁수의 오른쪽 손가락 세 개를 잘라내 "다시는 감히 사람이나 말들을 쏘지 못하게 하겠다"고 약속했다는 것을 말했다. 작은 회색 조랑말을 타고 있긴 했지만 금도금 투구 위에 진주와 루비, 사파이어로 장식한 금관을 쓴 그의 모습은 틀림없이 눈길을 사로잡았을 것이다. 그의 군대는 "신께서 전하께 좋은 인생과 승리를 내려주시길!"이라고 외치며 화답했다. 의심의 여지 없이 그들은 그를 숭배하고 그의 천재성을 믿었으며, 그가 이 무시무시한 상황에서 자신들을 구해줄 것이라고 확신했다.

국왕은 틀림없이 자신이 궁수를 활용할 수 있게 프랑스군이 공격해오기를 기도했을 것이다. 그러나 프랑스군은 몇 시간 동안 가만히 자신들의 위치만 지키고 있었다. 그러자 헨리는 아홉시쯤에 "백발의 늙은 기사" 토머스 어핑엄 경에게 양익의 궁수들을 적의 사정거리 안으로 이동시키라고 명령했다. 국왕은 궁수들이 이동하자 나머지 병사들에게도 전진하라는 명령을 내렸다. "깃발들은 앞으로! 예수와 마리아, 성 조지의 이름으로!" 잉글랜드 병사들은 성호를 긋고 땅에 입을 맞춘 뒤 지저분한 땅을 넘어 질서 정연하고 견고하게 앞으로 나아갔다. 궁수들 대부분은 "갑옷도 없이 더블릿만 걸친 채 긴 바지스타킹*을 무릎까지 걷어 올렸고, 허리띠

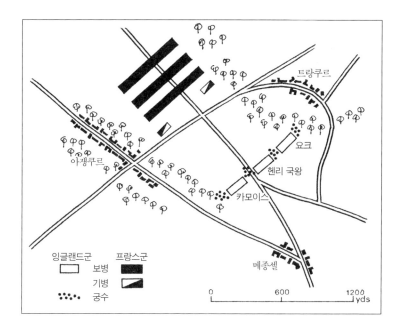

트랑쿠르

요크

헨리 국왕

아쟁쿠르

카모이스

잉글랜드군	프랑스군	
▭	◼	보병
◹	◢	기병
••••		궁수

메종셀

0   600   1200
                        yds

1415년 10월 25일 아쟁쿠르 전투.

에는 작은 손도끼와 도끼, 어떤 경우에는 커다란 칼을 매달고 있었다." 그들 중 일부는 맨발에, 머리에 아무것도 쓰지 않았고, 일부는 삶은 가죽으로 만든 모자를 쓰고 있었다. 그들은 적군과의 거리가 270미터가 채 되지 않는 곳에 멈춰선 뒤 자신들 앞에 끝을 뾰족하게 깎은 말뚝을 박은 다음 활을 쏘기 시작했다. 프랑스군은 머리를 숙였는데, 잉글랜드군의 화살이 워낙 쉴 새 없이 빠르게 쏟아져 누구도 감히 고개를 들지 못했다. 말을 탄 채 양익에 위치해 있던 프

---

* 엉덩이까지 다 덮는 일체형 스타킹을 말한다.

랑스 중기병들이 필사적인 심정으로 궁수들에게 돌진했다. 늘 그랬듯 화살에 가장 심각한 피해를 입은 말들은 통제 불능이 되어 갑자기 튀어나가버렸고, 잉글랜드군 전선까지 도달한 말들도 말의 가슴 높이에 맞춰 박은 1.8미터 높이의 말뚝에 찔렸다.

그러자 말에서 내린 프랑스군 중기병의 제1선이 혹시 화살을 덜 맞지 않을까 기대하며 종대를 이룬 다음, 말들이 지나가며 더 심하게 파헤쳐진 진흙탕을 지나 잉글랜드 병사들을 향해 천천히 전진했다. 양익의 잉글랜드 병사들은 이 종대의 측면을 향해 쉬지 않고 화살을 쏘아 많은 사상자를 냈다―허공을 가르며 날아온 그들의 화살이 갑옷에 부딪히며 무시무시한 소리를 냈다. 마침내 프랑스 중기병들은 잉글랜드 전열에 도달했지만 더 이상 정연한 대형이 아니었고, 너무 빽빽하게 모여 있었던 데다 깊은 진흙탕에 발이 묶여 거의 앞으로 나아가지 못할 정도였다. 그리고 결국 이러한 무질서와 기동 능력의 부재로 프랑스군은 패배하고 만다.

그렇지만 프랑스군은 최초의 충돌에서 헨리가 있던 중앙의 잉글랜드 중기병 제1선을 강하게 밀어내며 그들을 쓰러뜨릴 뻔했다. 국왕은 재빨리 궁수들에게 활을 버리고 중기병을 도우러 가라는 명령을 내렸고, 명령이 떨어지자마자 궁수들은 "칼, 손도끼, 도끼, 메, 매부리bec de faucon*와 여타 무기들"을 집어들고 적에게 달려들었다. 전장의 진흙탕은 궁수들에게 유리했고, 그들은 육중한 프랑스 병사들 옆에서 가뿐하게 움직이며 갑옷의 접합 부위를 찌르거

---

* 한쪽은 도끼, 한쪽은 매부리 모양의 갈고리가 있는 중세의 보병용 무기.

백년전쟁

나 그들을 쓰러 넘어뜨렸다. 프랑스 중기병들 일부는 뒤집힌 게처럼 바닥에 쓰러진 채 허우적거렸고, 그들의 얼굴 가리개가 젖혀지면 어김없이 얼굴 쪽으로 단검이 날아왔다. 그들은 대부분 진흙탕에 익사하거나 자기 몸 위로 쓰러진 동료들의 무게에 짓눌려 질식해 죽었다.

역시 종대를 이룬 프랑스군 중기병 제2선 역시 똑같이 무질서하게 접근해왔고 프랑스 병사들의 시체 더미 위에 서 있던 잉글랜드 병사들로부터 똑같은 대접을 받았다. 제2선의 지휘관 알랑송 공작은 글로스터 공작을 쓰러뜨리고 국왕을 쳐서 넘어지게 하는 등―그는 실제로 헨리의 왕관의 작은 꽃무늬 장식을 쳐냈다―사자처럼 싸웠지만 결국 제압되었다. 그는 헨리에게 항복했지만 막 투구를 벗는 순간 한 광포한 잉글랜드 기사가 휘두른 도끼에 목숨을 잃고 말았다. 서코트도 없이 전령의 타바드*만 입은 채 뒤늦게 도착한 브라방 공작은 무기를 빼앗겼고, 아무도 그를 알아보지 못하는 바람에 목이 잘리고 말았다. 고작 반시간 후 프랑스 중기병 제1선과 제2선은 전멸당했다. 몇몇 장소에서는 시체가 사람 키보다 높이 쌓였다. 잉글랜드 병사들은 전리품을 얻고 아직 목숨이 붙어 있는 값나가는 포로가 있는지 찾기 위해 시체 더미를 뒤진 뒤 포로들을 후방으로 보냈다. 헨리와 다른 지휘관들은 곧 병사들을 원위치로 복귀시켰다. 남은 프랑스 병사들이 공격해올 가능성이 아직 남아 있었다.

---

* 흔히 서코트보다 더 짧고 소매가 없는 외투.

국왕이 적의 3차 공격을 기다리는 동안 프랑스군에게 증원군이 도착했다는 외침이 들려왔다. 그와 동시에 헨리는 수백 명의 농민들이 후방의 보급 수레를 공격하고 있다는 것을 알게 되었다. 헨리는 지위가 아주 높은 자들을 제외하고 즉시 모든 포로들을 처형하라고 명령했다. 하지만 포로들을 감시하고 있던 병사들이 그렇게 값비싼 인질들을 포기해야 한다는 것을 영 내키지 않아 하자 국왕은 200명의 궁수에게 이 일의 처리를 맡겼다. 프랑스 포로들은 (튜더 시대 한 역사가의 표현에 따르면) "단검에 찔리고, 전부에 머리통이 박살나고, 전투용 망치에 도륙당했다". 잉글랜드 병사들은 그들이 죽었는지 확인하기 위해 "끔찍하고 잔인한 방식으로 배를 찌르기도 했다". 한 무리의 포로들은 오두막에 갇혀 있다 오두막과 함께 불타버렸다. 잉글랜드 작가들은 헨리가 저지른 슈렉클리히카이트Schrecklichkeit(만행, 참사)를 보통은 "당대의 관행"이라고 언급하며 눈가림하려고 하지만, 사실 중세 기준에서 볼 때 그것은 몸값을 지불하면 풀려날 거라 믿어 항복한 비무장 귀족들을 살해한 특히나 비열한 잔학 행위였다.

결국 3차 공격은 이루어지지 않았다. 수적으로는 여전히 잉글랜드군을 압도했지만 눈앞에서 펼쳐진 살육에 겁먹은 나머지 프랑스 중기병들은 공격을 거부하고 말을 달려 전장을 떠났다. 네 시간도 채 안 되는 사이에 잉글랜드군은 모든 예상을 깨고 자신들보다 몇 배나 많은 군대를 무찔렀다. 프랑스군은 약 1만 명의 병사를 잃었는데, 그 가운데는 알랑송 공작과 바르 공작, 브라방 공작, 달브레 총사령관(동료 사령관인 부시코 원수는 포로로 사로잡혔다), 네

베르 백작 같은 대귀족들과 다른 여섯 명의 백작, 120명의 남작, 1,500명의 기사도 포함되어 있었다. 잉글랜드 쪽 인명 손실은 300명 정도였던 것으로 보이는데, 전사자 가운데 이름 있는 사람은 헨리의 당숙인 뚱보 요크 공작—그는 땅에 쓰러졌다가 자기 위로 떨어진 다른 시신들에 짓눌려 질식사했다—과 서퍽 백작, 다른 대여섯 명의 기사가 전부였다. 그러나 많은 이들이 큰 부상을 당했고, 특히 헨리의 동생 글로스터 공작이 "허벅다리 뒤쪽에" 심한 부상을 입었다.

헨리 국왕에게는 흑태자의 기사도 같은 게 없었다. 그날 밤 그의 고위급 포로들은 테이블 곁에서 그를 시중들어야 했다. 병사들은 여전히 전장에 쓰러져 있는 프랑스군 사상자들에게서 건질 만한 것이 있는지 다시 한 번 살폈다. 그들은 부유하고 걸을 수 있는 자들은 한곳으로 모았지만 가난한 자와 중상자는 목을 그었다. 이튿날 시신에서 챙긴 전리품을 잔뜩 짊어진 잉글랜드인들은 1,500명의 포로를 끌고 칼레로 행군을 재개했다. 다시 비가 내리기 시작했다. 어느 때보다 흠뻑 젖고 굶주린 작은 군대는 10월 29일 칼레에 다다랐다. 여기서 국왕은 열광적인 환대를 받았지만 병사들은 도통 정복자 영웅 대접을 받지 못했다. 심지어 일부는 칼레로 들어가는 것조차 거부되었고, 병사들이 사는 술과 음식에 칼레 시민들이 얼마나 터무니없는 가격을 매겼던지 그들은 곧 전리품과 부유한 포로를 모두 털렸다(헨리는 고위급 포로들은 모두 자기 몫으로 챙겼다. 그는 그들 몸값의 동전 한 푼까지도 원했다).

11월 중순, 전역을 더 이끌어가기엔 병사들이 너무 지쳐 있었

기 때문에 국왕은 잉글랜드로 출항했다. 11월 23일 런던에 입성한
그는 열렬한 환영을 받았다. 거리에서는 화려한 행렬과 재연 행사,
연설, 춤이 펼쳐지고, 유명한 아쟁쿠르 캐럴을 비롯해 캐럴들이 울
려퍼진 한편 분수에서는 포도주가 흘러나왔다. 헨리는 국민들이
승전의 기쁨에 워낙 도취되어 있었기 때문에 그 후 몇 년 동안 추
가적인 군사작전을 펴기 위해 새로 돈을 빌릴 때 별다른 어려움을
겪지 않았다. 그는 행사가 펼쳐지는 동안 세인트폴 성당에서 감사
기도를 드렸다.

페루아가 강조했지만, 사실 아쟁쿠르 전투가 결정한 것은 아무
것도 없었다. 그것은 또 하나의 슈보시였을 뿐이다. 그럼에도 헨리
가 이 승전을 놓치지 않고 후속 조치를 취하기로 한 것은 별로 놀
랄 일도 아니었다. 그는 유일한 가시적 소득인 아르플뢰르를 십분
활용했다. 상인과 장인들이 아르플뢰르에 정착해 그곳을 노르망디
의 칼레로 만들 수 있게 그들에게 공짜로 주택을 제공하는 정책을
비롯해 온갖 장려책을 쓴 것이다.

1416년 신성로마제국 황제 지기스문트가 잉글랜드에 도착하
여 웨스트민스터에 머물렀다. 그는 잉글랜드와 프랑스 간의 화평
을 주선해 교회 통합을 이루기 위해 방문한 것이었다. 그의 진짜
임무는 교회 분열을 치유하는 것으로, 이 일은 1417년 마르티누스
5세가 교황으로 선출되면서 마무리되었다. 하지만 그는 화평 주선
은 뒤로하고 헨리와 상호 원조, 동맹조약을 체결했다. 이에 깊은
인상을 받은 부르고뉴의 장 공작은 잉글랜드 편에 서기로 결심했
고, 그해 10월 헨리를 만나러 칼레로 갔다. 공작은 헨리를 프랑스

국왕으로 인정하고 그가 샤를 6세를 폐위할 수 있도록 돕겠다고 약속하며, 자신은 잉글랜드 국왕의 봉신이 될 것을 약속했다.

헨리 5세는 외교에만 활동을 국한하지 않았다. 그는 가공할 해군력을 구축하기 시작해, 1413년 여섯 척에 불과했던 왕립선이 1417년 말에는 서른네 척으로 늘어나 있었다. 740톤이 나가는 홀리고스트호처럼 어떤 배들은 엄청나게 컸다. 1430년 한 피렌체 선장은 사우샘프턴에서 헨리의 거대한 코그선 그레이스듀호를 보고 이렇게 설명했다. "…정말이지 그렇게 크고 멋진 구조물은 본 적이 없습니다. 제1갑판의 돛대를 재봤더니 둘레가 약 6.4미터이고 높이는 약 60미터였습니다. 뱃머리의 갤리[통로 또는 회랑]부터 수면까지는 약 15미터인데, 바다에 나가면 이 갤리 위로 또 다른 갤리를 올린다고 합니다. 선체 길이는 54미터 정도이고, 선폭은 약 20미터였습니다." 헨리의 함대에는 코그선 외에도 포획한 제노바 카라크선 일곱 척과 대략 열다섯 척의 볼링거선—노와 돛 둘 다 이용하는 바지선—이 포함되어 있었다. 헨리는 바욘에서도 또 다른 대형 선박을 건조할 수 있게 하라고 명령했다. 그는 부유한 상인 윌리엄 소퍼를 기용하여 루앙에 있는 프랑스의 글로데길레처럼 선거와 창고를 갖춘 해군기지를 사우샘프턴에 건설하게 했다. 사우샘프턴 근처 햄블에는 다른 창고들과 목재 요새 시설들이 있어서 그 뒤편에 배들이 안전하게 정박할 수 있었다. 왕립선 관리관 Keeper of the King's Ships은 선박 건조와 재의장*은 물론 장비 공급과

---

* 의장은 출항을 위해 배에 필요한 선구와 장비를 모두 갖추고 정비하는 일을 가리킨다.

선원의 급여 지급을 책임졌고, 심지어 순찰과 수송을 위한 선박 제공도 책임졌다.

헨리의 해상 정책의 이점은 금방 드러났다. 1416년 여름 프랑스가 아르플뢰르를 봉쇄하자 베드퍼드 공작은 여러 척의 적선을 포획하고, 봉쇄되어 있던 항구의 포위를 풀면서 프랑스-제노바 함대를 대파했다. 이듬해 셰프드코 앞바다에서는 헌팅던 백작이 카라크선 네 척과 적장 바스타르 드 부르봉Bastard de Bourbon*을 나포하면서 그나마 남아 있던 프랑스 해군을 전멸시켰다. 이후 잉글랜드 순찰선은 아무 방해도 받지 않고 영국해협을 자유롭게 누볐고, 헨리의 전역에 필수적인 제해권을 제공했다.

1417년이 되었을 때 국왕은 차입금 외에 의회에서 새로 보조금을 얻어냈고, 싸움을 재개할 준비가 되었다. 수많은 전쟁 준비 조치 가운데에는 1417년 2월 주 장관들에게 내려진 독특하지만 대단히 실용적인 지시도 있었다. 화살 제조인이 화살 깃을 붙일 수 있도록 거위 한 마리당 깃털 여섯 가닥을 뽑아서 런던으로 보내라는 것이었다. 7월에 출항한 원정군은 1415년의 원정군 규모와 비슷하여 1,500척 정도의 선박이 1만 명의 병력을 실어 날랐다. 그러나 이번에 헨리는 다른 목표를 세워두고 있었다. 그는 느리고 철저한 포위전을 통해 차근차근 지역을 손에 넣어 프랑스를 정복하고 복속할 계획이었고, 이 계획은 노르망디부터 시작될 터였다. 이전에도 그랬듯 그는 자신의 목표와 목적지를 밝히지 않았다. 8월

---

* 부르봉 공작 루이 1세의 사생아 장을 말한다.

1일, 잉글랜드군은 칼레나 아르플뢰르에서 하선하지 않고 오늘날 휴양지인 도빌과 트루빌 사이의 투크강 어귀에 상륙했다.

헨리를 막는 자는 아무도 없었다. 내전이 변함없이 격렬하게 진행되고 있었고, 새로운 총사령관 아르마냐크 백작은 파리 바깥에서 진을 치고 있는 부르고뉴 군대 때문에 파리를 떠날 엄두를 내지 못하고 있었기 때문이다. 잉글랜드가 노르망디 남쪽을 정복할 수 있다면 식량과 마초가 풍부한 유용한 보급기지를 획득할 뿐 아니라 앙주나 브르타뉴에서 노르망디를 구조하러 올 거라는 희망을 꺾어버리고, 공국의 수도인 루앙을 느긋하게 포위할 수 있을 것이었다. 8월 18일 헨리는 캉을 포위했다(도시는 70여 년 전 그의 증조부가 자행했던 약탈을 기억하고 있었을 것이다). 오른강과 두 지류로 삼면을 보호받던 도시는 강력한 신축 성벽과 거대한 성채를 자랑했다. 잉글랜드군은 근교의 두 수도원을 강습하고 수도원의 높은 탑에 대포를 설치했다. 잉글랜드의 대포는 돌덩이와 속에 불타는 마麻를 채운 쇠구―초창기 포탄의 일종―로 요새를 두들겼다. 헨리의 대포는 성능이 들쭉날쭉하긴 했지만 대단히 효과적이었다. 그의 대포의 주요 결점은 화약 성능이 미덥지 않다는 점이었던 것 같다.

곧 성벽 여기저기에 구멍이 생겼고, 국왕은 프랑스인들에게 항복할 것을 촉구하며 항복하지 않으면 자비는 없을 거라고 경고했다. 그들은 항복하기를 거부했고, 9월 4일 헨리는 동쪽 측면에서 공격을 이끌었다. 그와 동시에 동생 클래런스가 강 너머 서쪽에서 공격을 감행했다. 국왕의 기사 중 한 명인 젊은 에드먼드 스프링하우스 경이 성벽에서 도랑으로 떨어지자 프랑스인들은 불타는 짚단을 그의 몸 위로 던져 그를 산 채로 불태워 잉글랜드 병사들의 공분을 자아냈다. 클래런스와 워릭 백작이 강 쪽 성벽을 넘어 쳐들어가 헨리 쪽으로 길을 내어 그날의 승리를 이끌었다. 승리한 잉글랜드군은 주민들—남녀 어른과 어린이들—을 장터로 몰아넣은 다음 도륙하기 시작해 최소 2,000명을 죽였다. 도시는 약탈당했고, 장터에서 학살을 피한 사람들도 약탈과 강간이라는 큰 참화를 겪었다. 2주 뒤 성채 수비대가 항복했다. 그즈음 헨리는 이미 질서를 회복하기 위해 애쓰고 있었고, 파괴된 건물을 재건하라는 지시를 내린 상태였다. 그는 캉의 성채에 자리 잡은 뒤 그가 즐겨 찾는 거처가 된 그곳에 그답게 잘 꾸민 예배실을 만들었다. 또 도시에서 가장 좋은 집 여러 채를 병사들에게 주었다.

연대기 작가 바쟁은 헨리와 잉글랜드 병사들이 노르망디인들에게 불러일으킨 공포감을 언급하는데, 이는 국왕의 성공을 어느 정도 설명해준다. 리지외에서는 늙은 불구자 두 명만 남겨둔 채 전 인구가 도시를 떠났다. 바이외는 거의 아무런 저항도 하지 않고 재빨리 글로스터 공작에게 항복했다. 10월, 헨리는 아르장탕과 알랑송을 손에 넣었다. 난공불락이라던 팔레즈 요새는 조금 더 버티긴 했지만 1418년 2월 결국 포위군에게 항복했다. 봄이 되자 노르망디 남부 전체와 코탕탱, 에브뢰부터 셰르부르까지 모두 점령당했다. 정복된 영토는 네 명의 바이이^{baillis}*에게 맡겨져 롤런드 렌

---

*중세 시대에 프랑스 북부에 파견된 국왕의 지방 행정관. 사법과 재정을 담당했다.

설 경은 알랑송에, 존 포펌 경은 캉에, 존 래드클리프 경은 에브뢰에, 존 애시턴 경은 코탕탱에 파견됐다. 이 잉글랜드판 가울라이터들 gauleiters*은 주로 노르망디 비콩트 vicomtes**들의 도움을 받아 현지 주민들이 헨리의 통치를 받아들이도록 강요했다. 충성 서약을 하고 10페니를 낸 노르망디 주민들은 누구든 충성 인증서를 받았다. 새로운 행정조직의 중심이 된 캉에는 잉글랜드인 재상과 잉글랜드인 샹브르 데콩트 chambre des comptes*** 의장이 있었고, 헨리의 이름으로 화폐도 주조되었다. 많은 노르망디 영주들 seigneurs은 헨리를 자신들의 공작이자 국왕으로 인정하는 대신 성과 장원을 버리고 도망쳤다. 하지만 성직자들은 그렇게 까다롭게 굴지 않아 유용한 관료들을 제공했다.

그사이 헨리는 바이외에서 경건하게 사순절을 보낸 뒤 노르망디의 나머지 지역을 정복할 채비를 갖췄다. 6월에 그는 루비에르를 점령했다. 포위전이 벌어지는 동안 도시 수비대의 대포가 국왕 막사에 포탄을 명중시키자 국왕은 적의 포수 여덟 명을 목매달았다─한 문헌에 따르면 그는 그들 중 일부를 십자가에 매달았다. 그런 다음 그는 퐁드라르슈를 포위했고, 잉글랜드 병사들은 가죽과 고리버들로 만든 휴대용 보트로 강을 건너가 7월 20일 도시

---

* 나치 독일의 지역 사령관.
** 비콩트는 중세 카롤링거 왕조에서 기원하는 지방관으로, 흔히 '자작'으로 번역된다. 주로 백작이나 공작을 보좌하여 지방의 사법과 징세를 담당했다. 원래는 세습되는 신분이 아니었고, 비콩트의 역할은 나중에 바이이로 교체되었다.
*** 일종의 회계감사원.

를 함락했다. 퐁드라르슈의 유명한 다리는 루앙에서 남쪽으로 11 킬로미터 지점의 파리와 루앙 사이를 흐르는 센강을 가로질러 있었고, 그곳이 함락되었다는 것은 노르망디 지방의 수도가 파리로부터 증원군이나 물자 보급을 받을 수 없다는 것을 의미했다. 잉글랜드군이 센강 어귀를 통제하면서 루앙은 사실상 고립되었고, 7월 29일 밤에 헨리는 루앙 바깥에 진을 쳤다.

　루앙은 직조업을 통해 그리고 사치품과 금세공품을 센강 상류의 수도로 보내어 부를 쌓은, 프랑스에서 가장 부유하고 아름다운 도시 가운데 하나였다. 도시는 웅장한 대성당과 세 개의 유명한 수도원, 30개가 넘는 수녀원과 40개에 가까운 교구 교회를 자랑했다. 국왕은 런던의 신민들에게 보낸 편지에서 루앙이 "파리를 제외하고는 프랑스에서 가장 이름난 곳"이라고 썼는데, 그 말은 결코 과장이 아니었다. 도시 성벽은 8킬로미터에 걸쳐 뻗어 있었고, 여섯 개의 거대한 외보와 60개의 탑으로 보강되었다. 한 면은 센강으로 방어되고, 세 면은 굉장히 깊고 넓으며 울프트랩wolf-trap*이 가득한 도랑으로 방어되었다. 그리고 성벽 안쪽에 흙으로 거대한 둑을 쌓아 성벽이 포격에 견딜 수 있게 했다. 루앙은 도랑을 더 깊이 파고 교외를 철거한 한편, 주변 시골에서 이미 상당한 양의 양식을 도시로 들여온 상태였다. 수비대에는 만만찮은 기 르부테이에 휘하에 4,000명의 중기병들이 있었고, 포위된 시민들—주로 석궁으로 무장했던 듯하다—은 용감한 바이이 기욤 우드토의 지휘를 받았다.

---

*낙하 문과 말뚝이 있는 함정.

또 포가 풍부해서 탑마다 3문의 대포가 배치되었고, 탑과 탑 사이의 성벽에도 각각 대포 1문과 소형 포 8문이 배치되었다. 도시는 워낙 자신감에 차 있어서 먹여 살려야 할 수천 명의 쓸모없는 입을 받아들이고, 노르망디 하부에서 온 많은 피난민들에게 거처를 제공했다. 사실 포위군 숫자보다도 포위당한 도시 주민 숫자가 훨씬 더 많았다.

그러나 헨리 5세 역시 똑같이 자신만만했다. 그는 도시 사면에 참호로 서로 연결된 요새형 진을 치고, 거대한 쇠사슬로 상류로 가는 물길을 봉쇄했다. 하류에는 육로로 끌고 온 보트로 배다리를 만들었다. 곧 글로스터 휘하의 병력 3,000명과 1,500명의 아일랜드 경보병—아일랜드 세인트존 기사단의 수도사 프라 토머스 버틀러가 이끄는 짧은 검과 투창으로 무장한 병사들—이 그의 군대에 합류했다.* 프랑스인들의 초토전술로 보급품이 귀했지만 헨리는 영국해협 너머와 센강 상류에서 식량을 가져옴으로써 이 문제도 해

---

* 수도사와 그의 부하들 다수는 전사했다. 아일랜드 경보병들은 그들의 색다른 의복과, 습격을 나갔다가 돌아올 때 잘린 머리와 심지어 아기들을 안장도 없는 조랑말 등에 매달고 오는 흉포함으로 강한 인상을 남겼다. 버틀러 가문이 이끄는 또 다른 아일랜드인들도 프랑스에서 랭커스터가의 전쟁 수행 노력에 작지만 효과적으로 기여했다. 4대 오먼드 백작—프라 토머스는 그의 사생아이다—은 클래런스의 1412년 슈보시에 함께했고, 루앙 포위전에도 참가했다. 그의 다른 두 아들 존 경과 제임스 버틀러 경(훗날 5대 백작)은 1430년대와 1440년대에 베드퍼드와 올드 톨벗의 휘하에서 부대장으로 주목받았다. 이 앵글로-아이리시 족장들은 투창병들 그리고 도끼와 클레이모어(중세 스코틀랜드에서 사용한 양손잡이 대형 검)를 휘두르는 갤로글래스gallowgalss(중세 아일랜드에서 수장, 족장을 섬기는 병사나 무사)로 이루어진 장발에 턱수염이 무성하고, 샛노란 망토를 두른 맨발의 "군속"들 외에도 보다 전통적인 방식으로 무장한 디아나 우어슬라daoine uaisle(게일어로 "고귀한 사람들"이란 뜻으로, 족장과 혈통이나 출생으로 연결되어 씨족 영지의 특정 땅뙈기를 다스리는 지주들)를 친족들에게서 모집해왔을 것이다—지은이.

결했다. 런던의 탁송 화물 중에는 감미 포도주 30통과 에일 맥주 1,000통도 있었다.

헨리는 성벽에서 멀리 떨어져 있어서 파괴되지 않은 현지의 한 카르투지오 수도회 건물에 본부를 차렸다. 여기서 그는 적이 굶주림에 시달려 항복하게 만드는 작전을 펼쳤다. 그는 성벽에서 잘 보이는 곳에 교수대를 세운 뒤 포로들을 목매달았다. 프랑스인들도 총안이 있는 흉벽에 교수대를 세운 뒤 잉글랜드 포로들을 줄줄이 매달아 보복했다. 루앙의 주교 총대리* 로베르 드 리네는 성벽에 올라가 헨리 국왕을 파문했다(이에 헨리는 크게 격노하여 루앙을 함락했을 때 리네를 족쇄에 채우고 평생을 그렇게 지내게 했다).

포위된 도시는 부르고뉴 또는 아르마냑파로부터 도움을 기대했고, 11월에는 실제로 군대가 오고 있다는 풍문이 루앙에 전해졌다. 그러나 풍문은 뜬소문으로 드러났다. 파리에 민중 반란이 일어나 아르마냑파는 축출되었고, 폭도가 총사령관(아르마냑 백작)을 때려죽인 뒤에 파리를 재점령한 부르고뉴파는 파리를 확실히 장악하는 데 여념이 없어 노르망디에서 벌어지는 일을 걱정할 겨를이 없었다.

10월 중순이 되었을 때 루앙 시민들은 말고기를 먹고 있었다. 크리스마스 무렵에는 개, 고양이, 쥐, 심지어 생쥐를 먹는 지경에 이르렀다. 당시 현장에 있던 잉글랜드 병사 존 페이지는 "그다음에는 썩은 음식과 구할 수 있는 식물 껍질은 뭐든 먹기 시작했다. 마

---

*종교 소송 등에서 주교를 대리하는 법무관.

디풀 뿌리까지 먹었다"고 말한다. "그리고 곧 도시 사람들은 죽어갔다. 매일 많은 이들이 죽어서 다 묻어줄 수가 없었다." 방어자들은 무자비한 조치를 취했다. "도시의 가난한 주민들이 모조리 쫓겨났다. 성문마다 한 번에 수백 명씩 쫓겨났다." 노인들과 젖먹이가 딸린 여자를 포함해 무려 1만 2,000명이 내쫓겼다. 헨리는 이들이 지나가는 것을 허락하지 않았기 때문에 그들은 도랑에 머물며 한겨울 추위와 굶주림에 시달려야 했다. 심지어 잉글랜드 병사들조차 그들을 안타깝게 여길 정도였다. "한때 우리와 처절하게 싸웠던 자들이지만 우리 병사들은 그들에게 얼마간의 빵을 내주었다." 크리스마스에 국왕은 드물게 아량 있는 태도를 취하여, 방어자들이 유일하게 받아들이는 인물인 사제 두 명을 보내어 도랑에 있는 주민들에게 음식과 마실 것을 베풀었다. 그러나 그날의 휴전은 곧 끝났고, 도랑에 있던 주민들은 비참하게 죽어갔다. 존 페이지는 "부모가 죽는 바람에 두세 살밖에 안 된 아이들이 빵을 구걸하며 돌아다니는 모습을 여기저기서 볼 수 있었다"고 전한다. "이 가련한 자들의 발아래에는 흠뻑 젖은 땅밖에 없고, 그들은 거기에 누워서 음식을 애타게 찾았다. 어떤 이들은 굶어 죽어가고, 어떤 이들은 눈도 뜨지 못하고 더 이상 숨을 쉬지 않았으며, 어떤 이들은 잔가지처럼 비쩍 말라서 웅크리고 앉아 있기만 했다. 한 여자는 이미 죽은 아이에게 온기를 전하려고 가슴에 꼭 끌어안고 있었고, 어떤 아이는 이미 죽은 어머니의 젖을 빨고 있었다. 살아 있는 사람이 한 명이라면 죽은 사람은 쉽게 열 명 또는 열두 명에 이르렀는데, 그들은 마치 자다가 죽은 듯 한마디 외침도 없이 소리 없이 죽었다." 도시 안의 상황도 별로 나을 것이 없었다.

1419년 새해 첫날 한 프랑스인 기사가 방어자들이 협상을 원한다고 성문 위에서 외쳤다. 1월 2일 루앙의 사절들이 헨리의 본부를 찾았다. 국왕은 미사가 끝날 때까지 사절들을 기다리게 한 뒤 "나의 정당한 유산"인 도시에 들어가지 못하게 한다며 그들을 질책했다. 또한 그는 쫓겨난 빈자들이 도랑을 떠날 수 있게 허락해달라는 것도 거부했다. 그는 "그들을 누가 거기에 데려다놓는가?"라고 대꾸했다("나는 그들을 거기에 두지 않았고, 그것은 그대들이 한 일이다"). 사절단은 "촛불과 횃불을 환하게 밝히고 밤낮으로 간청했다". 헨리가 줄곧 "루앙은 내가 물려받은 유산"이라고 주장하는 가운데 협상은 열흘을 끌었다. 결국 합의가 이루어졌다. 만약 1월 19일까지 아무도 구원하러 오지 않는다면 도시는 그날 정오에 항복하고 금화 30만 크라운을 배상하는 조건이었다. 또한 항복한 후에 수비대는 무기를 버리고 1년 동안 잉글랜드에 맞서 싸우지 않는다는 조건하에서이기는 하지만 떳떳하게 도시를 떠나는 것이 허락됐고, 시민들은 충성 서약을 하는 한 집과 재산을 지킬 수 있었다. 구조의 손길은 오지 않았다. 항복 다음 날 헨리는 검게 차려입고 끝에 여우 꼬리를 매단 긴 창―자신을 상징하는 표지로 국왕이 애호한 것―을 든 한 명의 종자만 대동한 채 인상적일 정도로 겸손한 태도로 말을 타고 도시에 입성했다. 그를 지켜보던 시민들의 대다수는 퀭한 눈에 피골이 상접했고, 말을 하기는커녕 숨도 제대로 쉬지 못할 정도였다―그들의 피부색은 납빛처럼 칙칙했다. "그들은 무덤 위에서 볼 수 있는 죽은 왕들의 조상彫像처럼

백년전쟁

보였다." 헨리는 평소처럼 여봐란듯이 경건하게 대성당에서 감사 기도를 드렸다.

헨리는 루앙에서 두 달 동안 머무르면서 도시의 방어 시설을 보수하고 새로운 행정조직을 꾸리며 다음 전역에 나설 준비를 마쳤다. 그사이 그의 부대장들은 노르망디의 다른 도시들인 망트, 옹플뢰르, 디에프, 이브리, 라로슈귀용, 페캉을 함락했다. 난공불락의 수도원 몽생미셸만이 해안에서 꿋꿋하게 버텼다. 그해 말이 되었을 때 잉글랜드인들이 백성을 비롯한 노르망디 전역의 주인이라는 데에는 의문의 여지가 없었다. 더욱이 헨리는 7월에 퐁투아즈를 장악하고, 이제는 파리 코앞까지 도착해 있었다.

잉글랜드의 노르망디 정복은 노르만 정복Norman Conquest*과 어느 정도 닮은 구석이 있었다. 비록 소수는 플랜태저넷 왕가의 충실한 종복이 되었지만 현지의 귀족들은 대체로 영지를 몰수당하고, 빼앗긴 영지는 잉글랜드인에게 넘어갔다. 1418~1419년에만 노르망디의 백작령 여섯 개가 재할당되었다. 헨리의 동생이자 왕위 후계자이며 오른팔인 클래런스 공작은 세 개의 자작령을 받았다(칭호만이 아니라 영지도 받았다). 국왕의 삼촌 엑시터 공작은 아르쿠르의 커다란 백작령을 받으면서 그 가문의 호화로운 막대한 재산과 릴본의 중요한 성채도 받았다. 솔즈베리 백작은 페르슈 백작Count of Perche이 되었다. 지위에 따라 영지와 작위가 주어졌고, 노르망디

---

* 1066년에 있었던 정복왕 윌리엄(정복공 기욤)과 노르만 귀족들의 잉글랜드 정복. 잉글랜드에 봉건제가 이식되었으며, 잉글랜드 역사상 외침을 받아 정복된 마지막 경우이다.

의 이 새로운 귀족들은 봉토의 가치에 비례하여 수비대 주둔, 병력 제공, 자신들의 성과 장원을 요새와 기지로 유지하는 임무와 같은 구체적인 군사적 의무를 수행해야 했다. 많은 부대장들 역시 유사한 조건에 따라 성과 장원을 얻었고, 국왕이 이들 하급 귀족들에게 노르망디를 떠날 경우 죽음으로 다스리겠다는 엄포를 놓았음은 물론이다. 게다가 제한적이나마 식민화 시도도 있었다. 1만 명의 잉글랜드인이 아르플뢰르에 정착한 한편, 많은 노르망디 도시들에서 가옥이 몰수되어 잉글랜드인에게 넘어갔다. 이들 정착민들 가운데 다수가 노르망디 여성들과 결혼했다. 그러나 대대적인 규모의 식민화는 15세기 잉글랜드처럼 인구가 희박한 나라의 자원 범위를 넘어서는 일이었다.

새로운 잉글랜드 영주들은 영지에서의 단순한 세입 외에도 봉급과 관직에서 나오는 소득, 세금 착취, 배상금, 안전 통행권에 대한 대가, 파티스라는 일반적인 보호비 등으로 이익을 얻었다. 그리고 프랑스의 다른 지역에서 벌이는 군사 활동을 통해 몸값과 약탈 전리품을 얻기도 했다. 대귀족들만이 아니라 모든 잉글랜드 병사들이 약탈 전리품으로 이익을 누렸다. 당대의 연대기 작가인 어스크의 애덤^{Adam of Usk}은 헨리가 승전을 거둔 이후에 프랑스에서 가져온 전리품들이 잉글랜드 전역에 팔려나갔다고 말한다.

노르망디 공국에 대한 통치는 전통적인 제도들을 통해 이루어졌다. 그러나 수하 관리들은 대부분 노르망디인이었지만 여덟 명의 바이이는 모두 잉글랜드인이었다. 재상과 총재무관, 가령, 제독 같은 고위 관직들도 마찬가지로 잉글랜드인이 차지했다. 그들은 놀라울 정도로 충성스러운 현지 관료제의 지원 속에 공국이 잉글랜드의 전쟁 수행에 최대한 돈을 댈 수 있도록 가혹한 과세와 강제적인 대부, 그리고 통화 조작(화폐의 가치절하와 회수한 화폐를 재주조하여 재발행하기)을 시도하여 노르망디의 단물을 철저히 빨아먹었다. 저항의 움직임도 있었다. 재산을 빼앗긴 영주들은 파티스를 도저히 감당할 수 없었던 농민들을 이끌고 숲과 동굴에 은신한 채 게릴라로 활동했다. 잉글랜드인들은 그들을 "도적 떼"라고 불렀고, 그들을 붙잡으면 교수형에 처했다. 그러면서도 공국에 놀랄 만큼 소수의 병력만 주둔시켰다. 1421년 헨리의 수비대는 약 4,500명에 달했지만 나중에는 고작 1,500명 정도에 불과했고, 새로운 잉글랜드인 영주들은 여기저기 흩어져 있는 거점들에 추가로 2,500명 정도의 병력을 유지했던 것으로 알려져 있다. 이 병사들은 막강한 대리 사령관의 지휘를 받았고, 파티스 관행에 따라 돈을 받았다. 정권이 엄혹했지만 노르망디에서 잉글랜드의 지배는 30년간 지속되어, 노르망디인 한 세대 전체가 잉글랜드 말고는 다른 지배를 알지 못했다.

헨리 국왕은 이 새로운 기옌에 특별한 애정을 품었는데 어쩌면 자신을 정복왕 윌리엄의 계승자로 보았기 때문일 것이다. 그는 누가 봐도 분명한 자부심을 드러내며 수시로 "우리 노르망디 공국"을 운운하였다. 그는 행정을 과도하게 잉글랜드화하지 않으려고 조심하면서 새로운 신민들의 마음을 얻으려고 애썼고, 허가장과 보호 증서를 내주어 교역과 통상을 장려했다. 잉글랜드 병사들의 약탈을 중단시키려는 시도도 했다.

노르망디 정복은 여러 가지 전략적 이점을 가져다주었다. 센 강 하류의 식량 이송로를 통제하고 파리의 목을 죄는 교두보가 되었을 뿐 아니라 이 지역의 해안을 장악함으로써 보르도와의 연락선을 확보할 수 있었다. 또한 영국해협이 영토 방어의 제1선이 아니라 제2선이 되면서 잉글랜드 남부 해안 지역들이 침공 위협에서 안전해졌다. 한편 프랑스에서 보았을 때 루앙의 프랑스 왕립 선거와 노르망디 항구들의 상실은 프랑스 해군의 파멸을 뜻했다. 헨리의 신설 함대 소속 선단들은 이 상황을 십분 활용하여 프랑스 상선들을 나포하면서 지속적으로 영국해협을 순찰했다.

그러나 헨리 5세는 공국의 획득을 그의 전체 "유산"을 정복해나가는 일보—步로만 보았다. 귀족계급이 부르고뉴파와 아르마냐크파로 가망 없이 쪼개진 프랑스는 그러한 위협에 맞설 대비가 되어 있지 않았다. 불쌍한 국왕 샤를은 더욱 심하게 미쳐갔다. 두 명의 도팽이 너무 일찍 죽었고, 1403년에 태어나 훗날 샤를 7세가 되는 세 번째 도팽은 정신적으로 미숙하고 신체적으로도 볼품없는 미덥지 못한 젊은이였다.

잉글랜드의 진군에 경악한 부르고뉴 공작 장은 도팽을 좌지우지하고 있던 아르마냐크파와 협상을 시도했다. 1418년 부르고뉴 지지자들이 수천 명의 아르마냐크파를 학살한 봉기 이후에는 부르고뉴파가 파리를 장악하고 있었지만, 1419년 여름 코르베유에서 열린 예비회담에서 장 공작과 도팽 그리고 그의 아르마냐크파 자문들 사이에 어느 정도 합의가 이루어진 듯했다.

사실 아르마냐크파는 복수를 꾀하고 있었다. 9월 10일 욘강 몽트로 다리에서 열린 두 번째 회담에서 그들은 부르고뉴 공작이 도 팽에게 예를 표하기 위해 무릎을 꿇는 순간 그를 참살했다. 도팽 이 첫 일격에 대한 신호를 주었을지도 모른다. 1세기 뒤 프랑수아 1세에게 디종에 있는 부르고뉴 공작들의 능을 보여주던 한 카르투 지오회 수도사는 장의 깨진 해골을 집어들고 이렇게 말했다. "바로 이 구멍을 통해 잉글랜드인들이 프랑스로 들어왔던 것입니다." 아 버지가 살해되었다는 소식에 장의 아들이자 후계자는 침상에 몸 을 던지고 비탄과 분노로 이를 갈았다고 한다. 부르고뉴파와 아르 마냐크파 사이의 불화는 이제 회복 불가능한 수준이 되었다.

이미 수도를 상실한 아르마냐크파는 공작 살해 사건 때문에 광 범위한 반감을 사 세력이 더욱 약해졌다. 많은 사람들이 프랑스의 모든 불행을 그들 탓으로 돌렸다. 파리 부르주아the Bourgeois of Paris* 는 "노르망디는 여전히 프랑스일 것이며, 프랑스 귀족들의 피가 흐 르는 일도 없었을 것이며, 왕국의 귀족들이 유배에 처해지지도 않 았을 것이고, 국왕이 진실하고 충성스러운 친구를 그토록 많이 잃 은 그곳 아쟁쿠르에서 그날 그렇게나 많은 훌륭한 자들이 죽지도 않았을 것이다. 이 저주받을 이름 아르마냐크의 거만한 자부심만 없었다면"이라고 썼다. 아르마냐크파의 꼭두각시로 여겨진 도팽은 이러한 맹비난을 같이 받아야 했다. 디종에서 그 수도사가 말한 대 로 바로 프랑스인들 사이의 이 치명적인 분열 때문에 헨리 5세가

---

*『파리 부르주아의 일기』의 익명 저자. 제목과 달리 저자는 부르주아가 아니라 성직자 로 추정되며, 당시 작성된 일기라기보다는 사후에 쓰인 회상록으로 여겨진다.

프랑스의 그 많은 지역들을 정복하고 보유할 수 있었다.

그러나 잉글랜드의 침공과 동일한 시기에 벌어졌던 부르고뉴파와 아르마냐크파 사이의 내전이라는 사건은 이제 백년전쟁이 모든 잉글랜드인과 많은 프랑스인들에게 본질적으로 민족적 투쟁이 되었다는 사실을 지금까지 가려왔다. 의미심장하게도 잉글랜드 지배계급은 당연히 더는 프랑스어를 사용하지 않았다. 심지어 국왕의 제1언어도 이제는 영어였다. 의심의 여지 없이 15세기 잉글랜드인과 프랑스인 사이의 적대감은 진정으로 민족주의적인 외국인 혐오를 드러내 보여주고 있었다. 적어도 잔 다르크 시기에 이르면 프랑스인들은 이미 잉글랜드인을 가리킬 때 고동^{Godon}—"갓댐^{God-damm}(저주받을 놈들)의 변형"—이란 표현을 쓰고 있었다. 1419년경에 '프랑스'와 '진실' 간의 대화를 쓰고 있던 한 익명의 모럴리스트는 일부 프랑스인들이 잉글랜드 침략자들에 관해 어떻게 느꼈는지를 생생하게 그려 보인다. "그들이 해왔고 여전히 하고 있는 전쟁은 옳지 않으며, 기만적이고 가증스럽다. 하기야 그들은 모든 이성과 선에 반하는 저주받은 민족이며, 굶주린 늑대들, 오만하고 거만한 위선자들, 양심이라고는 없는 사기꾼들, 폭군이자 기독교도 박해자들, 사람 피를 게걸스레 마셔대는 자들, 성정이 맹금 같아 오로지 약탈로만 살아가는 자들이니까." 하지만 프랑스로서는 안타깝게도 부르고뉴파와 아르마냐크파는 잉글랜드보다 서로를 더 지독하게 미워했다.

부르고뉴의 새로운 공작 선량공 필리프는 중세 기준으로는 완전히 성숙한 나이인 스물다섯 살이었다. 성장 배경이나 정서적인 측면에서 그는 플랑드르 사람이었지만, 호사스러운 것을 좋아하고 국정 운영이나 군사 활동보다는 요란한 과시와 마상 창시합을 더 좋아했으며, 부친 못지않게 프랑스에 대한 지배욕이 강했다. 그의 해법은 부르고뉴와 잉글랜드가 프랑스 북부를 분할하는 것이었다. 처음에 그는 잉글랜드가 자신이 그곳을 통치하게 놔둘 것이라고 믿었을지도 모르지만—그랬다면 착각한 것이다—만약 잉글랜드가 점령한다 해도 그로서는 상당한 이득이었다. 그는 적은 대가를 지불하고 프랑스의 넓은 지역을 계속 지배할 수 있을 것이고, 발루아가의 한 사람을 지배하기보다는 랭커스터가의 한 사람에게 없어서는 안 될 동맹 세력이 됨으로써 많은 권력을 얻을 수 있었다. 1419년 12월 그는 헨리와 공식적으로 동맹을 맺고 그의 프랑스 정복을 돕겠다고 약속했다.

곧 잉글랜드와 부르고뉴는 샤를 국왕—아니 그보다는 이자보 왕비—과 협상하기 시작했다. 샹파뉴 지방의 트루아에 있던 초라한 궁정은 1417년 부르고뉴파의 지원을 받은 왕비가 도팽의 정부에 맞서 수립한 라이벌 정부였다. 헨리는 동생 클래런스와 고작 1,500명의 병력만 대동한 채 퐁투아즈를 출발해 중간에 생드니에 들러 기도를 드린 다음 파리 성벽을 지나는 우회로를 거쳐 트루아로 갔다. 그는 샹파뉴에서 병사들에게 그만의 특유한 명령을 내렸다—현지의 포도주를 물로 희석하라는 것이었다. 그는 1420년 5월 20일 트루아에 도착했고, 다음 날 이미 기안되어 있던 조약이 체결되었다. "병증에 사로잡힌" 불쌍한 샤를 6세는 헨리를 만났을 때 그가 누구인지 알아보지 못했던 것 같지만 순순히 조인식을 마쳤다. 조약 내용에 따라 잉글랜드 국왕은 프랑스 왕위의 계승자이자 프랑스의 섭정(Haeres et Regens Franciae)이 되었고, 이자보는 도팽을 자신의 여러 애인 가운데 한 명한테서 낳은 사생아라고 기꺼이 선언했다. 헨리는 샤를의 딸 카트린과 트루아에서 12일 이내에 결혼식을 거행할 예정이었다(연대기 작가 앙게랑 드 몽스트렐레에 따르면 두 사람은 이 결혼에 들떠 있었다고 한다. "헨리 국왕이 그녀와 사랑에 빠졌다는 것이 빤히 보였고", 흑발의 프랑스 공주는 "헨리 국왕과 혼인하기를 오랫동안 열렬히 바라왔다"). 결혼에 대한 보답으로 헨리는 현재 "도팽을 참칭하는 자"와 아르마냐크파가 점령하고 있는 모든 영토를 정복하기로 했다. 헨리는 샤를 6세가 살아 있는 동안에는 노르망디를 보유하고 브르타뉴의 "신종 선서"를 받지만, 나중에 프랑스 국왕이 되면 자신의 노르망디 공국을 프랑스 왕국에 통합하기로 했다. 국왕은 뛸 듯 기뻐하며 "좋은 합의" 소식을 잉글랜드로 보냈고, 잉글랜드에서는 세인트폴 대성당에서 감사의 행렬 기도식이 거행되었다. 하지만 그가 프랑스 왕관을 쓸 때까지 오래 살지 못한 것은 섬뜩한 아이러니다. 트루아조약은 프랑스 역사상 최대의 굴욕 가운데 하나로 1940년의 굴욕에 비견될 만하지만, 페루아가 지적한 대로 루아르강 이북에서는 조약에 반대하는 목소리가 전혀 없었다.

헨리와 부르고뉴의 필리프는 아르마냐크파한테 재산과 지위를 박탈당한 이들로서는 기쁘게도 즉시 프랑스 북부 정복을 이어나갔다. 동맹군은 필리프의 아버지가 살해된 곳인 몽트로를 포위했고, 헨리는 성벽 앞에 일부 포로들을 목매달아 수비대에게 항복할 것을 종용했다. 도시는 함락되었고, 장 공작의 시신은 다시 파내져 디종으로 옮겨졌다. 전역의 주요 목표는 노르망디와 파리 사이에 산재한 적의 저항 중심지들을 축소시키는 것이었다. 그중에서도 특히 중요한 장애물은 믈룅으로, 헨리와 2만 병력의 잉글랜드-부르고뉴 연합군은 7월에 이곳을 포위했다. 도시를 지키는 수비대는 700명에 불과했으나 용감한 가스코뉴인 지휘관 아르노 기욤 드 바르바장은 그곳의 탁월한 방어 입지를 철저히 활용할 작정이었다. 도심과 성채가 섬에 자리 잡고 있는 도시는 센강에 걸쳐 있었고, 각각 성벽에 둘러싸여 개별적 요새나 다름없던 도시의 세 구역은 이웃 구역과 다리로만 연결되어 있었다. 잉글랜드 병사들은 대개 무릎 높이까지 차오르는 물속에서 갱도 폭파 작업을 시도했지만 프랑스인들도 여기에 맞서 대항 갱도를 팠고, 갱도 안에서는 횃불에 의지하여 살벌한 싸움들이 벌어졌다. 헨리는 몸소 이 싸움에 참가하여 한번은 실제로 바르바장과 칼을 맞부딪치기도 했다.

잉글랜드의 중포—충성스러운 시민들이 바친 선물인 '런던'이라는 이름의 대포를 포함해—도 땅굴 폭파와 마찬가지로 효과가 미미했다. 방어자들은 구멍이 난 성벽을 대량의 흙으로 순식간에 메웠다. 포위군 사이에서 이질이 발생하여 많은 사상자가 발생했다. 헨리는 샤를 6세를 진지로 데려온 뒤 바르바장에게 메시지를 보내 국왕에게 복종할 것을 촉구했지만, 그 사나운 가스코뉴인은 자신은 군주에게 충성할 뿐 어떤 잉글랜드 국왕도 결코 인정할 수 없다고 대꾸했다. 하지만 비축 식량이 바닥나자 11월 18일 믈룅은 18주간의 저항 끝에 항복하고 말았다. 헨리는 바르바장을 목매달고 싶었지만 가스코뉴인은 기사도의 법칙에 호소함으로써 교수형을 피해갈 수 있었다. 그는 비록 적이었지만 헨리 국왕과 직접 무기를 들고 싸운 적이 있기에 국왕은 그를 처형시킬 수 없었다. 헨리는 바르바장을 철창에 가두는 것으로 만족했다. 그러나 자신에게 포로로 잡혀 있어 이론적으로는 자기 편이 된 스코틀랜드 국왕에 대한 반역을 저질렀다는 빈약한 구실을 들어 10여 명의 스코틀랜드 병사들을 교수형시키는 데는 성공했다. 파리 부르주아는 잉글랜드 군대가 플룅에 있는 동안 20리그 이상의 인근 지역을 쑥대밭으로 만들었다고 말한다.

1420년 9월 1일, 헨리 5세, 부르고뉴의 필리프, 샤를 6세가 성대한 의례와 함께 파리에 입성하면서 향후 15년간 지속될 잉글랜드의 파리 점령이 시작되었다. 파리 시민들은 샤를의 "진정한 아들"에게 환호했고, 사제들은 거리에서 테데움〔승전 성가〕을 불렀으며, 국무대신은 트루아조약을 비준했고, 파리 고등법원은 도팽이 "그가 저지른 추악하고 끔찍한 범죄들" 때문에 왕위를 계승할 수 없다고 선포했다. 몽스트렐레는 헨리가 오텔드생폴에 있는 샤를의 암담한 궁정과는 대비되는 루브르 궁전에 머물며 크리스마스를 얼마나 화려하게 보냈는지를 전한다. 그에 반해 미쳤을 뿐 아니라 이제는 더럽고 누추해진 늙은 국왕은, 몰락한 몇몇 시종들과 국왕 주위를 맴도는 신분이 낮은 이들 일부를 제외하고는 모두에게 버림받은 채 오텔드생폴에서 "형편없고 보잘것없는 시중을 받았다". 국왕의 궁정인들은 모두 루브르에 있었다. 때는 엄혹한 겨울이었고, 식량이 귀하고 비싸서—빵값이 두 배로 뛰었다—일반 파리 시민들 역시 괴로움을 겪었다. 도시의 쓰레기장은 쓰레기 더미에서 먹을 것을 뒤지다 죽어간 아이들의 시신으로 뒤덮였다. 사람들이 돼지도 거들떠보지 않는 구정물 같은 꿀꿀이죽을 먹어치우기 시작했고, 늑대들이 센강 주변을 배회하며 방금 묻은 시신을 파헤쳐 갉아먹었다고 파리 부르주아는 전한다. 이런 참상의 와중에 잉글랜드 침략자들의 오만불손은 특히 역겨웠다. 부르고뉴 출신의 연대기 작가 조르주 샤스틀랭은 그들이 "그들의 언어뿐 아니라 무례하고 오만한 말투와 행동거지로" 파리를 새로운 런던으로 둔갑시켰으며 "수사슴처럼 고개를 빳빳이 들고 다녔다"고 한탄했다. 특히 부르고뉴 귀족들은 헨리 국왕의 차갑고 도도한 태도를 싫어했다. 그는 질문에 대답할 때 감히 자신의 얼굴을 쳐다보았다고 프랑스의 원수 장 드 릴아당을 질책하기까지 했다.

곧 헨리와 카트린 왕비는 엑시터 공작과 500명의 잉글랜드 수비대를 남겨두고 파리를 떠나 루앙에서 공현절을 보냈고, 노르망디 영지들에 더 많은 돈을 요구했다. 1월 말, 그들은 칼레로 이동해 도버로 출항했다.

3년 반 동안 잉글랜드를 떠나 있었던 국왕은 가는 곳마다 열렬한 환영을 받았고, 통상 가장 행렬과 포도주 분수가 그를 맞았다. 1421년 2월 23일 캔터베리 대주교는 웨스트민스터 사원에서 카트린 왕비에게 왕관을 씌워주었다. 대관식 후 국왕 부부는 세인트올번스와 브리스톨, 헤리퍼드셔를 거쳐 슈루즈베리와 코번트리, 레스터로 이동하며 순행을 이어갔다. 북부에서 그들은 요크와 링컨을, 이스트앵글리아에서는 노리치와 킹스린을 방문했다. 순행의 진짜 목적은 전쟁 수행에 필요한 자금을 더 거둬들이는 것이었다. 헨리가 다녀간 뒤 위임관들이 성직자와 지주들, 자치시 시민들, 심지어 시골 주민과 장인들한테도 돈을 모금하러 다녔다. 5월 초가 되자 이 융자금은 대략 3만 8,000파운드에 달했는데, 그중 2만 2,000파운드는 국왕의 삼촌 보퍼트 주교가 댄 것이었다. 그달 웨스트민스터에서 모인 의회는 헨리의 신민들이 겪고 있는 가난과 곤경을 거론하면서도 추가 보조금—십오일조세와 성직자들에게 걷는 십일조세—을 승인했다. 국왕은 한 푼이 아쉬웠다. 1년 뒤 그가 죽었을 때 정부는 2만 5,000파운드의 부채와 3만 파운드의 적자에 직면해야 했다. 이 적자는 대부분 지속적인 습격과 소요 때문에 정복지에서 나오는 세입으로도 감당할 수 없었던 전비 탓에 발생한 것이었다.

1421년 4월 국왕은 왕위 후계자이자 동생인 클래런스의 패배와 사망 소식을 들었다. 공작은 1412년 이후로 줄곧 프랑스에서 전역을 수행해온 노련한 군인이었으나 충동적인 기질이 있었고 형의 영예를 시기했다. 클래런스는 멘을 가로질러 루아르강 너머로 습격을 다녀온 뒤 1421년 3월 22일 부활절 주일에 노르망디의 퐁드라르슈에서 만찬을 들던 중 인근의 보제에 아르마냐크파 군대가 있다는 소식을 들었다. 헨리의 "프랑스 원수Marshal of France"인 길버트 엄프러빌 경과 헌팅던 백작은 클래런스에게 궁수가 도착할 때까지 기다리라고 조언했으나 공작은 그들에게 경멸조로 대꾸했다. "그대들은 두렵거든 집에 돌아가 교회 묘지나 지키시오." 그런 다음 클래런스는 1,500명이 채 안 되는 병력을 이끌고 15킬로미터를 질주해 보제로 갔다. 그곳에 도착하자마자 쿠에농강 다리를 건넌 공작은 적과 조우했고, 적의 수가 그들보다 두 배나 많고 질퍽거리는 땅을 건너 공격해야 했는데도 즉시 오르막을 올라 적에게 돌진했다. 버컨 백작과 위그타운 백작이 이끄는 스코틀랜드 병력이 포함된 아르마냐크파 군대는 경사면을 따라 내려오며, 격퇴당한 뒤 강둑에 재집결 중이던 잉글랜드군을 향해 돌격했다. 투구에 쓴 보관寶冠 때문에 쉽게 알아볼 수 있었던 클래런스는 순식간에 죽임을 당했고, 그의 부하들 대부분도 그와 함께 스러지거나 포로로 잡혔다. 엄프러빌 경과 루스 경은 공작과 함께 전사했고, 헌팅던 백작과 서머싯 백작은 생포되었다. 그 직후에 전장에 온 솔즈베리 백작은 가까스로 클래런스의 시신―도팽에게 가져가기 위해 수레에 실려 있었다―을 되찾고 생존자들을 빼내올 수 있었다.

이 패전은 잉글랜드인들이 궁수와 말에서 내린 중기병이라는 전통적 조합에 계속 의존해야 한다는 사실을 여실히 보여주었다. 당대의 한 잉글랜드인이 쓴 대로 그의 동포들은 "궁수를 같이 데려가려 하지 않고, 그들 없이 자신들만으로 프랑스인들을 상대할 수 있다고 생각했기 때문에" 격퇴당했다. "그리고 그가 죽임을 당했을 때 궁수들이 와서 공작의 시신을 구해냈다." 아르마냐크파는 이 승리에 엄청나게 고무됐다. 비록 이 한 번의 승리가 그들에게 어떤 지속적인 이점을 가져다준 것은 아니지만 침략자들이 무적이 아니라는 것을 보여준 것이다. 도팽은 궁정인들에게 농담을 건넸다. "그대들은 이제 스코틀랜드에서 온, 저 양고기를 뜯는 자들과 포도주를 홀짝이는 자들을 어떻게 생각하는가?" 한동안 이 용감한 우군에 대해 비우호적인 발언이 오갔던 것이다. 도팽은 버컨 백작을 프랑스의 원수로 임명했다.

1421년 6월 헨리는 프랑스로 복귀했다. 그는 4,000명의 병력을 이끌고 칼레에 상륙하여 포위된 엑시터를 구하러 파리로 행군했다. 파리는 북쪽에는 드뢰, 동쪽에는 모, 남쪽에는 주아니에 진을 친 일련의 아르마냐크 군대에 의해 삼면이 포위된 상태였다. 국왕은 신속히 드뢰를 포위하여 함락시켰다. 그다음 남쪽으로 행군하여 보스에 입성, 방돔과 보장시를 손에 넣은 뒤 행군을 이어가 오를레앙 앞에 진을 쳤다. 요새화된 도시를 포위하기에는 보급품이 너무 부족했기 때문에 그는 사흘 뒤 북쪽으로 선회하여 빌뇌브르루아를 함락했다. 그는 심기가 아주 불편했다. 아르마냐크파의 루주몽성을 함락했을 때 그는 수비대 전체를 목매달고 건물을 무너뜨린 뒤, 도망쳤으나 나중에 그에게 붙잡힌 다른 수비대들을 물에 빠뜨려 죽였다. 국왕은 모로 행군을 이어갔다.

파리에서 동쪽으로 65킬로미터 떨어진 마른강 굽이에 위치한 이 도시는 삼면이 강으로 방어되고, 마지막 네 번째 면은 운하로 보호되었는데, 폭우가 내린 탓에 강과 운하 모두 물이 크게 불어나 있었다. 국왕은 10월에 포위를 시작하여 막사를 차리고 대포와 보급품을 가져왔다. 갱도 폭파와 포격이 곧 성벽을 부수기 시작했지만, 잔인하고 사악한 인간이며 용감한 지휘관이기도 한 바스타르 드 보뤼스 휘하의 방어군은 기아에도 불구하고 꿋꿋하게 버텼다. 비와 홍수로 침수되었던 성벽 밖의 땅에는 매서운 서리가 내렸고, 평소보다 질병이 자주 발병했다. 잉글랜드군 가운데 1/6이 이질과 천연두로 죽은 것으로 추정된다. 헨리도 병에 걸려 잉글랜드에서 의사가 불려왔다. 질병과 또다시 겪는 엄동설한의 괴로움에도 불구하고 헨리는 심지어 크리스마스에도 계속 부하들 곁에 머무르겠다고 고집을 피웠다. 유일하게 그의 기운을 북돋아준 일은 카트린 왕비가 12월 6일 윈저성에서 아들이자 왕위 후계자를 출산한 것이었다(그가 아내의 출산 소식에 "몬머스에서 태어난 헨리는 짧은 세월을 다스리나 많은 것을 얻고, 윈저에서 태어난 헨리는 오래 다스리나 모든 것을 잃겠지만, 신의 뜻이 그러하다면 어쩔 수 없지" 하고 말했다는 음울한 전설은 적어도 1세기 뒤에 지어낸 것이다).

1422년 3월 초, 소수의 아르마냐크파 병사들이 밤을 틈타 도시 안으로 들어가는 데 성공했지만, 그들의 지휘관이 도랑에 빠져 첨벙거리는 바람에 잉글랜드군이 깨어 대부분 붙잡히고 말았다. 이 구원 시도가 실패로 돌아가자 낙담한 수비대는 남은 식량을 가지고 요새화된 외곽 장터로 퇴각했다. 3월 9일 나머지 도시민들이 항복했지만 수비대는 여전히 버텼다. 마른강 안의 섬 위 목재 엄폐물 아래 설치된 헨리의 포대는 쉴 새 없이 수비대를 포격했고, 여덟 달간 포위가 이어진 끝에 결국 수비대도 5월 10일 항복했다. 바스타르는 참수당했고, 그의 시신은 그가 희생자들을 목매달았던 나무에 내걸렸다. 헨리는 자신을 조롱한 오라스Orace라는 나팔수도 참수했다. 한편 성벽에 당나귀를 끌고 와 당나귀가 울 때까지 때리고는 당나귀의 울음소리에 국왕이 말하고 있다며 헨리를 조롱했던 일부 수비대는 특히 끔찍한 감옥에 수감되었다. 부유한 포로들은 잉글랜드로 보내져 몸값이 지불되길 기다렸으며, 모든 접시와 보석류, 귀중품들은 헨리가 쓸 수 있게 그러모아졌다.

이러한 포위전은 방어군과 도시 주민에게만 국한되지 않는 참상을 야기했다. 잉글랜드 병사들은 모 앞에 진을 쳤을 때 인근의 농촌 지역 브리를 널리 약탈했다. 파리 부르주아에 따르면 그곳의 많은 농민들은 절망에 사로잡혀 농장과 가족을 내버렸다고 한다. "무슨 뾰족한 수가 있겠는가? 어떻게 되든 상관없으니 모든 것을 악마에게 내맡기자… 죽거나 포로로 잡히는 것보다 더한 일을 당할 수 있겠는가? 반역자들의 가짜 정부 탓에 우리는 아내와 자식들을 놔두고 떠도는 짐승처럼 숲속으로 도망칠 수밖에 없었다."

헨리는 파리로 돌아왔다. 그는 병들어 있었고, 사람들은 그의 회복을 바라는 기도를 올렸다. 그는 이질 증상을 보였던 것 같은데, 틀림없이 모 포위전 동안 병에 걸렸을 것이다. 아르마냐크파에 포위된 디종으로 가는 길목에 자리한 요충지 콩쉬르루아르로 가는 길에 갑자기 말을 탈 수 없게 된 그는 가마에 실려 8월 10일 뱅센성에 닿았다. 국왕은 죽어가고 있었다. 국왕은 그답게 빈틈없이 두 왕국의 통치를 위한 방안을 마련했다. 동생 베드퍼드를 프랑스의 임시 섭정과 아기인 헨리 6세의 후견인으로 임명하는 한편 글로스터를 잉글랜드의 섭정으로 삼았다. 그는 베드퍼드에게 무슨 일이 있어도 부르고뉴와 동맹을 계속 유지해야 하며, 부르고뉴의 필리프 공작이 사양할 때만 프랑스 섭정의 지위를 유지하라고 말했다. 또 만일 상황이 나빠지면 잉글랜드는 노르망디를 구하는 데 집중해야 한다는 유지를 남겼다. 그는 자신이 어떤 영광을 바라서

헨리 5세의 옥새. 프랜시스 샌퍼드, 『영국의 군주들, 잉글랜드 국왕들의 계보』.

가 아니라 그저 자신의 대의명분이 정당하고 항구적인 평화를 가져올 것이기 때문에 프랑스를 침공했던 거라고도 주장했다. 그가 프랑스 정복에 성공할 수도 있었다고 진심으로 믿었다는 사실은 그가 만약 신이 자신을 살려주셨다면 이교도들을 축출하기 위해 예루살렘으로 갔을 것이라는 주장으로도 뒷받침된다. 그러나 어느 순간 그도 자신의 구원 가능성을 걱정했던 것 같다. 마치 악귀한테 대꾸하듯 국왕은 별안간 외쳤다. "거짓말! 너는 거짓말을 하는구나! 내게 부여된 몫은 주 예수 그리스도와 함께한다!" 헨리 5세는 1422년 8월 31일 뱅센에서 평온하게 숨을 거두었다. 그의 나이 고작 서른다섯 살이었다.

8장

프랑스 섭정 베드퍼드 공작
1422~1429년

…나는 프랑스의 섭정이다.
내게 강철 같은 코트를 주면 내 프랑스를 위해 싸우리니.
_『헨리 6세』

전적으로 그대의 것(A vous entier).
_베드퍼드 공작의 모토

형인 헨리 5세의 유언에 따라 프랑스 섭정이 된 베드퍼드 공작(1389~1435년). 그는
당대 잉글랜드인 가운데 보기 드물게 프랑스인들에게 진심 어린 애정을 보인 사람이
었다.

헨리 5세가 죽은 이후의 7년은 잉글랜드인들에게 전체 전쟁 기간 가운데 가장 성공적인 시절의 일부였다. 그들은 남쪽으로 계속 전진하여 루아르 계곡으로 진입했다. 잉글랜드의 헨리 6세이자, 사위가 죽은 뒤 샤를이 6주 만에 사망함으로써 프랑스 국왕 앙리 2세도 된 아기 국왕이 나머지 프랑스 지역에 대한 지배권을 얻을 진짜 기회가 생긴 듯했다. (윈스턴 처칠 경의 전시 공상이었던 하나의 프랑스-영국 국가를 예견하는 듯한) 이중 왕국은 뜻밖에도 순조롭게 굴러갔다. 때로는 파리 시민들도 이중 왕국을 위해 충성스럽게 싸웠다. 이 모든 것은 두 사람, 즉 섭정 베드퍼드와 그의 위대한 장군 솔즈베리 백작 덕분이었다.

1422년, 베드퍼드 공작 몬머스의 존 John of Monmouth은 서른세 살이었다. 그는 전에 아르플뢰르 앞바다 해전에서 승리한 제독이었고, 프랑스에서 몇몇 격전을 치렀을 뿐 아니라 형이 해외에서 싸우는 동안 잉글랜드의 호국경Guardian of England을 두 차례나 지냈다. 몸집이 크고, 발그레한 피부에 살집이 있는 그는 (『베드퍼드 기도서』에 실린 세밀화로 판단하건대) 바짝 깎은 갈색 머리 아래로 매부리코와 묘하게 쑥 들어간 이마와 턱이 눈에 띄는 용모였다. 성미가 불같긴 했지만 그는 헨리 5세보다 인간적이고 서글서글했다. 천재는 아니었어도 뛰어난 군인이자 행정가, 외교가였으며 결의가 굳은 인물이었다. 그의 가장 뛰어난 자질은 그의 모토가 보여주는 충성심, 즉 조카인 헨리 6세에게 헌신적으로 바친 충성심이었다. 그는 프랑스 왕위에 대한 플랜태저넷가의 권리를 한 치의 의심도 없이 확신했지만 진심으로 프랑스인과 그들의 나라를 사랑하고, 결국에는 알랑송과 앙주의 공작, 멘과 모르탱, 드뢰의 백작, 보몽 자작 등 많은 영지의 영주가 되었으며, 그곳에 멋진 궁과 성을 다수 소유했다. 그는 형의 유지를 묵묵히 받들어 부르고뉴 공작에게 섭정직을 제안했고, 필리프가 사양하자 말할 것도 없이 크게 안도했다.

솔즈베리 백작이자 페르슈 백작인 토머스 몬터규는 백년전쟁 때 잉글랜드가 배출한 가장 뛰어난―헨리 5세 다음으로―지휘관이었다. 헨리가 총애한 장군인 그는 가터 기사 서임을 받았고, 1419년에는 노르망디의 부총독이 되었다. 전술가이면서 전략가였던 그는 언제나 독창적이고 창의적이었지만 동시에 실리적이고 인내심이 있었다. 파리 부르주아는 그를 "기사답고, 능수능란하고 교묘한 솔즈베리 백작"이라고 부른다. 더 나아가 그는 참모 업무에도 뛰어나고, 실제 전투에서도 뛰어난 전천후 군인이었으며, (헨리 국왕 다음으로) 포술 전문가였던 최초의 잉글랜드 지휘관일 것이다. 부하들은 그의 엄한 규율을 무서워하긴 했지만 그를 좋아하고 신뢰했다. 무엇보다도 그는 베드퍼드와 손발이 척척 맞았다. 프랑스인들은 포로들한테 올가미를 씌워 파리로 끌고 가는 것으로 알려진 솔즈베리 백작을 두려워했다. 셰익스피어는 『헨리 6세』에서 앙주 공작의 입을 벌려 이렇게 말한다.

솔즈베리는 물불을 가리지 않는 살인자요,
삶에 싫증난 사람처럼 싸운다.

도팽 지지자들이라면 그를 그렇게 인식하고도 남았을 것이다. 그 시기에 그들한테는 적당히 실력 있는 지휘관조차 부족했기 때문이다.

베드퍼드, 솔즈베리와 같은 자리에 놓을 수 있는 세 번째 잉글랜드인은 바로 워릭 백작이자 오말 백작인 리처드 비첨이다. 그런데 더할 나위 없이 유능했던 그는 프랑스에서 오랫동안 성실히 복무했는데도 이룩한 게 별로 없었다. 워릭이 우리의 마음을 사로잡는 것은 그가 (군주를 제외하고는) 실물과 그럴듯하게 닮은 초상이 남아 있는 유일한 잉글랜드 지휘관이라는 사실 때문이다. 워릭성에 남아 있는 그의 조상彫像은 우아한 동시에 오만한 표정이 담긴 선이 섬세한 얼굴과 까다로워 보이지만 위엄 넘치는 영락없는 귀족을 보여준다. 심지어 그의 손에도 똑같은 도도한 우아함이 깃들어 있다. 게다가 우리는 한 세대 뒤에 고물古物 연구가 존 라우스가 쓴 이야기를 통해 그의 삶에 관해 많은 것을 알고 있다. 1382년에 태어난 워릭은 고작 스무 살 때 오와인 글린두르와 싸워 그를 패주시켰다. 1408년에는 예루살렘으로 놀라운 순례를 떠났는데, 도중에 파리에서는 샤를 6세의 손님으로, 베네치아에서는 도제^{doge}〔총독〕의 손님으로 지냈을 뿐 아니라 베로나에서는 판돌포 말라테스타와 마상 창시합을 벌여 당당히 승리했다. 귀국길에는 폴란드에 들렀고, 프로이센과 독일의 튜턴 기사단도 방문했다. 1415년 아르플뢰르 포위전에 참가한 뒤 칼레에서 지기스문트 황제를 영접한 그는 황제가 헨리 국왕에게 선물로 줄 칼을 내놓자 황제가 국왕에게 친히 선물할 것을 제의하며 받기를 사양했다. 워릭은 노르망디 정복과 트루아조약으로 이어진 협상 과정에서 중요한 역할을 했다. 다양한 시기에 칼레, 루앙, 모, 보베의 수비대장을 역임했고, 1426~1427년에는 "국왕의 지휘관 겸 대리 사령관이자 전장의 섭정"을 지냈다. 잉글랜드에서 섭정 자문회의의 일원이었던 그는 앵글로-프랑스 국가의 기둥이었다. 수입이 5,000파운드에 이르는 등 엄청나게 부유하고, 유서 깊은 혈통—비첨가는 1268년 이래로 줄곧 백작 가문이었다—을 자랑하는 그는 어린 헨리 6세의 개인지도 교사로 임명되는 명예도 누렸다. 지면상 여기서 기사도에 관해 길게 이야기할 수는 없지만 기사도의 이상은 충분히 실재했고, 그 대표자로 15세기 잉글랜드에서 워릭보다 더 나은 사람을 찾을 수는 없을 것이다. 그러므로 바로 그 워릭이 훗날 잔 다르크를 사형시킨다는 사실은 더욱더 흥미롭게 다가온다.

솔즈베리와 워릭은 구성원 대부분이 20년 넘게 함께해온 대단히 재능 있는 팀에 의지했다. 그들은 워릭 백작 같은 편력 기사가 아니라 직업 군인이었다. 그들 중에는 윌러비 디어스비 경, 톨벗 경, 스케일스 경, 존 파스톨프 경, 매튜 고프 경, 토머스 렘스턴 경, 토머스 키리얼 경, 윌리엄 글러스데일 경 등이 있었다. 용맹하고 무자비했던 그들은 전투와 습격, 산발적 교전, 심지어 전역 기간이 아닐 때조차도 막사와 안장, 요새가 일상인 삶을 잘 이끌어왔다. 한두 명은 장미전쟁에서 죽음을 맞을 때까지 살았고, 거의 모두가 큰 재산을 모았다.

프랑스 귀족의 작위를 몰수해 잉글랜드인들에게 나눠주는 관행이 계속되었기 때문에 많은 이들이 저마다 대규모 영지가 딸린 프랑스 작위를 받았다(물론 대부분의 경우 그 영지들의 적법한 보유자는 도팽파가 점령한 프랑스에 엄연히 살아 있었다). 여기에는 프랑스 역사에서 가장 잘 알려진 작위들도 포함되어 있다. 윌러비 경은 방돔 백작이 되었고, 톨벗 경은 클레르몽 백작, 스케일스 경은 샤르트르 주교 대리가 되었다. 그러한 작위 수여는 귀족에게만 국한되지 않았다.* 존 파스톨프 경은 실레르기욤과 라쉬즈쉬르사르트의 남작이 되었고, 매튜 고프 경은 쿨롱과 딜리에르의 남자이 되었다. 사람들은 그러한 백작령과 자작령을 열심히 추구했다.

마침내 '앙리Henri' 국왕은 섬처럼 고립된 몇몇 도팽 세력 지역을 제외하고는 루아르강 북쪽의 프랑스 전역에서 국왕으로 인정

---

*성씨 앞에 '로드Lord'라는 경칭이 붙는 공작, 후작, 백작, 자작, 남작은 귀족이며, 성이 아닌 이름 앞에 경칭 '서Sir'가 붙는 준남작과 기사는 흔히 귀족으로 오인받지만 엄밀하게는 귀족이 아니다. 따라서 이하에 거론되는 파스톨프와 고프는 평민이다.

되었다. 이 지역 가운데 상당 부분은 부르고뉴 공작의 지배를 받았고—그는 샹파뉴 대부분을 점령했다—브르타뉴는 브르타뉴 공작장 5세 치하의 독립된 지역이었다. 잉글랜드가 직접 지배하는 영역의 최대 범위는 노르망디와 파리, 일드프랑스, 샹파뉴와 피카르디의 일부, 여기에 파드칼레와 기옌까지 아울렀다. 나머지 지역은 도팽이 어느 정도 지배하고 있었다. 그의 자문회의는 푸아티에에 있었지만 그의 궁정은 때때로 부르주에 있었기 때문에 그는 "부르주의 왕"이라는 비하적인 호칭으로 불렸다. 사실 그는 이 성에서 저 성으로 옮겨 다녀서 부르주에 있는 경우도 좀처럼 없었다.

앵글로-프랑스 왕국은 잉글랜드와 완전히 분리되어 유지되었고, 소수의 고위 잉글랜드 관리들의 감독을 받는 프랑스인들이 오래된 제도에 근거해 왕국을 다스렸다. 노르망디는 트루아에서 맺은 약속과 달리 (페이드콩케트Pays de Conquête〔정복지〕와 멘과 앙주와 함께) 루앙에 있는 자문회의를 통해 별개의 국가로 운영되었다. 섭정이 노르망디 공국을 랭커스터가의 보루로 탈바꿈시키려고 작정했기 때문이다. 바이이는 언제나 잉글랜드인이었지만 다른 관리들은 거의 현지인들이었다. 베드퍼드는 교역을 장려하고, 캉에 대학을 설립하고, 조카의 이름으로 고품질 주화(살뤼 금화)를 발행하여, 잉글랜드의 지배가 현지 노르망디인들 사이에서 인기를 얻도록 최선을 다했다.

파리 정부는 상당히 달랐다. 파리에는 일종의 "앵글로-프랑스 사무국"의 기원으로 묘사되어온 것이 있었다. 잉글랜드 수비대가 자리 잡기 전에도 그곳의 관료제에서는 도팽 지지자들이 이미 숙청된 상태였고, 잉글랜드와 협력하는 데 거리낌이 없었기 때문이다. 이러한 부르고뉴파 관리들 가운데 일부는 파리뿐 아니라 루앙과 런던에서도 일했다. 수도에 있을 때 베드퍼드는 오텔데투르넬에 살면서 8,000명의 손님을 대접한 1428년 6월의 연회 같은 화려한 연회를 파리 사람들에게 베풀었다. 파리 부르주아는 연회에 귀족과 성직자들이 초대되었으며, "그다음에는 온갖 학문 분야의 박사들과 파리 고등법원의 재판관들, 파리 시장, 샤틀레의 관리들이, 그리고 나서는 상인 참사회장, 부참사회장, 부르주아, 심지어 평민들도" 초대되었다고 말한다. 섭정은 대학과 파리 고등법원, 그리고 도시 행정을 담당하는 고관들과 원만한 관계를 유지하는 데 특히 신경을 썼다.

그러나 베드퍼드는 플랜태저넷가의 통치를 인기 있게 만들려고 애쓰면서도 신민들이 전쟁 수행 노력에 기여하도록 강요했다. 파리도 혹독한 과세를 견뎌야 했지만 노르망디인들이 가장 큰 고통을 겪어야 했다. 페루아는 "실로 노르망디는 온전한 의미에서 랭커스터가 지배의 손쉬운 젖줄이었다"고 지적한다. 삼부회가 승인한 보조금 외에도 가벨세(염세), 포도주와 시과주에 대한 1/4세 quatrième, 그리고 모든 상품에 대해 판매세가 부과되었다. 게다가 병사들에게 급료를 주기 위해 화덕세인 게guet도 부과되었다. 1428년의 대전역 같은 위기 동안에는 더 많은 세금이 요구되었다. 농민들도 잉글랜드 수비대 때문에 고통을 겪었다. 식량 징발, 약탈, 몸값을 뜯어내기 위한 납치, 그리고 파티스, 즉 보호비 갈취 때문이었다. 이러한 종류의 공식적, 비공식적인 요구 사항들이 앙주와 멘, 일드프랑스에도 강요되었다. 시간이 흐르면서 잉글랜드인들은 점점 자금 압박에 시달렸고, 과세와 약탈은 갈수록 가혹해졌다.

잉글랜드의 전시 약탈자와 에코르셰르들écorcheurs 때문에 농민들의 삶은 견딜 수 없을 지경이 되었다. 전시 약탈자들 가운데 가장 악명 높은 사례는 리처드 비너블스이다. 1428년 노르망디에 왔을 때 그에게는 중기병 세 명과 궁수 10여 명밖에 없었지만 그는 곧 탈영병들을 모아 군대를 이루고 사비니의 요새화된 시토회 수도원에 자리를 잡고는 일대를 돌아다니며 강탈과 살인을 일삼았다. 그의 가장 피비린내 나는 활약상은 팔레즈 근처 비케에서 마을 주민 전체를 학살한 일이었다. 비너블스 무리는 무수한 경우 가운데 한 가지 사례일 뿐이다. '가죽을 벗기는 자들'이란 뜻의 에코르셰르는 루티에의 후예인 도적 떼였다. 그들은 희생자들을 홀딱 벗기고 심지어 산 채로 가죽을 벗기는 관행에서 이름을 따왔다. 베드퍼드는 불쌍한 시골 사람들을 보호하기 위해 최선을 다했다. 노르망디에서는 농민들에게 무기를 주고 일요일마다 활쏘기 연습을 시켰다. 멘에서는 자신의 인장이 찍힌 여행 허가증과 안전 통행증 그리고 보호 증명서를 (한 가구나 교구 전체에) 발급했다. 물론 이 모든 증서를 얻기 위해서는 현금을 지불해야 했다.

그러나 베드퍼드의 영웅적인 노력에도 랭커스터가가 지배한 프랑스는 결국 그 수비대와 탈영자들, 에코르셰르, 도팽파 습격자들에 의해 쑥대밭이 되고 말았다. 1420년대 말이 되자 노르망디에서 오는 세수는 급격하게 감소했다. 정복지가 전쟁 비용을 대지 않으리라는 것은 괴로울 정도로 분명했다.

애초부터 부르고뉴파의 지원만이 이중 왕국의 작동을 가능케 했다. 이런 맥락에서 볼 때 "부르고뉴파"는 부르고뉴 출신을 의미하는 게 아니라 정치적 충성을 가리키는 이름, 즉 도팽파보다는 부르고뉴 공작이나 그의 맹방이 다스리는 쪽을 선호하는 프랑스인들을 가리키는 이름이었다. 이제 많은 이들이 강력한 잉글랜드 정권이 평화를 가져오고 지난 십수 년간의 피비린내 나는 내전을 끝낼 것이라고 진심으로 믿었다. 더욱이 그들은 과거의 패턴으로 보았을 때 잉글랜드인들이 도팽파와의 전쟁에서 틀림없이 승리할 것이라고 생각했다(1940년 페탱 지지자들이 독일의 승전 가능성을 점쳤던 것과 매우 유사한 방식으로 말이다). 아르마냐크파의 공포정치를 기억하는 모든 파리 시민들은 도팽의 귀환에 분명히 뒤따를 학살을 두려워했고, 앵글로-부르고뉴 프랑스의 모든 도시에는 이런 두려움이 퍼져 있었다. 심지어 랭커스터가에게 점령되기 전에도 파리 부르주아는 도팽과 "아르마냐크파를 자처하는 자들"의 포로가 되느니 잉글랜드인의 포로가 되는 것이 낫다고 여겼다. 나중에 파리 부르주아는 아르마냐크파의 전역을 묘사하면서 그들이 "어떤 사람이나 악마가 저지를 수 있는 것보다" 더 나쁜 범죄들을 저질렀다고 말했다. 노트르담 성당의 관리 위원으로 추정되는 이 합리적이고 점잖은 관찰자는 "사라센보다 더 나쁜"이나 "고삐 풀린 악마들" 같은 표현을 사용한다. 하지만 안타깝게도 잉글랜드의 입지는 아르마냐크파에 대한 공포 그 이상에 달려 있었다.

가장 무시무시한 위협은 필리프 공작의 다루기 힘든 성격이었다. 외양은 화려하지만 그는 거만하고, 성질이 난폭하고—격노할 때면 그의 낯빛은 시퍼레졌다—자그마한 일에도 화를 잘 냈다. 그보다 더욱 당혹스러운 점은 이 기사도의 지주^{地柱}가 악명 높은 거짓말쟁이였다는 사실이다. 변덕스러운 데다 생각을 자주 바꿔서 그의 말은 좀처럼 신뢰를 얻지 못했다. 그는 자기 영역에서 세력을 강화하고, 저지대 지방에서 더 많은 영토를 획득하는 데에만 열중했다. 하지만 프랑스 정치에 진력을 내면서도 자신의 발루아 혈통을 자랑스러워했기에 플랜태저넷이 다스리는 프랑스를 진심으로 받아들일 수는 없었다. 그는 아버지의 피살에 대한 기억이 점차 희미해지면서 도팽파와 관계를 재개하려는 생각을 가졌다. 그는 가터 기사가 되길 사양하여 잉글랜드 형제들에 대한 충성 신서를 거절함으로써 자신의 패를 내보였다. 베드퍼드는 그와 사이좋게 지내기 위해 갖은 애를 썼다.

1423년 4월 베드퍼드와 부르고뉴 그리고 브르타뉴 공작은 아미앵에서 만나 "우리가 살아 있는 한 서로 간에 형제애와 단합"을 유지할 것을 맹세하고, 비록 군사적 의무 사항을 적시하지는 않았지만 도팽의 최종 타도를 위해 노력하겠다고 암묵적으로 약속하는 조약을 체결했다. 부르고뉴와 브르타뉴는 다소 주저하며 조약에 서명했고, 나중에 어느 한쪽이 도팽과 동맹을 맺더라도 계속 같은 편으로 남기로 약속하는 비밀조약을 맺었다. 5월에 섭정은 필리프의 누이인 부르고뉴의 안느와 결혼했는데, 완전히 정략적인 이 결혼은, 비록 그녀가 "올빼미처럼 평범"했지만, 대단히 행복한 결혼으로 드러났다. 한 당대인은 이렇게 논평했다. "섭정 각하는 부인을 매우 사랑하여 파리든 어디든 언제나 데리고 간다." 총명하고 명랑하고 헌신적인 안느는 남편과 오빠 사이의 동맹을 유지하기 위해 애썼다.

잉글랜드와 부르고뉴 사이에 제대로 된 전략적 협력은 없었다 해도 종종 전장에서는 군사적 관계가 훌륭하게 작동했다. 이런 현상은 특히 1423년에 두드러졌다. 동맹군은 르크로투아를 손에 넣었고, 노퍽 공작과 장 드 뤽상부르가 이끈 연합군은 도팽파의 포통 드 쟁트라유를 패주시켰다. 잉글랜드인과 부르고뉴인은 어디에서든 습격과 산별적 교전에 함께했다. 반면 부르고뉴의 지원을 기대할 수 없었던 남서부의 잉글랜드인과 기옌인은 기옌의 국경 지대에서 습격과 반격을 되풀이하며, 생통주와 푸아투, 리무쟁과 페리고르를 침입했고, 라레올과 앙트르되메르에서는 도팽파의 공격을 격퇴해야 했다.

1423년의 중요한 군사행동 가운데 하나는 크라방에서 벌어진 전투였다. 도팽파는 새로운 군대를 끌어모았다. 여기에는 스코틀랜드 총사령관인 단리의 존 스튜어트 경이 이끄는 대규모의 스코틀랜드 분대와 이탈리아와 에스파냐 용병들이 포함되어 있었다. 그들은 부르고뉴 공국 국경 지대의 핵심 보루로 욘 강 우안에 있는 소도시 크라방으로 행군했다. 만약 그곳이 적의 손에 떨어진다면 필리프의 수도인 디종도 공격에 노출될 것이었다―하지만 그들의 주된 목적은 샹파뉴와 피카르디에서 외부와 고립된 도팽파 수비대들을 구원하는 것이었다. 대부분이 현지 젠트리였던 크라방 방어군은 결연히 저항했지만 7월에는 이미 말을 잡아먹는 실정이었다. 연대기 작가 장 드 바브랭은 "잡아먹히지 않은 개나 고양이,

쥐, 생쥐가 없었다"고 설명한다.

솔즈베리 백작은 그들을 구하기 위해 최대한 빨리 행군했다. 부르고뉴 분대가 오세르에서 그에게 합류했고, 성당에서 긴급 전략회의가 열려 오늘날까지 남아 있는 합동 명령서가 작성되었다. 명령서에는 잉글랜드 원수 한 명과 부르고뉴 원수 한 명을 지명하고, 전위대는 잉글랜드인 절반, 부르고뉴인 절반으로 구성하며, 규율 위반은 사형으로 엄히 다스릴 것이고, 승리가 확실할 때까지 포로는 생포하지 않는다는 내용이 들어 있다. 궁수들은 평상시처럼 끝이 뾰족한 말뚝을 가져와야 했고, 모두가 이틀 치 양식을 챙겼다. 밤이면 모두가 최대한 신실하게 기도해야 했다. 날씨가 너무 더워 행군을 중단하고 쉴 때면 열기를 식히기 위해 중기병들이 갑옷을 입은 채 땅바닥에 엎드릴 정도였지만, 솔즈베리는 발길을 재촉했다. 그에게는 모두 합해 4,000여 명의 병력이 있었다.

7월 29일 금요일 솔즈베리가 크라방에 다다랐을 때 도팽파는 강 반대편의, 도시에서 2.5킬로미터쯤 떨어진 언덕 꼭대기에서 기다리고 있었다. 그러나 그 뒤에 그들이 강둑으로 내려왔고, 잉글랜드군이 그들을 공격하자면 강을 건너야 하는데, 이는 참사로 끝나기 십상이었다. 솔즈베리는 수비대가 자신을 도우러 올 거라는 데 운을 걸고, 궁수들의 엄호를 받아 도시 앞의 강을 철벅철벅 가로질러 건넜다. 그와 동시에 윌러비 경은 주ᵏ 다리로의 공격을 이끌었다. 솔즈베리의 분견대는 무사히 강을 건너 곧 치열한 싸움에 뛰어들었고, 다리에서는 이미 윌러비의 부하들이 스코틀랜드 병사들로부터 그보다 더 열렬한 대접을 받는 중이었다. 마침내 도팽파 병

백년전쟁

사들이 흔들리기 시작했고, 비록 식량 부족으로 허약해졌지만 크라방 수비대가 솔즈베리의 바람대로 뒤에서 달려들었다. 도팽파는 뿔뿔이 흩어졌고, 도시와 강둑 양편에서 날아오는 호된 공격을 피해 도망쳐야 했다. 다수의 스코틀랜드인을 비롯해 1,200명이 학살되었다. 한쪽 눈을 잃은 존 스튜어트 경은 생포되었다.

1424년, 섭정 베드퍼드는 적이 또 다른 대군을 끌어모았고 전면적인 대공세를 펼칠 생각이라는 것을 알고 있었지만 남쪽을 치고 멘과 앙주 정복을 완수하겠다고 자신 있게 나섰다. 그는 루앙에 1만 명의 군사를 모았고, 서퍽 백작을 파견해 도팽파에게 함락된 이브리를 탈환하게 했다. 서퍽은 재빨리 도시를 탈환했지만 수비대는 도팽의 새로운 군대가 구조해주길 기다리며 성채에서 버텼다. 그러나 도팽의 군대가 이브리에 도달하기 전에 베드퍼드가 병력의 본진을 이끌고 왔고, 성채 수비대는 항복했다. 도팽의 군대 지휘관들인 알랑송 공작과 오말 백작, 나르본 자작은 아쟁쿠르에 대한 안 좋은 기억이 너무 많았기 때문에 전투를 벌이고 싶어하지 않았으나 그들의 스코틀랜드 동맹군은 싸울 것을 주장했다. 양측은 전장에서의 회진會戰을 피하는 대신 몇몇 도시들을 손에 넣기로 타협했다. 8월 14일, 그들은 포로들을 말꼬리에 묶은 채 잉글랜드 수중에 있던 노르망디 국경 도시 베르뇌유에 나타났다. 도시 주민들은 포로들이 잉글랜드인이고 베드퍼드가 패했다고 생각해 얼른 성문을 열어 군대를 맞았다가 "포로들"이 스코틀랜드인이라는 것을 알았다. 그사이 베드퍼드는 이브리를 떠나 에브뢰로 향했고, 거기서 정찰대로부터 베르뇌유가 점령되었다는 사실을 전해 들었다.

이튿날 그는 베르뇌유로 출발하면서 얼마나 자신만만했던지 3,000
명의 부르고뉴 병사들에게 자신을 떠나 네슬레 포위전으로 복귀
하라고 명령했다.

8월 17일, 섭정은 당빌에서 베르뇌유로 가는 길에 군대를 정렬
한 뒤 숲에서 나와 베르뇌유 시 앞의 평원에 모습을 드러냈다. 그
에게는 약 9,000명의 군사가 있었다. 그는 중기병을 중앙에, 궁수
를 양익에 두는 등 푸아티에와 아쟁쿠르에서 썼던 동일한 대형을
운용했다. 중기병은 두 개의 '전투대형'으로 배치하여 오른쪽은 자
신이, 왼쪽은 솔즈베리가 지휘했다. 또한 말에 탄 2,000명의 궁수
를 예비 병력으로 400미터 후방에 배치했다. 기존의 대형을 보다
개선하기 위해 짐마차를 후방에 위치한 우묵한 장방형 땅에 둘러
놓아 보급 수레를 철저히 방비했다. 또 말들을 앞뒤로 잇대어 묶은
다음 장방형 땅 주변에 서너 줄로 둥그렇게 배치하여 추가 방벽으
로 삼았다. 도팽의 군대는 베르뇌유로 가는 길의 아래쪽에 있었다.
대략 1만 7,000명의 병력이 말에서 내린 중기병 두 분대로 나뉘어
궁수들로 연결되어 있었고, 양익은 잉글랜드 궁수들의 측면 공격
을 상대하기 위해 말을 탄 중기병들이 보호했다. 한 분대는 오말
백작의 지휘를 받았고, 6,000명의 스코틀랜드 병사들로 구성된 다
른 분대는 잉글랜드 측에 자비를 베풀지 않겠다는 메시지를 보낸
더글러스 백작과 버컨 백작이 지휘했다.

어느 쪽도 공격하고 싶어하지 않았다. 새벽부터 오후 네시까지
양측은 이글거리는 태양 아래 꼼짝도 않은 채 갑옷 아래로 땀을 뻘
뻘 흘리고만 있었다. 마침내 베드퍼드가 부하들에게 전진을 명했

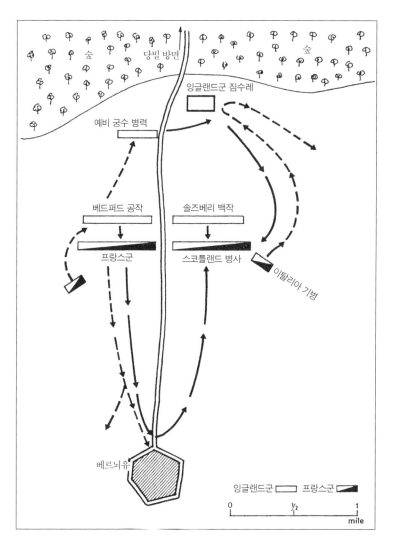

숲 　당빌 방면 　숲

잉글랜드군 짐수레

예비 궁수 병력

베드퍼드 공작 　솔즈베리 백작

프랑스군 　스코틀랜드 병사

이탈리아 기병

베르뇌유

잉글랜드군 ☐ 　프랑스군 ◣

0 　½ 　1
mile

1424년 8월 17일 베르뇌유 전투.

다. 그들은 무릎을 꿇고 땅에 입을 맞춘 다음 "성 조지! 베드퍼드!"
를 외치고는 도발하듯 깊은 함성을 울리며 느리지만 꾸준한 속도
로 앞으로 나아갔다. 그와 동시에 말에 탄 도팽파의 일부 중기병
들이 베드퍼드 우익의 궁수들을 향해 돌격하다 예비 궁수 병력 앞
에서 멈춰섰다. 많은 잉글랜드 병사들이 뒤로 돌아 도망쳤다. 베드
퍼드의 분대는 오말의 분대를 향해 가차 없이 계속 전진했고, 오말
의 분대 역시 "몽주아Montjoie!* 성 드니!"를 외치며 전진했다. 투구
안쪽에서 전투 구호가 웅웅거리는 가운데 얼굴 없는 강철 로봇들
로 이루어진 반짝반짝 빛나는 두 무리가 엄청난 굉음과 함께 충돌
하여 백병전을 벌이기 시작했고, 이 충돌은 당대인들도 깜짝 놀랄
정도로 격렬했다. 직접 전투에 참여했던 바브랭은 "죽은 자의 피가
들판에 뿌려지고 부상당한 자의 피가 커다란 줄기가 되어 땅 위로
흘러내리던" 것을 똑똑히 기억했다. 약 45분 동안 잉글랜드 병사들
과 도팽파 병사들은 막상막하로 서로를 베고 찌르고 치고받았다.
섭정은 무시무시한 솜씨를 뽐내며 양손으로 잡는 자루 도끼를 휘
둘러 많은 사람을 죽였다(그런 무기는 값비싼 갑옷을 오늘날의 깡통처
럼 박살내어 열어젖혔고, 갑옷 안쪽의 몸은 도끼날이 박히기도 전에 으스
러지고 갈가리 찢겼다). "그의 손이 미치는 자치고 쓰러지지 않는 자
가 없었다." 마침내 도팽군이 흔들리더니 물러나기 시작했다. 그들
은 갑자기 돌아서더니 갑옷이 허락하는 한에서 최대한 재빨리 베
르뇌유 쪽으로 무거운 몸을 움직였으나 해자로 몰리면서 오말을

---

* 중세 프랑스 군대가 전투를 개시할 때 지르던 구호.

백년전쟁

비롯해 많은 이들이 물에 빠져 죽었다.

좌익에서는 용감한 솔즈베리가 스코틀랜드 병사들에게 제압될 뻔했다. 게다가 600명의 이탈리아 기병들이 솔즈베리를 휩쓸고 차진車陣으로 가서 짐수레를 약탈했다. 예비 궁수 병력은 우익을 돌파해 들어온 도팽파 중기병을 계속 상대하고 있었고, 이탈리아인들은 종자들의 용감한 저항에도 불구하고 짐수레를 뒤지고 말들을 끌고 갔다. 다행히 예비 궁수 병력은 도팽파 중기병을 가까스로 격퇴하고 짐수레 쪽으로 와서 이탈리아 기병들도 물리쳤다. 그런 다음 솔즈베리를 돕기 위해 달려나가, 커다란 함성('놀라운 함성 un merveilleu cri')을 지르며 스코틀랜드 병사들의 측면을 쳤다. 그사이 베드퍼드는 지쳤으나 승리를 거둔 분대를 재집결했다. 그는 스코틀랜드 분대의 후위를 쳐서 그들을 제압했다. 잉글랜드 병사들은 북쪽의 이웃들에게 특히 증오심을 품고 있었으므로 그들 가운데 극소수만이 살아서 도망칠 수 있었다. 전사자 가운데는 더글러스 백작 아치볼드와 그의 아들 마 백작Earl of Mar 제임스, 버컨 백작 존 스튜어트가 있었다. 베드퍼드는 나중에 이렇게 썼다. "오만한 스코틀랜드인들에게 엄청난 복수가 떨어졌다. 1,700명이 넘는 오만한 스코틀랜드 중기병들이 그날 더그워시Dog-wash*와 같이 저세상으로 간 것이다." 그뿐 아니라 나르본 자작을 비롯해 1,000명이 넘는 도팽파 프랑스 병사들이 전사하여 사상자 수는 총 7,000명이 넘었다. 가장 중요한 포로들로는 알랑송 공작과 라파예트 원수Marshal

---

* 더글러스Douglas의 오기인 듯하다.

Lafayette가 있었다.

그에 비해 잉글랜드는 비록 1,000명밖에 잃지 않았지만 처음에 거의 질 뻔한 순간도 있었다. 많은 병사들이 도팽파 중기병의 1차 돌격에 싸움은 끝났다고 외치며 도망쳤다. 영Young이라는 한 대장은 부하 500명을 데리고 달아난 것이 나중에 드러나 반쯤 죽을 때까지 목매달렸다가 능지처참을 당했다.

베르뇌유는 제2의 아쟁쿠르로 여겨졌고, 섭정의 위신은 하늘을 찔렀다. 도팽파의 전투력은 완전히 붕괴했다. 섭정이 부르주로 진군해 어쩌면 최후의 결전을 치를 수 있는 길이 활짝 열렸다. 그러나 베드퍼드는 형이 보였던 본보기를 충실하게 따라, 앙주와 멘의 정복 완수라는 보기에는 덜 화려하지만 보다 실속 있는 이득을 선호했고, 적의 거점을 하나씩 체계적으로 축소시켜나가기 시작했다. 스코틀랜드인들이 개입할 위험이 사라졌다는 것도 부수적인 이점이었다. 스코틀랜드 전사계급 최고의 모범들이 스러졌기 때문이다(아이러니하게도 도팽파는 이런 사태를 전적으로 안타까워하지만은 않았다. 그들의 연대기 작가 바쟁은 "우리에게 베르뇌유 전투의 참사는 참기 힘들 정도로 오만불손했던 스코틀랜드인들이 제거됨으로써 상쇄되었다"고 말한다).

그런데 이 승리의 순간에 섭정의 입지가 갑자기 약화되었다. 프랑스 바깥에서 그와 부르고뉴와의 관계를 위협하는 사건들이 벌어진 것이다. 언행이 가볍고, 무책임하게 일을 저지르고 다니던 글로스터의 험프리Humphrey of Gloucester가 에노와 홀란트, 제일란트를 물려받은 여백작인 에노의 자클린Jacqueline of Hainault과 사랑에 빠진 것이다. 그녀는 불만족스러운 남편을 버리고 잉글랜드로 피신 온 상태였다. 글로스터는 폐위된 대립 교황 베네딕트 13세(여전히 아비뇽에 살고 있었다)한테서 미덥지 않은 특별 허가를 얻어내 그녀와 결혼한 뒤 스스로 에노, 홀란트, 제일란트의 백작이라고 칭하고, 1424년 5,000명의 군대를 이끌고 그곳을 침공했다. 원정은 웃음거리가 되었고, 바보짓을 한 "야심만만한 험프리"는 그해에 잉글랜드로 돌아올 수밖에 없었으나 다시금 침공을 시도하려고 했다. 자클린의 영토를 탐내던 부르고뉴의 필리프를 격분시키는 데 이보다 더 안성맞춤인 행동도 없었을 것이다. 1424년 가을 파리를 방문한 필리프는 베드퍼드에게 모욕적인 말을 내뱉고, 자신이 도팽과 방어 조약을 맺은 것을 알렸다. 필리프의 누이인 베드퍼드 아내의 영향력만이—완전한 결렬은 매제가 글로스터를 지원하도록 부추길 수도 있다는 두려움 역시—앵글로-부르고뉴 동맹이 완전히 붕괴하는 것을 막았다.

부르고뉴의 필리프는 결코 상대하기 쉬운 맹방이 아니었다. 파리를 방문하는 동안 그는 솔즈베리 백작에게 치명적인 결례를 범했다. 서른 명의 정부를 둔 악명 높은 호색한 필리프가 뻔뻔하게도 미모로 이름난 열아홉 살의 솔즈베리 백작부인(초서의 손녀)에게 접근했던 것이다. 솔즈베리는 너무 화가 난 나머지 두 번 다시 전장에서 필리프와 함께 싸우지 않을 것이며, 에노로 가서 글로스터를 위해 싸우겠다고 맹세까지 했다.

1425년 말이 되자 글로스터는 더 많은 말썽을, 이번에는 잉글랜드에서 일으켰다. 그는 명목상 잉글랜드의 호국경이었지만 진짜 정부는 윈체스터 주교이자 대법관인 헨리 보퍼트가 지배하는 자문회의로, 자문회의는 그를 섭정으로 인정하지 않고 있었다. 헨리 4세의 이복형제인 보퍼트(캐서린 스윈퍼드와 곤트의 존 사이의 혼외자이지만 적자로 인정받았다)는 잉글랜드 역사상 가장 막강한 성직자 중 한 명으로, 자신이 잉글랜드를 다스리기에 가장 적격자라고 여겼다. 따라서 자연스럽게 보퍼트는 섭정 자리를 뺏겼다고 그를 미워하는 글로스터와 반목했다. 험프리 공작은 런던 군중이 보퍼트에 맞서 폭동을 일으키게 하려고 했고, 이에 내전이 벌어지다시피 했다. 1425년 10월 보퍼트는 베드퍼드에게 가능한 한 빨리 잉글랜드로 돌아오라고 절박하게 간청하는 편지를 썼다. "조금이라도 지체하면 이 나라는 전쟁의 위험에 처하게 될 것이네. 자네 동생이란 사람이 그렇다네." 그는 베드퍼드에게 "프랑스의 번영은 잉글랜드의 안녕 위에 기반한다"고도 상기시켰다. 그래서 섭정은 1425년 12월부터 1427년 3월까지 프랑스를 떠나 있을 수밖에 없었고, 그 15개월 동안 동생과 삼촌을 화해시키는 데 여념이 없어서 해협 너머의 사안들은 신경 쓸 수가 없었다. 화해는 꽤 성공적으로 이루어졌지만 베드퍼드는 글로스터와 보퍼트가 다시 다툴까봐 항상 전전긍긍했던 게 틀림없다.

잉글랜드에 머무는 동안 베드퍼드는 새로운 군사를 일으키는 데 필요한 돈을 의회에서 얻는 데 어려움을 겪었다. 끝없이 들어가는 전비 때문에 이제 전쟁은 잉글랜드인들한테서 인기가 떨어지고 있었고, 그들은 어쨌거나 점령지가 그 비용을 내야 한다고 생각했다. 원정군 규모가 작아지면서 전쟁에 참여하는 잉글랜드인들의 수도 갈수록 줄어들었다.

한편 귀족계급의 상당수는 프랑스에서 복무하고 있었다. 많은 지휘관들이 하급 젠트리와 그보다 더 미천한 출신이었던 이전 세기와 달리 15세기의 고위 지휘관들은 압도적으로 귀족이 많았다. 가장 저명한 이들만 몇몇 꼽아봐도 솔즈베리 백작, 서퍽 백작, 톨벗 경과 스케일스 경 등이 있었다. 그들이 전쟁의 이익을 그토록 탐한 데에는 훌륭한 경제적 이유가 있었다. 농업의 불황 탓에 많은 영지들의 수입이 지난 몇십 년 동안 거두던 수입에 비해 줄어들었다.

그렇지만 더 이상의 로버트 살이나 니컬러스 호크우드는 없다고 해도 상급 젠트리 출신 사람들은 계속 전쟁을 통해 신분이 상승하고 재산이 늘어났다. 대귀족들과 마찬가지로 그들도 줄어드는 수입 때문에 전장으로 몰려갔을 거라고 추측하는 것이 합리적이다. 윌셔주 스투어턴의 존 스투어턴 경이 좋은 사례다. 1399년 평민원 의장의 아들로 태어나 유서 깊은 서부 지방 가문의 수장이 된 그는 1418년 루앙 포위전에 함께했고, 다른 여러 전역에도 참가했다. 1436년 _그_는 프랑스로 데려가기 위해 100명이 넘는 궁수를 모집했다. 1438년 그는 자문회의의 일원으로 임명되었고, 따라서 자문회의에 참석하여 군사작전을 입안하는 데 핵심 역할을 했다. 그는 지리적으로 더 가깝다는 이유로 기옌보다는 노르망디에서 전역을 펼칠 것을 권유했는데, 진짜 이유는 그가 노르망니에 영지를 갖고 있었기 때문일지도 모른다(물론 이 같은 점이 확인되지는 않았다). 프랑스로 파견된 여러 주요 사절단의 일원이었던 그는 근

2년 동안 불운한 오를레앙 공작―시인이며 아쟁쿠르 전투 이후로 줄곧 포로로 지냈다―의 감시자로 지냈는데, 1438년부터 1439년까지 스투어턴에서 지냈던 오를레앙 공작은 그의 엄격함에 대해 불평했다. 나중에 그는 칼레의 수호자들 ^Guardians of Calais^ 가운데 한 명이 되었다. 1448년 그는 스투어턴 남작이라는 새로운 작위를 받았고, 뒤숭숭한 1450년대의 정치 세계에서 살아남아 1462년 침상에서 숨을 거두었다. 분명히 이 정력적인 인생 경로에는 경제적 보상이 따랐고, 그중 상당 부분은 약탈과 몸값에서 나왔음에 틀림없다. 존 릴런드는 프랑스에서 온 몸값이 스투어턴의 화려한 성(오늘날의 스투어헤드 자리에 세워졌으나 18세기에 철거된)과 그곳의 두 안뜰―"중정中庭 전면은 장대하고, 높은 총안 흉벽이 있어 성채 같다"―을 조성하는 자금이 되었다고 말한다. 스투어턴 경이 선조들의 집을 단지 개조하고 확장했을 가능성이 더 크지만 새 건물을 지을 경제적 능력을 갖추고 있었으리라는 것은 의심의 여지가 없다. 그는 수도 근처인 풀럼에 위치한 웅장한 대저택 스투어턴 하우스―런던의 주교 궁전 바로 옆에 있었다―를 구입했고, 서머싯 스태보어데일에 있는 아우구스티누스 수도회 건물 대부분도 지었다.

다른 많은 이들도 전쟁을 통해 출세했고, 프랑스에서의 성공적인 경력은 흔히 잉글랜드에서 고위직으로의 진출을 알리는 서곡이었다. 제임스와 로저 파인스 형제는 출세가도를 달려서 전자는 놀 하우스를, 후자는 허스먼수성을 지었다. 아르크의 대장과 센강 도시들의 총사령관을 역임하고, 쿠르르콩트의 영주였던 제임스는 1446년에 세이 앤드 실리 경이 되었다(그는 몇 년 뒤 잭 케이드 반란

때 폭도들에게 죽는다). 새롭게 귀족이 된 사람으로는 역시 아르크 대장을 역임하고 프랑스에 영지를 소유했던 서들리 경도 있는데, 그는 글로스터에 자신의 이름을 딴 웅장한 성을 지었다. 1421년 기소르에 있는 영지를 하사받았고, 장미전쟁에서도 싸우다 바넷에서 전사한 직업 전사인 초대(이자 마지막) 웬록 경은 루턴 바깥에 서머리스성을 세웠다. 래글런 요새는 윌리엄 앱토머스 경이, 헤론 홀은 존 타이럴 경이 세웠는데, 두 사람 모두 프랑스에서 싸웠다. 존 몽고메리 경(잔 다르크를 생포하는 데 일익을 담당했다)은 포크본 홀을 지었고, 그의 아들은 미들턴 타워스를 세웠다. 이러한 대저택들은 대부분 붉은 벽돌로 지어졌는데, 창건자들이 프랑스에서 얻은 취향임에 틀림없다. 또한 이 귀족 전사들은 부르주아 양모 상인들만큼은 아닐지라도 아름다운 수직垂直 양식 교회를 많이 지었다. 맥팔렌은 그 교회들을 "양모 교회"들과 대비하여 "전쟁 교회"라고 부른다. 이 가운데 가장 잘 알려진 교회는 워릭에 있는 예배당으로, 이곳에는 1439년에 죽은 비첨 백작의 갑옷을 입은 도금 조상이 안치되어 있다.

여전히 몸값은 그러한 돈의 커다란 부분을 차지했다. 헨리 5세는 훗날 팬호프 경이 되는 앰틸성의 창건자 존 콘월 경한테서 방돔 백작을 높은 가격에 사들였다. E. F. 제이컵은 존 경을 "지위가 대단히 높은 몸값 투자자의 사례"로 묘사해왔다. 그가 구매한 상품으로는 1423년의 고쿠르 영주와 에투트빌 영주(8년 전 아르플뢰르에서 포로로 붙잡혔다), 그리고 부르봉 공작이 있다. 롤런드 렌설 경은 헨리 5세의 전역에서 붙잡은 포로들한테서 받은 돈으로 헤리퍼드셔에 햄턴 코트를 지었다.* 훗날 로드^{lord} 헝거퍼드가 되는 월터 헝거퍼드 경^{Sir Walter Hungerford}은 서머싯의 팔리 헝거퍼드에 성과 교회를 재건했다. 릴런드는 그가 아쟁쿠르에서 얻은 전리품으로 이 돈을 댔다는 이야기를 들었지만, 월터 경이 무려 여덟 명이나 되는 포로들을 잉글랜드로 끌고 왔다는 것은 잘 알려져 있다.

몸값 외에도 약탈이 있었다. 분명 프랑스 귀족들은 보석과 가보 식기^{family plate}**를 전역에 갖고 오는 고마운 습관이 있었던 모양이다. 그리고 모두가 파티스로 한몫씩 챙겼다. 유급 관직도 있었다. 당연히 이중 왕국에는 채워야 할 수비대장직이 대단히 많았다. 맥팔렌은 이렇게 주장한다. "헨리 5세 군대의 기사나 종자 중에 그의 아들 아래서 한두 가지 책임 있는 관직과 이득을 하사받지 않은 이가 거의 없었다." 그는 그들 가운데 일부에게는 일개 도시나 성만이 아니라 프랑스의 도^{province} 전체의 행정이 맡겨지기도 했다고 덧붙인다. 그들은 자신들이 다스리는 영토에서 돈을 남김없이 짜냈다.

물론 잉글랜드인들도 전장에서 붙잡혀서 몸값을 내야 했으나 그들의 군대가 전투에서 더 많이—더 큰 규모의 모든 전투를 비롯해—승리했기 때문에 포로로 잡힌 프랑스인의 비율이 잉글랜드인에 비해 압도적으로 높았다. 왕후장상 같은 부의 축적과 귀족의 대저택 신축에 다른 요인이, 때로는 더 중요한 요인들이 본국인 잉글

---

* "이 렌설이라는 인물은 아쟁쿠르 전투에서 승승장구하며 많은 포로를 붙잡았고, 그 전리품으로 햄턴에 새 건물과 장원을 짓기 시작했다." 존 릴런드, 『편력』—지은이.
** 가문의 문장이 새겨져 있는 금은 식기.

랜드에 존재했던 것도 사실이다. 이익이 되는 결혼, 국왕에게 봉사하는 대가로 하사받는 돈이나 토지, 잉글랜드 관직을 이용한 수탈 등이다. 그럼에도 이 시기에 프랑스에서 생기는 돈은 주요하고 핵심적인 역할을 했으며, 15세기 잉글랜드의 커다란 성공담의 상당수는 프랑스에서 시작되었다.

1427년 3월 섭정은 웨일스 변경 지대 출신의 한 남자를 대동하고 프랑스로 돌아왔다. 그는 백년전쟁에서 가장 가공할 용사 가운데 한 명이 될 톨벗 경이었다. 두 사람은 새로운 공성 포대를 구입하기는 했으나 중기병 300명과 궁수 900명이라는 한심할 정도로 적은 수의 새로운 군사를 데리고 왔다. 베드퍼드가 부재한 동안 도팽파가 의뭉스러운 모사꾼인 브르타뉴 공작의 변절을 이용하지 않았던 것은 잉글랜드인들에게 행운이었다. 1426년 브르타뉴 공작 장은 소뮈르에서 도팽과 조약을 체결했고, 그의 동생은 브르타뉴인과 스코틀랜드인으로 구성된 병력으로 잉글랜드의 중요한 요새인 퐁토르송을 점령하고 그곳 수비대를 학살했다. 더욱이 글로스터가 에노에 간섭한 탓에 앵글로-부르고뉴 협력은 거의 찾아볼 수 없었다. 베드퍼드는 신속히 행동에 나섰다. 5월에 워릭 백작이 퐁토르송을 탈환하자 장 공작은 다시 잉글랜드 쪽으로 기울어서 1427년 9월에 트루아조약을 충실히 이행할 것을 공식적으로 재확인했다. 6월에 섭정과 그의 아내는 아라스에서 부르고뉴의 필리프를 방문하여 좋은 관계를 회복하기 시작했다. 베드퍼드는 잉글랜드의 새로운 에노 원정을 중단시킨 다음 글로스터와 부르고뉴 간의 휴전을 주선했다. 험프리는 자신과 에노의 자클린의 결합을 무효라고 선언하는 교황의 칙서를 얻어내어(그가 그렇게 한 주된 이유는 이제 그가 에노의 자클린의 시녀인 엘리노어 코범과 결혼하고 싶어졌기 때문이다) 자클린과 그녀의 권리를 포기했다. 1427년 말 베드퍼드는 삼국동맹을 완전히 회복시켰다.

봄에 1,900명의 추가 병력이 잉글랜드에서 도착하였으나 새로운 대공세를 개시하기 전에 우선 도팽파의 여러 근거지를 손에 넣는 게 필수적이었다. 그런 근거지 가운데는 파리에서 남쪽으로 95킬로미터 떨어진, 욘강 유역을 굽어보는 몽타르지가 있었다. 루앙강과 베르니송강으로 완전히 둘러싸여 있던 몽타르지는 강 쪽으로 쭉 뻗은 좁은 땅에 자리 잡은 난공불락의 장소로, 이곳에 접근하려면 복잡한 운하망을 이용해야 했다. 그곳은 도시 주민들로부터 인기가 많은 라파유 영주가 이끄는 결연한 수비대가 지키고 있었다. 워릭 경은 강 양쪽의 파리 방면 길 위에 진을 치고 좋은 보급로를 확보했다. 그는 5,000명의 병력만 이끌고 왔으나 적절한 공성포대를 보유하고 있었고, 7월 15일에 도시를 조직적으로 포격하기 시작했다. 하지만 6주가 지난 뒤에도 별다른 진전이 없었다. 그는 도팽파 가운데 자신을 기습할 능력을 갖춘 지휘관이 있을 거라고는 결코 예상치 못했을 것이다.

바스타르 도를레앙Bastard d'Orléans, 즉 '오를레앙의 사생아' 장(나중에는 그의 백작령의 이름을 따서 흔히 '선량하고 용감한 뒤누아bon et brave Dunois'로 알려진다)은 1407년에 살해된 오를레앙 공작의 혼외자였다. 무일푼의 모험가였던 바스타르는 직업 군인이 되어 보제와 베르뇌유에서 싸웠다. 그는 이제 스물네 살이었다. 1427년 9월 그와 또 다른 훌륭한 군인 라이르는 1,600명의 증원군을 이끌고 몽타르지로 파견되었다. 크라방 전투를 연구한 게 분명한 바스타르는 도시로 전령을 보내어 합동작전 계획을 설명했다. 갑자기 바스타르와 그의 부하들이 도시의 남쪽 길목에 있는 잉글랜드군 눈에 쉽게 띄는 위치에 나타났다. 워릭의 병사들이 그들을 공격하러 달려나가자 도시 주민들은 운하의 수문을 열었다. 밀려 들어온 물이 강을 가로지르는 목조 다리를 휩쓸며 많은 병사들을 익사시키고, 잉글랜드군을 둘로 나누어버렸다. 그와 동시에 도시를 방어하던 병사들이 출격하여 적의 후위를 쳤다. 워릭은 병사 1,000명을 잃었고, 나머지 병사들은 공성 포대를 버린 채 허겁지겁 달아났다.

잉글랜드군이 몽타르지에서 패주하던 그날 존 파스톨프 경이 이끌던 소규모 병력도 멘의 앙브리에르에서 패배했고, 멘 지역 전체가 들고일어났다. 섭정은 냉철하고 결연하게 즉시 몽타르지 포위전을 재개하고 멘의 봉기를 진압하기 시작했다. 그는 자신이 형 못지않게 무자비하다는 것을 과시했다. 라그라블 시가 항복하기로 약속했던 날짜를 지키지 않자 그는 약속에 대한 보증인으로 이 도시가 내놓았던 인질들을 참수했다. 톨벗 경도 자질을 보여주기 시작했다. 라이르가 르망을 손에 넣자 톨벗은 고작 300명의 병력으로 그곳을 재탈환해 수비대를 구해냈고, 이어 멘으로 가는 핵심 요충지 가운데 한 곳인 라발을 손에 넣었다. 1428년 봄이 되자 상황은 원래대로 회복되었고, 오랫동안 희망해온 공세를 향한 길도 열렸다.

그러나 잉글랜드는 여전히 자금 부족에 시달렸다. 최대한 세금을 쥐어짜내고 있었지만 정복지에서 나오는 돈만으로는 충분하지 않았다. 한편 잉글랜드 의회는 베드퍼드의 간청에도 불구하고 비협조적으로 나왔다. 1427년 7월 베드퍼드는 솔즈베리를 본국으로 보내 자문회의에 도움을 간청했고, 마침내 솔즈베리 백작은 2만 4,000파운드를 구했지만 그 가운데 일부는 그의 주머니에서 나온 돈이었다. 1428년 6월 그는 중기병 450명, 궁수 2,250명, 땅굴 담당 공병 10명, 70명이 넘는 석수, 목수, 화살 제조인과 새로운 공성 포대를 싣고 샌드위치에서 출항했다. 그사이 섭정은 병력과 물자를 모으고 있었다. 솔즈베리는 7월에 파리로 입성했다. 그와 섭정은 다가오는 전역의 목표에 관해 의견이 달랐다. 솔즈베리는 루아르강으로 가는 요충지인 오를레앙의 정복을 원했다. 오를레앙을 함락시키면 거기서 강 너머 도팽파의 심장부로 치고 들어갈 수 있으리라. 반면 베드퍼드는 잉글랜드가 앙주 지역을 완전히 지배할 수 있고, 기엔과 북부 영토를 연결시켜줄 수 있는 앙제르를 원했다. 게다가 섭정은 오를레앙을 공격하는 게 켕겼다. 오를레앙을 공격하는 것은 조약 위반이었으며, 그곳의 봉건영주인 오를레앙 공작은 잉글랜드에 포로로 잡혀 있었기 때문에 그곳에 대한 공격은 기사도의 모든 규칙에 어긋나는 일이었다. 솔즈베리의 의견이 관철되었지만 베드퍼드는 의구심을 떨쳐버리지 못했던 것 같다. 그는 몇 년 뒤 조카인 헨리 6세에게 편지를 써 플랜태저넷가의 대의명분이 어떻게 프랑스 전역에서 성공을 구가하다 결국 "오직 신만이 아시는 방법으로 〔적의〕 수중에 넘어간" 오를레앙 포위전에서 기울게 되었는지 이야기했다.

8월 중반에 공세를 시작한 백작은 그가 표현했듯 "어떤 곳은 공격해서 얻어내고, 어떤 곳은 다른 방식으로" 40군데가 넘는 도시와 요새를 손에 넣었다. 이들 중에는 오를레앙에 매우 인접한 루아르강 변의 도시들—보장시와 하류의 묑Meung 그리고 상류의 자르조—도 있었다. 10월 12일, 그는 오를레앙을 포위했다. 루아르강 북안에 위치한 이 도시는 틀림없이 위협적인 위용을 과시했을 것이다. 9미터 높이의 성벽이 매우 길어서 잉글랜드 병사들은 성벽을 공성 보루로 에워싸지 못하고 대신 순찰에 의존했다. 성안의 방어군 숫자도 바깥의 공성군보다 더 많았다—아르플뢰르에도 있었던 고쿠르 영주 휘하에 2,400명의 병사와 3,000명의 민병대가 있었다. 성벽에는 200파운드 가까이 나가는 돌덩어리를 발사할 수 있는 몇몇 대포들을 비롯해 총 71문의 대포가 설치되어 있어 잉글랜드 대포보다 수적으로 우세했다. 게다가 4,000명으로 줄어든 잉글랜드 병사들도 최정예 병사들이라 할 수 없었다. 그들은 프랑스에 상륙한 이래로 줄곧 약탈과 탈영을 저질렀고, 특히 클레리의 성소를 약탈했다. 부르고뉴 병사들로 말하자면 솔즈베리는 공작에게서 고용한 고작 150명의 병사만 데리고 있었다. 백작은 그렇게 적은 병력으로 도시를 봉쇄할 수 있을 거라는 기대를 접었고, 방어군은 힘들이지 않고 물자와 증원군을 얻을 수 있었다. "물불 안 가리는 솔즈베리"는 이에 조금도 좌절하지 않고 강을 가로지르는 주ᵻ다리를 정면 돌파하기로 했다. 길이가 350미터인 다리는 강 남안에서 도시 중심까지 뻗어 있었다. 다리는 우선 강둑에 쌓은 토루와 첫 번째 아치 위의 투렐Tourelles이라는 거대한 두 개의 탑으로 보호되고 있었다. 포격과 뒤이은 공격은 성공적이지 못했지만 망루 수비대는 잉글랜드군이 망루 토대 아래에 갱도를 뚫었다는 것을 깨닫고 자신들 뒤에 있는 다리의 두 아치를 무너뜨린 다음 허둥지둥 도망쳤다.

솔즈베리는 오를레앙을 더 가까이서 살펴보고 다음 공격 목표를 정하기 위해 투렐의 3층까지 올라가, "그곳을 에워싸고 항복시킬 방법을 궁리하면서 사방을 매우 주의 깊게 둘러보았다". 출처가 불분명한 이야기에 따르면 한 잉글랜드인 대장, 즉 윌리엄 글러스데일 경이 백작에게 이렇게 말했다고 한다. "각하는 지금 각하의 도시를 보고 계십니다." 포병들이 저녁 식사를 하는 동안 성벽에 놔두었던 작은 봄바르드포를 갑자기 한 학생이 발사했다. 솔즈베리는 포성을 듣고 몸을 숙였다. 포에서 발사된 돌이 창문으로 날아 들어와 그의 옆에 있던 신사를 죽였고, 갑자기 날아든 철제 막대가 솔즈베리의 면갑을 때리면서 그의 얼굴 절반이 잘려나갔다. "그를 무서워하면서도 사랑했던" 부하들이 진심으로 슬퍼하는 가운데 솔즈베리는 1주일간 극심한 고통을 겪다가 지휘관들에게 포위전을 계속할 것을 당부하는 유언을 남기고 10월 27일 뫵에서 사망했다. 바브랭은 솔즈베리가 석 달만 더 살았다면 오를레앙을 함락했을 거라고 믿었다. 그의 죽음은 잉글랜드에 대재앙이었다.

서퍽 백작이 지휘권을 물려받았다. 에드워드 3세의 대금업자의 증손자인 그는 솔즈베리와 매우 다른 사람이었다. 많은 전역을 경험한 아르플뢰르의 베테랑이긴 했지만 그는 상상력과 창의성이 부족하고, 위험을 꺼리며, 무엇보다 운이 없는 군인이었다. 그는 그럭저럭 포위전을 이어나갔다. 투렐에는 글러스데일 휘하의 수비대가 남고, 서픽과 나머지 병사들은 겨울을 나기 위해 인근의 소도시들로 갔다. 그러나 12월 1일, 톨벗 경과 스케일스 경은 그들을 다시 복귀시켜 바스티유라고 하는, 말뚝을 박은 토루 60개를 교통호로 이은 포위선으로 도시를 에워쌌다. 이러한 봉쇄는 도저히 적절하다고 볼 수 없었다. 북동쪽으로 넓은 틈이 있었기 때문이다. 어쨌든 도시 안의 방어자들에게는 식량이 풍부했고, 바스타르 도를레앙과 라이르, 포통 드 쟁트라유와 500명의 신병이라는 원군도 있었다. 그러나 잉글랜드인들은 겨울 내내 굳게 버텼다. 기사도의 예법은 꼼꼼하게 준수되었다. 서픽은 크리스마스에 바스타르에게 약간의 무화과를 보내고 답례로 모피 외투를 받았다. 도시는 포위군에게 악단을 내주었다.

투렐에 배치된 윌리엄 글러스데일 경의 수비대원들 이름이 지금까지 전해지는데 그들의 이름은 놀랄 만큼 요즘의 평범한 이름처럼 들린다—그들이 토레스베드라스*나 토브루크**에 있었다고 해도 어색하지 않을 것이다. 그들 가운데에는 토머스 졸리, 빌 마틴, 데이비 존슨, 월터 파커, 매튜 손턴, 조지 러들로, 패트릭 홀, 윌리엄 본, 토머스 샌드, 딕 호크, 존 랭엄, 윌리엄 아널드, 조지 블랙웰, 리즈데일에서 온 존 레이드 등이 있었다.

1429년 2월 12일, 오를레앙에 있는 잉글랜드 병사들을 위해 파

---

* 포르투갈 남서부의 도시로, 반도전쟁 때 영국군이 이곳에 강력한 요새를 건설했다.
** 리비아 북동부의 도시로, 2차 대전 때 영국군과 독일군 간의 격전이 벌어졌다.

리에서 사순절 식량—청어와 렌틸콩—호송대를 이끌고 오던 존 파스톨프 경은 장빌 근처 루브레에서 클레르몽 백작이 이끄는 적군 4,000명이 자신들을 노리고 있다는 것을 알았다. 잉글랜드 궁수 500명과 1,000명의 파리 민병대(아마도 석궁수로 추정된다)만 데리고 있던 파스톨프는 즉시 행군을 멈춘 다음 좁은 두 군데 입구만 남겨둔 채 보급 수레로 차진을 형성하고 입구에는 궁수들이 지니고 다니는 끝을 뾰족하게 깎은 말뚝을 세워 방비를 강화했다. 약간의 소형 포를 갖고 있던 클레르몽은 차진에 포격을 가했고, 상당한 효과를 보았다. 그러자 단리의 존 스튜어트 경이 이끌던 스코틀랜드 분견대가 말에서 내려 공격에 나설 것을 강력히 요구했고, 말에서 내리지는 않았지만 프랑스 중기병들도 공격에 가담했다. 하지만 그들은 빗발치는 화살에 무참히 격퇴되었고, 파스톨프는 적을 완전히 패주시키고자 궁수들(장창을 가지고 있었던 게 거의 분명하다)을 말에 태워 돌격을 감행해 약 500명—주로 스코틀랜드인—을 죽였다. 파스톨프는 달아나려고 했던 몇몇 마부들을 제외하면 병사 네 명만을 잃었다. 파리 사람들이 대단한 충성심을 보여준 것은 고무적인 일이었다. 섭정은 파리에서 감사 기도를 드리고 민병대에게 특별한 경의를 표했다.

1429년 봄이 되었지만 잉글랜드군은 여전히 오를레앙 포위전에서 진전을 보지 못했다. 4월 베드퍼드는 더 많은 병력을 달라고 자문회의에 간청했으나 고작 100명의 중기병만을 얻었다. 그러자 도팽파는 도시의 주인인 오를레앙 공작이 잉글랜드에 포로로 있다는 구실로 오를레앙을 부르고뉴 공작에게 양도하는 영리한 외교 수단을 구사했다. 필리프는 이 제안을 수락하고 싶어 안달이 났지만, 베드퍼드는 부르고뉴와의 동맹을 위험에 빠뜨릴까봐 걱정하면서도 이 제안에 동의하지 않았다. 화가 난 필리프는 부르고뉴 병사들에게 포위전을 중지하고 떠나라는 명령을 내렸다. 4월 15일, 다시금 섭정은 군대의 낮은 사기를 한탄하고, 증원을 간청하며, 군사적이거나 재정적 지원이 없다면 자신은 어쩔 수 없이 포위전을 그만두어야 할지도 모른다고 경고하는 편지를 썼다.

오를레앙의 성벽은 여전히 꿈쩍하지 않았다. 서픽은 별다른 희망도 없이 버티고 있었다. 그는 루아르강을 가로질러 사슬 방책을 설치하는 것을 잊었고, 그래서 도팽파는 강을 이용해 병력과 물자를 운송할 수 있었다. 4월 29일 잉글랜드군이 토루에서 펼쳐진 양동 작전에 주의를 빼앗긴 사이, 오를레앙에서 상류로 고작 8킬로미터 떨어진 셰지에서 물자를 가득 싣고 출항한 바지선들이 무사히 도시에 도착했다. 그리고 이튿날, 소규모 호위대를 동반한 구원군의 지도자가 검은 군마를 타고 작은 전부를 든 채 오를레앙으로 입성했다. 잔 다르크였다.

9장

오를레앙의 마녀
1429~1435년

프랑스의 악마이자 악의로 가득한 마녀.
_『헨리 6세』

거짓 마녀.
_런던의 한 연대기 작가

백년전쟁 최고의 스타 잔 다르크(1412~1431년). 백년전쟁을 통틀어 가장 영웅적인
인물이라고 할 수 있는 그녀는 잉글랜드와 부르고뉴 병사들에게 말 그대로 가장 "두려
운" 존재였다.

1428년, 열여섯 살의 문맹인 한 양치기 소녀는 자신이 프랑스를 구하고 잉글랜드인들을 몰아내라는 신의 부름을 받았다고 판단했다. 사실 잔 다르크는 잉글랜드 세력을 몰아냈다기보다는 도팽파의 사기를 되살림으로써 잉글랜드의 전진을 저지했을 뿐이며, 섭정은 반격의 기세를 가까스로 꺾을 수 있었다. 잉글랜드의 프랑스 지배를 종식시킨 것은 오를레앙의 처녀가 아니다.

극작가들은 잔의 재판과 순교에 초점을 맞추고 베드퍼드와 그의 병사들에게는 정직한 구석이 좀처럼 없는 것으로 그리는 경향이 있다. 그러나 잉글랜드 병사들은 잔 다르크가 자신들을 파멸시키려고 악마가 보낸 마녀라고 오해한 것을 용서받을 수 있을 것이다. 한 10년 동안 신은 랭커스터가의 대의를 축복하는 듯했다. 하지만 섭정은 잉글랜드 자문회의에 보내는 1434년의 한 보고서에서 과거를 되돌아보며 "우리 백성한테 커다란 타격이 가해졌다"고 언급한다. 그는 잉글랜드 병사들이 자신들의 대의명분에 갑작스레 의혹을 품게 된 것이 "가짜 마법과 주술을 사용하는 퓌셀Pucelle* 이라는 악마의 사도이자 수족" 때문이라고 보았다. 셰익스피어도 『헨리 6세』 1부에서 오를레앙의 처녀를 "저주를 내리는 치명적인 마녀, 마법사" 같은 말로 언급하며 이러한 태도에 동조하고 그녀가 악마와 거래한 것으로 그린다.

1428년 도팽의 대의는 사라진 듯 보였다. 잉글랜드는 무적 같았고, 그들의 계속되는 승리는 신이 그들과 함께한다는 것을 입증하는 것처럼 보였던 반면 부르고뉴파와 아르마냐크파의 화해는 요원해 보였다. 도팽파의 발목을 잡는 최악의 요소는 그들의 지도자의 자질이었다. 딱히 확신도 없이 샤를 7세라 자칭하던 그는 서른 살이 되었는데도 대기만성의 기미가 보이지 않았다. 늘 그랬듯이 페루아는 특히 설득력 있는 초상을 제시한다. "육체적으로든 정신적으로든 샤를은 약골이고 볼품없는 타락자였다. 그는 박약하고 발육이 덜 됐다. 무표정한 얼굴 한가운데의 크고 긴 코에 양쪽에 박힌 겁먹고 흘금거리는 흐리멍덩한 두 눈은 그의 거슬리고 불쾌한 생김새에 생기를 불어넣어주지 못했다." 샤를은 이상한 공포감에 시달렸다. 그는 집이 자기 위로 무너져내릴까봐 두려워 집 안으로 들어가는 것을 싫어했고(실제로 라로셸에서 한 집이 그의 머리 위로 무너진 뒤에 생긴 증상이다), 절대 목조 다리를 건너려고 하지 않

---

* '처녀'라는 뜻의 프랑스어.

았다. 그리고 자신이 사생아라는 어머니의 중상에 너무 큰 충격을 받아 진지하게 퇴위를 고민하기도 했다. 그는 일련의 탐욕스러운 총신들에게 정부를 맡겼고, 그들은 자기들끼리 다투는 데 정신이 팔려 잉글랜드와 싸울 겨를이 없었다.

게다가 그의 피난 궁정에는 불길한 구석이 있었다. 독살자이자 아내 살해자인(이자보 왕비의 과거 애인이기도 한) 샤를의 첫 번째 총신은 새 아내와의 잠자리에서 벌거벗은 채 끌려나와 강물에 던져져 익사당했다. 그는 죽기 전에 암살자들에게 악마에게 서약한 자신의 오른팔을 잘라달라고 미친 듯이 애원했다. 두 번째 총신 르카뮈는 몽둥이에 맞아 죽었고, 그가 악마를 불러내지 못하게 그의 손도 앞의 경우와 유사하게 잘려나갔다(몽트로 다리에서 부르고뉴 공작 장의 손도 마찬가지 이유로 잘려나갔다). 이것은 악마주의자이자 아동 살인마인 질 드 레 원수가 활동했던 궁정에서는 놀랄 일도 아니었을 것이다. 국왕 자신도 금지된 점성술과 예언에 빠져 있었고, 이러한 취향은 그의 고해신부들의 심각한 우려를 자아내고 이단이라는 비난을 샀다(샤를 같은 사람이라면 미래를 예언하는 능력을 가진 잔 다르크가 마법사가 아닐까 아주 쉽게 의심해봤을 것이다). 어쩌면 가장 불길한 인물은 가장 중요한 총신인 비대하고 흉악한 라 트레무알로, 샤를을 좌지우지한 그의 유일한 관심사는 최대한 많은 돈을 긁어모으는 것이었다.

그러나 샤를의 측근 중에는 건전한 인물들도 있었다. 그의 장모인 시칠리아의 욜란다는 분별력이 있었고 적절하게 영향력을 행사했는데, 그것은 나중에 그의 정부가 된 아녜스 소렐도 마찬가지였다. 포통 드 쟁트라유, 에티엔 드 비뇰(라이르로 더 잘 알려져 있다), 바스타르 도를레앙처럼 몇몇 유능한 군인들도 있었다. 가장 중요한 인물은 아쟁쿠르 전투 때 얼굴에 워낙 큰 상처를 입어 꼭 개구리처럼 보이는 리슈몽 총사령관(장래의 브르타뉴 공작 아르튀르 3세Duke Arthur III)이었다. 그는 1425년부터 국왕을 섬기기 시작했고, 결국 라트레무알을 축출했다. 리슈몽은 강력한 지휘관으로 성장했고, 앙드레 드 라발 원수와 프레장 드 코에티비 제독을 비롯한 충직한 브르타뉴인 소집단의 지지를 받았다.

도팽파가 장악한 프랑스가 랭커스터가의 지배를 받는 프랑스보다 훨씬 더 부유했던 것도 사실이다. 섭정의 세입은 연평균 10만 리브르에서 20만 리브르였던 반면 샤를의 잠재적 세입은 세 배정도 많았고, 때로는 그 액수가 다섯 배에 이르기도 했다. 그가 지배하는 지역이 더 넓고 전쟁으로 인한 참화를 덜 겪었다는 데서 어느 정도 그 원인을 찾을 수 있다. 그러나 부르주의 왕 치세 초기에 세금은 제대로 징수되지 않거나 다른 사람의 호주머니로 들어갔기 때문에 그는 너무 가난해서 구멍 난 의복을 기워 입어야 할 정도였다. 샤를 7세는 잉글랜드와 싸우는 데 필요한 사람과 돈을 둘다 보유하고 있었지만 그가 잉글랜드와 싸우게 하려면 기적이 필요했다.

잔 다르크는 1412년경 샹파뉴 동부의 뫼즈강 변에 있는 동레미라는 마을에서 태어났다. 소 치는 일을 하던 그녀는 교구 교회에서 긴 시간을 보내는 등 독실하다는 면에서만 또래 소녀들과 달랐다. 그녀는 환영을 보았고 열세 살 때부터 목소리를 듣기 시작했는데, 이 목소리는 급기야 그녀에게 오를레앙을 구하러 가라고 명령했다. 1428년 5월 그녀의 삼촌이 그녀를 도팽파의 한 근거지로 데려갔지만 그곳 대장은 시큰둥해했다. 그러나 이듬해 1월 그녀는 다시 그곳을 찾았다. 그러자 수비대장은 이번엔 그녀를 도팽에게 보냈고, 3월에 그녀는 시농에서 샤를을 만났다. 도팽은 다른 궁정인들 사이에 숨어 있었지만 그녀는 그를 즉시 알아보았고, 그에게 신이 자신한테 잉글랜드인들과 싸우고 국왕이 랭스에서 대관식을 치르게 하라는 명령을 내렸다고 말했다. 도팽은 남자처럼 차려입은 농군 소녀한테 믿음이 가지 않았지만—15세기에는 이러한 남장이 20세기 초 남성의 여장보다 훨씬 더 충격적이었을 것이다—그녀를 검사한 신학자들은 이단이나 정신이상의 기미를 발견하지 못했고, 국왕에게 그녀가 오를레앙 구원을 시도하게 하라고 조언했다.

이미 잔은 자신의 말을 받아쓰게 하여 섭정과 그의 지휘관들에게 놀라운 서한을 보낸 상황이었다. "예수 마리아"로 시작하는 편지는 "잉글랜드의 국왕과 프랑스 섭정을 자처하는 너 베드퍼드 공작, 서퍽 백작 윌리엄 드 라폴, 톨벗 경 존, 스케일스 경 토머스, 즉 상기한 베드퍼드의 부관을 자칭하는 너희들은 신이자 천상의 왕께서 보내신 처녀에게 너희들이 여태 빼앗고 침범한 프랑스의 모든 성읍의 열쇠를 갖다 바쳐라." 그녀는 이렇게 설명한다. "천상의 왕께서는 너희들을 프랑스에서 쫓아내라고 나를 보내셨다." 그리고 "부디 너희들의 땅으로 떠나라. 그러지 않으면 곧 너희들에게 큰 화를 입힐 처녀로부터 기별을 들을 것이다" 하며 편지를 끝맺는다.

이 서한을 받은 베드퍼드의 반응을 기록한 연대기 작가는 없다.

처녀는 갑옷을 차려입은 다음, 그녀의 사명을 열렬히 믿는 젊은 알랑송 공작 휘하의 4,000명의 군사와 함께 즉시 오를레앙으로 출발했다. 그리고 앞서 본 대로 그녀는 4월 말에 그곳에 입성했다. 5월 3일 그녀가 이끄는 구원군의 본대가 도시에 도착했다. 잔은 성가를 부르는 사제들을 동반하고 본대를 이끌고 말을 달렸다. 그녀는 잉글랜드인들이 자신들의 특권이라 간주하던 신의 지지를 주장하고 있었다. 며칠 만에 그녀의 병사들은 잉글랜드의 주요 토루를 점령하고 글러스데일을 비롯한 수비대를 죽인 뒤 투렐을 재탈환했다. 1429년 5월 8일, 90일간 지속되었던 공성전 끝에 서퍽 백작은 결국 포위를 풀었다. 수적으로 열세였던 잉글랜드군은 신이 자신들 편이라는 걸 보여주기 위한 마지막 반항의 제스처를 보였다. 그들은 성벽 맞은편의 탁 트인 벌판에서 여봐란듯이 전투대형으로 행진하며 방어군에게 나와서 싸울 테면 싸워보라고 도전하였으나 심지어 이때도 프랑스군은 감히 그들에게 맞서지 못했다. 서퍽은 분견대와 함께 자르조로 이동하며, 나머지 병사들은 톨벗 경과 스케일스 경에게 맡겨 묑과 보장시로 보내는 등 질서정연하게 퇴각했다.

도팽파의 사기는 충천했고, 알랑송의 군대는 즉시 루아르강 변의 잉글랜드 요새들로 출발했다. 6월 12일 그들은 자르조를 강습했다. 서퍽은 도망치려다 생포된 반면, 그의 수비대는 상당한 몸값을 받아낼 수 있는 있는 자들을 제외하고는 도륙당했다. 사흘 뒤 묑에서 루아르강을 건너는 다리도 프랑스군의 수중에 넘어갔다.

보장시에서 잉글랜드군은 내성으로 피신해야만 했다.

톨벗 경은 보장시 수비대를 구원하기로 마음먹었다. 그는 장빌에서 존 파스톨프 경과 합류했는데 그들의 병력은 다 합쳐봐야 3,000명에 지나지 않았다. 도팽파는 8,000명의 병력을 거느리고 있었다. 하지만 과거의 전력으로 볼 때 전혀 승산이 없는 싸움은 아니었다. 그러나 파스톨프는 불안했고, 휘하의 파리 민병대(도팽파는 이들을 "가짜 프랑스인들"이라고 불렀다)를 신뢰하지 않았다. 그는 뒤로 물러나 하루 이틀이면 도착할 신병을 기다리고 싶어했다. 그러나 공격적인 톨벗은 행군을 고집했다. 그리고 6월 18일 토요일, 보장시 내성이 항복하고 잉글랜드 병사들이 숲을 지나 파테 마을 쪽으로 퇴각하기 시작했다는 소식이 들려왔다. 잔은 도팽파 지휘관들에게 공격을 명했고—"그대들에게는 박차가 있지 않은가? 그걸 쓰시오!"—샤를이 여태 알고 있던 그 어떤 승리보다 더 큰 승리를 거둘 것이라고 약속했다. 그런데도 프랑스군 정찰대는 잉글랜드 병사들을 찾지 못하다가 수사슴 한 마리가 숨어 있던 곳에서 뛰쳐나가는 순간 적군이 내지르는 소리를 들었다. 톨벗은 적이 근처에 있다는 것을 깨닫고 파테 남쪽의 우묵한 지형에 궁수들을 정렬하기 시작했고, 파스톨프는 톨벗 뒤쪽의 둔덕에 민병대를 배치하려고 했다. 그러나 도팽파 중기병들이 느닷없이 곡지谷地에 나타나 사면을 따라 내려오며, 아직 말뚝을 박고 있던 톨벗의 궁수들 측연으로 돌격하여 그들을 제압했다. 그러자 파스톨프의 병사들은 줄행랑을 쳤다. 톨벗 경과 스케일스 경은 생포되었으나 파스톨프와 한 무리의 궁수들은 추격자들을 따돌리고 가까스로 도망쳤다.

힘겨운 행군 끝에 존 경은 이튿날 코르베유에 도착했고, 섭정에게 직접 패전 사실을 보고해야 했다. 몽스트렐레는 베드퍼드가 노발대발하여 파스톨프의 가터 훈장을 떼어갔다고 말했고, 그 불쌍한 기사를 겁쟁이로 낙인찍는 전설이 생겨났다―훗날 셰익스피어는 그를 존 폴스타프 경으로 변신시켰다. 그러나 파스톨프는 도팽파 군대와 정면으로 맞서지 말 것을 충고했었고, 병사들을 규합하려고 최선을 다했으며, 적어도 그들 중 일부를 구하기도 했다. 결국 베드퍼드는 가터를 되돌려주고 그를 캉의 대리 사령관으로 임명했다.

이제 잔의 명성은 절정에 달했다. 몽스트렐레는 도팽파가 파테 전투 이후 잉글랜드와 부르고뉴인들이 그녀 앞에서는 무력하다는 것을 모두 믿게 되었다고 알려준다. 그녀는 파리로 진군하는 대신 자신과 함께 랭스로 가서 대관식을 치르자며 도팽을 설득했다. 1만 2,000명의 군사가 어찌어찌 모였고, 잉글랜드가 지배하는 영토를 통과하여 랭스로 간 샤를은 공식적으로 프랑스의 국왕으로 선포되었다. 잔은 대관식 내내 하얀 깃발을 들고 그의 근처에 서 있었고, 의식이 끝난 뒤 처음으로 그를 프랑스의 국왕이라고 불렀다(그러나 샤를과 그에게 기름을 부어준 대주교가 그녀를 마녀라고 믿었다는 주장도 가능하다). 이제는 반드시 샤를 7세라고 불러야 하는 국왕의 대관식은 도팽파의 사기를 경이로울 정도로 진작시켰다. 부르고뉴 사람인 몽스트렐레에 따르면 "프랑스인들은 신이 잉글랜드인들에게 등을 돌렸다고 믿었다".

잔이 용기를 북돋은 대상이 궁정의 기사들이라는 좁은 범위에 국한되었는지, 아니면 오늘날 사회적인 낭만주의자들이 생각하고 싶어하듯 그녀가 같은 농민 대 농민으로서 일반 병사들에게 호소했는지를 알기란 불가능하다. 하지만 몇 달 동안 많은 프랑스인들이 스스로 성전을 치르고 있다고 생각했고, 잉글랜드인들이 처녀와 그녀의 마법에 겁을 먹었다는 것은 부정할 수 없는 사실이다.

도팽파의 랭스 원정군은 베드퍼드에게 잠시 숨 돌릴 틈을 주었다. 샤를의 군대가 파리로 진군했을 때 섭정은 준비 태세를 갖추었고, 약간의 소규모 산발적 교전 끝에 프랑스군은 결국 8월에 물러갔다. 그는 "왕을 참칭하는 자" 앞으로 "남자의 옷을 입은 문란하고 망측한 여인"과 손을 잡았다고 비난하는 서한을 보내는 등 샤를을 도발해 전투에 나서게 하려고 애썼다. 그러나 도팽파는 싸우기를 거부했다. 파리 사람들은 계속 섭정에게 충성했다. 그들은 아르마냐크파가 파리에 입성할 경우 자행할 보복을 여전히 두려워했다. 9월 8일 오후, 잔은 생토노레 성문과 생드니 성문 사이의 성벽 공격을 이끌었다. 그러나 샤를의 지휘관들은 이 공격을 제대로 지원해주지 않았고, 공격군은 바깥쪽 해자를 건너긴 했지만 내성 해자를 건너지 못하고 우왕좌왕하며 퇴각하였다. 석궁의 마름모꼴 화살에 허벅지를 다친 처녀는 밤이 될 때까지 전장에 쓰러진 채 방치되었다. 지휘관들은 그녀를 구조하려고 하지 않았는데, 어쩌면 그녀가 그냥 죽기를 바랐을 것이다. 이로 인해 그녀가 무적이라는 전설은 산산이 깨져버렸다. 샤를은 군대를 해산하고 지앙으로 물러났다. 그렇지만 잔의 공세에 무척 놀란 베드퍼드는 일시적으로 (노르망디를 제외한) 프랑스 섭정과 파리 지사 직위를 부르고뉴의 필리프에게 넘겼다.

10월, 잔 다르크는 전역을 재개했다. 그녀는 루아르강 상류의 생피에르르무티에르를 손에 넣었으나 근처의 라샤리테를 함락하는 데는 실패했다. 한편 그녀가 항상 자비로웠던 것은 아닌 듯하다. 그녀도 최소 한 번은 생포된 적장을 참수하라는 명령을 내렸다. 1430년 5월, 잔은 콩피에뉴로 갔다. 5월 24일 콩피에뉴 바깥에서 교전이 벌어지는 동안 한 부르고뉴 병사가 그녀를 말에서 끌어내렸다. 몽스트렐레는 잉글랜드와 부르고뉴 병사들이 "마치 병사 500명을 사로잡았을 때보다 훨씬 더 흥분했으니, 이는 그들이 전쟁에서 어느 대장이나 지휘관보다 그 처녀를 두려워했기 때문"이라고 적었다. 11월, 잔은 잉글랜드인들에게 넘겨졌다. 루앙에서 그녀는 워릭의 병사들한테서 험한 꼴을 당했다. 그들은 그녀를 강간하려고 했고, 스태퍼드 경은 실제로 그녀에게 단검을 들이댔다.

교회법 학자들의 길고 비양심적인 조사가 이루어지고 난 뒤 그 이듬해 2월 21일 잔의 재판이 시작되었다. (틀림없이 샤를 7세에 관한 풍문을 염두에 두었을) 기소자 측은 이 "가짜 예언자"가 신으로부터 개인적 계시를 받았다고 주장하고, 예언을 하고, 자신의 서한을 그리스도와 성모의 이름으로 서명하고, 구원을 확신한다고 주장하며 교회의 권위를 거부했다는 논고를 펼쳤다. 결코 불합리하지 않은 이 기소 내용들에 남자 옷을 입는 성적 도착—"신을 거스르는 혐오스러운 짓"—과 성인들이 영어가 아니라 프랑스어로 말한다는 주장 같은 보다 가벼운 죄목들이 추가되었다. 랭커스터 가문이 프랑스 왕위에 대해 갖는 권리의 정당성 문제 전체가 걸려 있었다.

그녀는 반드시 유죄 판결을 받아야 했다. 한참을 괴롭히고 속임수를 쓰고 진술을 곡해한 끝에 법학자들은 마침내 그녀를 덫에 빠뜨렸고, 1431년 5월 30일 잔은 개전의 여지가 없는 이단자라며 루앙 장터에서 워릭의 병사들 손에 화형당했다. 그녀는 바로 죽었고, 처형인은 화염 속에서 불에 탄 시신을 끄집어내 사람들이 여자의 시신임을 직접 눈으로 확인할 수 있게 했다. 그녀는 고작 열아홉 살이었다.

샤를 국왕은 그녀를 전혀 구하려고 하지 않았다. 그러나 20년 뒤 그는 공식적인 조사를 지시했고, 교황청은 유죄 판결을 취소했다. 그녀는 1920년에 시성되었다. 적어도 2세기 동안 잉글랜드인들은 그녀가 마녀였다고 확신했다. 베드퍼드는 부르고뉴 공작에게 보내는 편지에 이렇게 썼다. 그녀는 "많은 남녀들의 마음을 진실에서 벗어나 거짓말과 꾸며낸 이야기로 향하게 했습니다".

잔의 처형은 별다른 파장을 낳지 않았다. 그러나 그 이후 동레미 출신의 마법사 처녀는 그녀의 짧은 생애 동안보다 훨씬 더 큰 관심을 불러일으켰다. 1460년대에 프랑수아 비용은 세상에서 가장 유명한 여인들을 언급하며 잔에 대해 이야기했다.

잉글랜드인들이 루앙에서 불태운
훌륭한 로렌 처녀 잔.

그리고 볼테르부터 우리 시대 쇼^{Shaw}에 이르기까지 매우 재능 있는 각양각색의 작가들이 이 가톨릭 성녀에게 매혹되었다. 프랑스의 일부 전통주의자들은 그 '어린 소녀(petite pucelle)'에 대한 공경을 진정한 애국자임을 보증하는 표지 가운데 하나로 여긴다. 또 사뭇 다른 방식이긴 하지만 그녀는 잉글랜드와 아메리카에서도 적잖이 숭상된다. 그렇지만 어쨌든 그녀는 자신의 임무에 실패했다.

섭정은 확고한 결의로 이중 왕국을 구해냈다. 그는 아슬아슬하게 성공을 거두었다. 샤를이 이 상황을 이용하지 못했는데도 프랑스 북부 전역의 도시들이 샤를의 지지자들에게 성문을 열어젖혔기 때문이다. 잉글랜드 소유의 샹파뉴는 상실되었고, 멘도 같은 길을 갈 것으로 보였다. 심지어 노르망디에서도 반란이 일어났는데, 베드퍼드는 1429~1431년 루앙에 '즐거운 휴식(Joyeux Repos)'이라는 아이러니한 이름의 수수한 궁에 본부를 차렸었다. 수많은 잉글랜드 병사들이 떼로 군대에서 도망쳐나와, 일부는 잉글랜드로 갈 수 있는 길을 찾길 바라며 해협 항구들로 향했고, 일부는 도적떼가 되었다. 다행스럽게도 부르고뉴의 필리프는 잉글랜드 세력이 아직 파리를 차지하고 있다는 사실에 깊은 인상을 받았고, 에노와 홀란트를 완전히 장악하기 전까지는—1433년이 되어서야 그는 이 지역의 정복을 완수한다—섭정의 우정을 잃을까 걱정했다.

잉글랜드인들은 부르고뉴의 그러한 지지에 커다란 대가를 치러야 했다. 1429~1432년에 필리프는 자신의 봉사에 대한 대가로 잉글랜드로부터 15만 파운드를 얻어냈고, 추가로 10만 파운드를 받았다. 1431년 이후 그는 매달 3,000프랑(약 330파운드)의 연금을 받았다. 더욱이 1430년 3월 잉글랜드는 필리프가 도팽파에 맞서 두 달간 군사원조를 해주는 대가로 그에게 샹파뉴를 할양하고—하지만 이 땅은 이미 도팽파 세력이 점령하고 있었다—5만 살뤼 금화를 주었다.

섭정은 서서히 상황을 호전시켜나갔다. 갈리아르성은 1430년 6월 수복되었고, 잉글랜드인들은 1431년 내내 곳곳에서 영토를 재탈환했다. 3월에는 베드퍼드가 직접 콜뤼미에르와 구를레쉬르마른, 몽조이를 탈환했다. 그와 동시에 워릭 백작은 섭정에게 매복공격을 시도했던 습격 부대를 전멸시키고, 지휘관인 포통 드 쟁트라유와 잔의 후계자로 여겨지던 양치기 소년(그는 성 프란체스코를 본떠 일부러 자신의 손과 발에 상처를 냈다)을 생포했다. 10월에는 아홉 달의 포위 끝에 루비에르가 베드퍼드의 수중에 들어왔다. 그에 반해 부르고뉴 공작은 별다른 성공을 거두지 못하고 도팽파에 영토를 상실했다.

잔의 부흥 운동이 발생시켰던 충격파는 서서히 퍼져나가다 결국 멈춰버렸다. 도팽파의 냉담함은 충분히 이해할 수 있는 것이었다. 그들의 지도자이자 발루아 왕조가 다스리는 프랑스를 상징하는 인물의 무기력한 성격 때문만이 아니었다. 더 이상의 싸움은 더 큰 황폐화를 뜻했기 때문이다. 바쟁은 "루아르강부터 센강에 이르기까지 농민들은 살육당하거나 도망칠 수밖에 없었다"고 썼다. 바쟁 주교의 말은 이어진다. "우리는 샹파뉴와 보스, 브리, 가티네의 광대한 평야들과 샤르트르, 드뢰, 멘, 페르셰, 벡생(노르망디 사람뿐만 아니라 프랑스 사람도), 보베, 페이드코의 드넓은 평야들, 센강부터 멀리 아미앵과 아베빌까지, 상리스와 수아송, 발루아 주변 시골과 랑^{Laon}까지, 그리고 랑 너머 에노 방면까지 주민들이 자취를 감추어 땅은 경작되지 않은 채 버려지고 잡목과 수풀로 뒤덮인 것을 두 눈으로 보았다. 정말이지 나무가 우거진 지역 대부분에서 울창한 숲이 자라고 있었다."

수도에서도 상황은 끔찍했다. 연락 수단이 차단되고 공급로가 노출된 데다 산적과 농민들이 계속 공격해오면서 많은 파리 사람들이 굶어 죽어가고 있었고, 도시 바깥에서는 습격대들이 잠복해 있다 주변을 지나가는 여행객들을 덮쳤다. 밤이 되면 늑대들이 시체나 아이들을 물어가려고 거리를 어슬렁거렸다. 수천 명이 절망하여 도시를 떠났다. 부르고뉴가 지사 자리를 넘겨주었기 때문에 이제 베드퍼드는 조치를 취할 수 있었고, 1431년 1월의 마지막 날 식량을 가득 실은 바지선 70척을 이끌고 "매우 멋진 무리와 함께(en très belle compagnie)" 파리로 돌아왔다. 파리 부르주아는 파리 주민들이 어떤 이야기들을 했는지 기록했다. "지난 400년 동안 사람들은 그렇게 많은 먹을거리를 구경해본 적이 없었다." 그러나 그것은 대해의 물 한 방울에 불과했고, 기근이 악화되면서 밀 가격은 두 배로 뛰었다. 파리 주민들은 "사적인 자리에서만이 아니라 공개적으로도 종종 공작을 욕했으며, 더는 그의 멋진 약속들을 믿지 않았고, 절망에 빠졌다".

베드퍼드는 비장의 수를 쓰기로 했다. 11월 말 아홉 살의 "앙리 2세"가 생드니에 도착했고, 12월 2일 자기 소유인 프랑스 왕국의 수도에 "환희의 입성(joyeuse entrée)"을 했다. 금실로 짠 옷을 입은 노란 머리의 그는 하얀 군마를 타고 얼어붙은 거리를 지나가며 붉은 공단을 걸친 파리 시 참사회장과 파리 고등법원 참사관들의 인사를 받았다. 비록 굶주리고 있었지만 파리 주민들은 "노엘 Nowell"을 외치며 국왕을 떠들썩하게 맞이했다. 12월 16일 일요일에 그는 아름답게 노래 부르는 시민들을 대동한 채 노트르담 성당으로 걸어갔다. 성가대 앞에는 거대한 단이 마련되었고, 단 위의 하늘색 계단에는 황금 백합 문장이 장식되어 있었다. 이곳에서 헨리는 보퍼트 추기경으로부터 프랑스 국왕으로 기름 부음을 받았다. 하지만 안타깝게도 의식을 주관한 보퍼트는 요령 없고 서투른 진행, 인색함으로 모든 것을 망쳤다. 노트르담 성당의 주인인 파리 주교는 뒷전으로 밀려났으며, 의식은 프랑스 교회 전례가 아닌 잉글랜드 사룸 전례*에 따라 진행되었고, 은도금 술잔은 잉글랜드 군인들이 훔쳐갔다. 대관식 연회는 폭동이나 다름없었다. 파리 군중은 오텔데투르넬로 쳐들어와 "어떤 이들은 구경하고, 어떤 이들은 실컷 먹고 마시고, 다른 이들은 물건을 훔쳤"으며, 결국 대학과 파리 고등법원 대표단 그리고 시의원들은 그들을 쫓아내는 걸 포기했다. 먹을거리를 찾아낸 이들은 음식이 지난 목요일에 요리된 것이라는 사실을 알고 경악했는데, "이는 프랑스인들에게 매우 이상하게 비쳤다". 나중에 병원 병자들은 그렇게 형편없고 변변찮은 기부 물품은 처음 봤다며 불평했다. 파리 부르주아가 보기에 파리는 "보석 세공인과 금세공인, 여타 사치품 업자들한테 국왕의 이 대관식보다 더 많은 이익을 안겨준" 대상인들의 결혼식을 많이 봐왔다.

---

* 솔즈베리 교구 주교좌 성당을 중심으로 영국에서 발전된 전례.

헨리는 관례대로 죄수들을 사면하지도 않았고, 아무런 세금도 폐지하지 않고 크리스마스 다음 날 파리를 떠났다. "사적으로든 공개적으로든 그의 체류를 칭찬하는 이야기를 들은 사람이 아무도 없었다. 하지만 어떤 국왕도 그처럼 입성할 때 환영받거나 기름 부음을 받으면서 더 영예로운 대접을 받은 적이 없다. 특히 파리의 인구 감소와 어려운 상황, 당시가 한겨울이었고 식량이 얼마나 귀했는지 고려해볼 때 더욱 그러하다." 대관식은 정권에 대중의 인기를 안겨주는 대신 파리 시민들을 분개하게 만들었을 뿐이다.

보퍼트는 이제 베드퍼드의 속마저 뒤집어놓았다. 추기경은 국왕이 있는 동안에는 그가 섭정에서 물러나야 한다고 주장했다. 그것은 섭정에 대한 모욕이었을 뿐 아니라 베드퍼드가 보퍼트의 실책을 교정하고 그의 오만함을 억제하는 것도 방해했다.

물론 베드퍼드는 프랑스인들에게 진심 어린 애정을 보였다는 점에서 당대 잉글랜드인 가운데 보기 드문 사람이었다. 파리 부르주아는 "잉글랜드인들이 아주 오랫동안 파리를 지배했지만 나는 그들 가운데 곡식이나 귀리를 심거나 심지어 집 안에 화덕을 설치한 이는 단 한 명도 없었다고 진심으로 믿는다. 섭정 베드퍼드 공작을 제외하면 말이다"라고 우리에게 알려준다. "그는 어딜 가나 항상 건물을 짓고 있었다. 그는 성격이 전혀 잉글랜드인 같지 않다. 누구하고도 전쟁을 하길 원치 않기 때문이다. 사실 잉글랜드인들은 언제나 이유 없이 이웃과 전쟁을 하고 싶어한다. 그래서 그들이 흉악한 죽음을 맞는 거다." 파리 부르주아가 섭정을 존경한 유일한 프랑스인은 아니다. 바쟁은 "용감하고 인정 많으며, 정의로운" 베드퍼드 덕분에 노르망디가 프랑스 북부의 나머지 지역보다 경작이 더 활발하고 인구가 더 밀집했다고 인정했다. 그는 섭정이 "그에게 복종하는 프랑스 귀족들을 매우 좋아했고, 공훈에 따라 그들을 보상하는 데 신경 썼다. 그가 살아 있는 동안 노르망디 사람들과 이 지역의 프랑스인들은 그를 무척 좋아했다"고 덧붙인다.

1432년 잉글랜드의 입지는 현저히 악화되기 시작했다. 2월 3일 밤, 120명의 도팽파 병력이 내부의 배신자가 내려준 사다리를 타고 성벽을 올라 루앙 성채의 그로스 투르 요새를 점령했다. 루앙 주민들은 계속 잉글랜드에 충성했고 2주 만에 적군은 항복했지만(그 뒤 참수당했다), 그럼에도 이 일은 잉글랜드의 위신에 심각한 타격을 입혔다. 3월 종려주일 전야에는 일부 도팽파들이 보급 수레에 숨어 샤르트르로 들어와 격렬한 시가전 끝에 도시를 함락했다. 잉글랜드는 파리의 중요 공급원 하나를 상실한 셈이었다.

5월, 섭정은 주도권을 회복하겠다는 생각에 마른강을 굽어보는 라니를 포위했다. 그곳 수비대가 파리로 향하는 호송대가 지나가는 길목에 숨어서 끊임없이 공격했기 때문이다. 도시는 두 면이 마른강으로 보호되는 등 강력하게 방비되고 있었기 때문에 베드퍼드는 강을 봉쇄했다. 8월 9일, 바스타르 도를레앙과 카스티야 용병 로드리고 데 비얀드란도가 이끄는 구원군이 도착했다. 당연히 바스타르는 5년 전 몽타르지에서 운용했던 전술을 쓸 수 있길 바랐을 것이다.

8월 10일, 타는 듯한 더위가 맹위를 떨치던 날, 도팽파는 라니로 진입을 시도했고 방어군은 그들을 막았다. 양측의 충돌은 서쪽 성문을 방어하는 한 보루에서 집중적으로 펼쳐졌다. 잉글랜드군의 좌익이 보루를 장악했지만 그들의 우익이 패주하자 바스타르는 그쪽을 공격했고 도시 주민들도 합세하여 보루는 다시 프랑스의 손에 넘어갔다. 섭정은 구원군의 수레가 도시로 들어가지 못하게 또 다른 맹공을 퍼부었고, 전세는 호각세를 보였다. 하지만 네 시에 베드퍼드는 마지못해 철수 명령을 내렸다. 혼란스럽고 어수선한 전투가 여덟 시간 동안 지속되어 병사들 여러 명이 열사병으로 사망한 데다 자신을 비롯하여 모든 중기병들이 탈진했기 때문이다—탈수 증세가 나타나고, 흙먼지에 숨이 막히고, 흐르는 땀이 눈앞을 가리고, 타격으로 귀가 먹먹하고 정신이 멍했다(그날의 격렬한 신체 활동 때문에 베드퍼드의 건강이 돌이킬 수 없게 나빠졌을 가능성이 상당하다). 그는 병사를 300명밖에 잃지 않았지만 심리적 패배를 겪었다. 급작스러운 날씨 변화로 폭우가 내려 마른강이 범람하자 그는 더욱 의기소침해졌다. 바스타르가 파리로 진군할 것처럼 움직이자 베드퍼드는 싸울 만큼 싸웠다고 판단하고, 공성 포대를 포기하고 8월 13일 포위를 풀었다.

1432년 말, 섭정의 아내 부르고뉴의 안느가 몸져누웠다. 그녀는 11월 14일 파리에서 사망했다. 파리 부르주아에 따르면 그녀는 프랑스의 모든 귀부인들 가운데서 가장 상냥했다—"선량하고, 아름답고, 젊고(bonne, belle et jeune)". 몽스트를레는 베드퍼드가 "진심으로 크게 상심했다"고 말했다. 더욱이 현 상황에서 그녀의 죽음은 정치적으로 재앙이었다. 바브랭은 잉글랜드인들과 이중 왕국을 지지한 모든 프랑스인들이 "이 불행한 사태로 인해 그녀를 무척 사랑했던 그녀의 남편과 부르고뉴의 필리프 공작 사이에 오랫동안 존재해온 동맹과 애정이 다소 식지 않을까 걱정했다"고 설명한다. 틀림없이 부르고뉴의 또 다른 강력한 가문과 동맹을 맺고 싶었을 베드퍼드는 슬픔에도 불구하고 이듬해 4월에 재혼했다. 그의 새 아내는 룩셈부르크의 자케타Jacquetta of Luxembourg였다. 필리프 공작은 그의 귀족들 가운데 가장 부유하고 가장 뛰어난 장군의 딸과의 이 결혼이 자신의 동의도 없이 성사된 것에 대로했다.

이제 베드퍼드를 구원해줄 것은 도팽의 빈곤함뿐이었다. 도팽은 그의 우월한 세수 자원을 활용하여 정말로 가공할 만한 공세를 펼칠 능력이 없었다. 그러나 에노와 홀란트를 완전히 장악한 부르고뉴는 샤를과 신성로마제국 황제가 동맹을 맺을까봐 두려워했고, 또 샤를과 잉글랜드가 타협해 협약을 맺을까봐 불안해했다. 그래서 자신이 직접 도팽파에 조심스럽게 외교적 교섭을 시도했다. 1433년 6월, 그는 일반 협정을 맺을 수 있을지 가능성을 알아보기 위해 잉글랜드에 사절단을 보냈다. 하지만 그들은 푸대접을 받았다. 필리프는 단념하지 않았고, 1430년부터 화평을 위해 줄곧 힘써온 교황 특사 니콜로 알베르가티 추기경의 도움을 받았다.

1433년 6월, 섭정은 자신이 무능하고 태만하다는 소문을 의회 앞에서 불식시키기 위해 잉글랜드로 돌아왔다. 그는 확실한 효과를 거두었고, 11월에 평민원은 프랑스에서의 그의 일처리를 칭찬했다. 평민원은 섭정이 프랑스에서 "올바르고 부드럽고 유순하고 변함없는" 복종을 누리고 있다고 주장하며, 그가 "거기서 국왕을 섬기는 가장 가난한 기사나 신사처럼 전쟁의 고충과 모험에 몸소 참가해, 길이길이 기억될 만한 위대하고 훌륭한 공훈을 얼마나 많이 세웠는지"에 주목했다. "특히 베르뇌유 전투는 아쟁쿠르 전투를 제외하고는 우리 시대의 잉글랜드인이 세운 가장 뛰어난 공적이다." 양원은 베드퍼드에게 국왕의 수석 자문으로 잉글랜드에 머물러주길 간청했다. 그는 청을 수락했다. 그러나 그의 인기에도 불구하고 베드퍼드는 이제 부담이 되어버린 전쟁에 필요한 신규 자금을 얻어낼 수 없었다.

베드퍼드는 왕실 재정을 면밀히 조사하라고 지시했다. 조사 결과 1433년 적자가 2만 2,000파운드에 달하며, 5만 7,000파운드가 전쟁에 쓰였다는 것이 밝혀졌다. 총 부채액은 6만 4,000파운드에 달했다. 연세입의 거의 세 배에 달하는 액수였다. 그는 즉시 자신을 비롯해 신하들이 받는 급여를 감액했고, 국가 부도 위협을 제거할 연간 보조금 지급에 찬성해달라고 의회에 간청했지만 뜻을 이루지 못했다. 농업 불황과 해외 무역의 쇠퇴로 과세 수익이 감소했고, 줄어든 세입은 어떤 잔 다르크보다도 랭커스터 이중 왕국에 훨씬 더 큰 위협이었다.

전쟁은 에드워드 3세 시대보다 훨씬 더 비용이 많이 들었다. 갑옷과 무기는 갈수록 정교해졌고, 신형 대포들의 상당수는 공격과 방어 어느 쪽이 되었든 포위전에 절대적 필수품이 되었다. 더욱이 수비대 유지에는 지속적인 출혈이 따랐다. 칼레 한 군데에만 정부 총 세입의 절반인 1만 7,000파운드 정도가 들었다. 칼레 수비대에는 780명의 평시 병력이 필요했고, 전시에는 이 규모가 1,150명으로 늘어났다. 칼레의 수비대장들은 몇 번이고 사재를 털어 굶주림에 시달리는 병사들에게 급여를 주어야 했다. 1431년 군사 반란이 일어났고, 1441년에도 일어났다. 많은 수비대에서 유사한 반란들이 일어났을 게 틀림없다. 상당수의 병사들이 탈영하여 도적 떼가 되었다.

그러나 급여를 줄 돈만 있다면 병사들을 구하는 데 어려움은 없었다. 모든 잉글랜드 대귀족들은 "잠재적으로 위험한 신종 준準귀족"이라고 묘사되어온 집단에서 모집한 사병私兵을 거느리고 있었다. 그들은 백년전쟁 기간 동안 약간의 부와 지위를 획득한 자들이자 급여를 받는 자들이었다. 그러한 사병 집단은 종종 놀라울 정도로 대규모를 자랑했다. 1453년 서부에서 본빌 경(기옌의 전직 가령)에 맞서 사적인 전쟁을 벌이던 데번 백작은 무려 800명의 기병과 4,000명의 보병을 끌어모을 수 있었다고 한다. 이런 병사들은 검증되지 않은 풋내기들과는 거리가 멀었다. 헨리 6세의 허약한 정권 아래서 폭력은 일상생활의 일부였고, 파스턴 서한The Paston Letters*을 읽어본 사람들이라면 세력자들이 얼마나 자주 무장 강도질과 공갈 협박에 의존했는지 잘 알 것이다. 그럼에도 최상의 벌이는 여전히 프랑스에 있었다.

1421년 신흥 준귀족인 에스콰이어 존 윈터와 니컬러스 몰리뉴 간에 작성된 제휴 문서가 지금까지 남아 있다. 두 사람은 아르플뢰르의 한 교회에서 "형제"가 될 것을 맹세했다. 만약 한 사람이 포로로 잡히면 6,000살뤼 금화(1,000파운드)를 넘지 않는 한 다른 사람

---

* 15세기에 파스턴 가문이 주고받은 서신과 여러 중요한 문서 모음.

이 그의 몸값을 지불해야 한다. 만약 요구되는 몸값이 그 이상이면 자유의 몸인 사람이 자진해서 인질이 되고 다른 사람이 고향으로 돌아가 추가로 돈을 마련해오기로 했다. 좀 더 낙관적인 측면에서는, "신의 은총으로 얻게 될 (전쟁에서 나온) 모든 이익"을 두 사람이 공유하고, 그렇게 얻은 전리품들은 런던으로 보내 칩사이드에 있는 한 교회의 궤짝에 안전하게 보관하기로 했다. 두 사람이 각자 궤짝 열쇠를 가지고 있었음은 두말할 필요가 없다. "그 궤짝에는 그들 중 한 명이나 두 명이 잉글랜드 왕국에서 토지를 구입하기 위해 모아두고 싶어하는 금과 은, 접시들을 보관할 것이다." 두 사람이 은퇴하면 모든 것은 두 사람에게 똑같이 분배될 것이었다. 만약 한 명이 전사하면 남은 사람이 지금까지 모아둔 전리품 전체를 물려받지만 그중 1/6은 형제의 미망인에게 떼어주고, 죽을 때까지 연간 20파운드를 지급하는 방식으로 그의 자식들의 양육비를 대야 한다. 두 사람의 동업은 번창했다. 1436년까지도 그들은 장원을 사기 위해 고향으로 돈을 보내고 있었고, 심지어 펍^{Pub}—서더크의 멧돼지옥^獄(일종의 중세 시대 클래리지 호텔)—도 구입했는데, 펍은 윈터가 경영했던 것 같다. 몰리뉴는 루앙에서 이문이 많이 남는 자리—회계 감사원장—를 얻었고, 노르망디가 함락되었을 때 그 잔해에서 얼마간을 건져낼 수 있었다.

애런들 백작이 멀리 루아르강 유역의 앙주와 멘에서 전역을 펼치며 상당한 성공을 거두면서 1434년은 잉글랜드 쪽에 유리하게 시작되었다. 톨벗 경—포통 드 쟁트라유와 포로 교환되었다—은 기소르, 주아니, 보몽, 크레이, 클레르몽, 생발레리를 손에 넣는 더 큰 성공을 거두었다. 그러나 스케일스 경과 월러비 경은 몽생미셸의 불굴의 수비대를 꺾지 못했다.

그 후 베드퍼드는 파리 시장으로부터 곧장 돌아오지 않으면 수도를 잃을 것이라고 경고하는 서신을 받았다. 7월에 프랑스로 돌아온 그를 맞은 것은 노르망디 농민들이 잉글랜드 수비대에 맞서 봉기했다는 소식이었다. 심지어 캉과 바이외도 위협받고 있었다. 봉기는 리처드 비너블스(272쪽을 보라)가 팔레즈 근처의 비케 마을 주민 전체를 학살하면서 촉발되었다. 섭정은 삼부회에서 특별 교부금을 끌어와 비너블스에 맞설 전면적인 군사작전을 조직했고, 비너블스는 부사령관 워터하우스와 함께 생포되어 루앙으로 끌려와 교수형을 당했다. 베드퍼드는 이러한 조치가 농민들을 안심시키길 바랐지만 8월에 또 다른 잉글랜드인 무리가 생피에르쉬르디브 마을에서 유사한 학살을 자행했다. 농민들은 자구책으로 섭정이 제공했던 무기들을 사용해 잉글랜드인들에 맞서 싸웠다. 결국 섭정은 농민 봉기를 가까스로 진압했지만 이중 왕국의 심장부인 지방에서 그러한 적대감을 맞닥뜨렸다는 것은 섭정에게 쓰라린 타격이었을 것이다.

더 많은 돈이 절실히 필요했다. 섭정은 노르망디의 삼부회를 소집해 도움을 간청했고, 그들은 그 어느 때보다도 많은 금액인 34만 4,000투르리브르를 주는 데 동의했으나 그걸로도 충분하지 않았다. 수비대들한테만 연간 25만 리브르가 들어가고 있는 데다 농민 반란 때문에 발생하는 비용도 있었다―반란을 진압하고 있는 애런들과 병사들한테 급여도 줘야 했음은 두말할 나위가 없다. 심지어 베드퍼드는 잉글랜드를 떠나기 전에도 "전쟁의 압박" 때문에 농민들이 밭을 갈거나 포도밭을 돌보거나 가축을 기를 엄두를 내지 못해 "오래 견딜 수 없을 정도로 극단적 빈곤에" 몰리고 있다고 지적하는 암울한 보고서를 자문회의에 제출했었다. 그러면서도 그는 희망을 완전히 버리지 않고 이중 왕국의 프랑스인들이 대부분은 헨리 국왕에게 충성스럽다고 역설했다. "제가 그곳에서 봉직하던 세월 내내 어느 누구보다도 전하께 신의를 지키고 충실하고자 하는 전하의 백성들을 아주 많이 보아왔습니다." 그는 세 가지 적극적인 조치를 제안했다. 첫째, (국왕의 세입과 분리된) 랭커스터 공작령의 세입을 프랑스에서의 전쟁 비용으로, 특히 200명의 중기병과 600명의 궁수를 유지하는 비용으로 돌린다. 둘째, 최일선에 있지 않은 칼레 변경 지대의 수비대는 통합해 기동 예비부대로 운용한다. 셋째, 이 두 제안이 채택되면 그가 사비를 들여 200명의 중기병과 600명의 궁수로 구성된 또 다른 병력을 유지한다.

12월, 베드퍼드는 참상이 어느 때보다 심하고 더욱 엄혹한 겨울이 찾아온 파리로 돌아왔다. "밤낮으로 눈이 그치지 않고 내렸다… 된서리와 눈이 그렇게 매서울 수 없었다." 포도나무와 과일나무들이 얼어 죽었다. 포도주와 밀가루를 비롯해 모든 식량이 몹시도 귀했다. 도시 주민이 워낙 줄어들어서 빈집들은 장작으로 쓰기 위해 철거되고 있었다. 1435년 2월 섭정은 마지막으로 파리를 떠났다.

이제 부르고뉴 공작은 잉글랜드에 대한 지지를 거둬들일 준비를 하고 있었다. 그는 배신자로 비칠까봐 전전긍긍했기 때문에 그의 법률가들이 트루아조약에서 법적으로 트집거리가 될 내용들을 찾아냈다. 그들은 헨리 5세가 프랑스 왕위를 직접 물려받았다면 그의 아들에게 물려줄 수 있었겠지만 그의 아들이 샤를 6세로부터 곧바로 왕위를 물려받을 수는 없다고 주장했다. 1435년 2월 부르고뉴의 필리프는 부르봉 공작과 다른 도팽파 인사들을 네베르에서 만났고, 대단히 우호적인 분위기에서 부르고뉴파와 도팽파, 그리고 잉글랜드 사이에 일반 협정을 맺기 위한 회담을 아라스에서 개최하기로 합의했다.

필리프 콩타민*은 백년전쟁에서 회전과 포위전, 슈보시만큼이나 많은 회담이 열렸다고 역설한다. 이런 회담들은 이따금 한쪽의 영토 내, 심지어 런던이나 파리에서 열리기도 했지만, 보통은 루링겐이나 그라블린 같은 국경도시나 아비뇽 같은 중립적인 장소에서 열렸다. 양측의 대표단은 흔히 왕족이 이끌었는데, 그들은 엄청난 수의 시종과 관리로 이루어진 대규모의 수행원을 대동하고 가구와 접시, 각종 식량을 수레 가득 싣고 왔다. 원탁회의 말고도 라틴어로 하는 공식 연설과 공식 만찬, 사적 면담 등이 이루어졌다.

8월에 아라스에서 회담이 시작되었을 때 루앙에서 중병을 앓고 있던 베드퍼드는 영토에 대해서는 양보할 각오가 되어 있었으나 프랑스 왕위에 대한 조카의 권리에 관해서는 타협하지 않으려고 했다. 잉글랜드 사절단은 이 문제는 논의의 대상이 되기에는 너무 신성한 사안—헨리의 권리는 신으로부터 나왔다—이라는 주

---

*프랑스의 역사학자로, 중세 후기의 전쟁사와 귀족사 전문가이다.

장을 하라고 지시받았다. 또한 섭정은 노르망디는 헨리 국왕의 것이지 샤를이 하사한 봉토로 간주될 수 없다고 강력히 주장했다. 얼굴에서 땀이 흘러내릴 만큼 필리프가 의견을 아주 열성적으로 개진했던 6주간의 논쟁이 있었지만 보퍼트 주교는 아무런 합의에 도달하지 못한 채 9월 5일 잉글랜드 대표단 전원을 이끌고 아라스를 떠났다. 그들은 "샤를 국왕과 부르고뉴 공작이 갈수록 서로에게 우호적으로 변해가고 있다"는 근거 있는 의심을 했다.

그로부터 고작 1주일이 조금 지난 1435년 9월 14일 베드퍼드 공작 존은 루앙에서 사망했다. "태생과 인품이 고귀한 자. 현명하고, 관대하고, 경외와 사랑을 받았다." 파리 부르주아는 그에게 이런 비문을 새겼다. 일반적으로 역사가들은 섭정이 무익한 시도에 생애를 낭비한 유능한 정치가이자 군인이라고 동정한다. 그는 충분히 성공할 수도 있었다. 도팽은 퇴위 직전까지 갔고, 만약 그가 진짜로 왕위를 포기했다면 발루아가의 그다음 왕위 계승 서열 1위는 잉글랜드에 포로로 잡혀 있던 오를레앙의 샤를이었다. 더욱이 필리프 공작에게 혜안이 있었다면 강력한 발루아가 군주는 자연히 부르고뉴를 파괴할 것이기 때문에 자신의 최상의 미래는 잉글랜드 쪽에 있다는 것을 분명 깨달았을 것이다. 베드퍼드가 그렇게 제한된 자원들로 구축한 구조는 그의 사후에도 15년 동안 지속될 만큼 강력했다. 의문의 여지 없이 그는 대단히 뛰어난, 진정으로 매우 위대한 앵글로-프랑스인이었다.

섭정은 그가 사랑한 루앙 시 노트르담 성당 성단소chancel 안의 훌륭한 무덤에 묻혔다. 많은 세월이 흐른 뒤 누군가가 샤를 7세의 아들에게 그 기념비를 철거해야 한다고 제의했다. 루이 11세는 이렇게 답변했다. "막강한 힘을 가졌음에도 선왕이나 자네의 아버지나 어느 누구도 그가 살아 있을 때 그를 한 발짝도 움직이게 하지 못했다… 그가 안식하게 내버려둬라." 국왕은 또 이렇게 덧붙였다. "나의 영토 안에 그의 유해가 있는 것을 명예로 여긴다." 납골당은 오래전에 사라졌지만 베드퍼드는 여전히 루앙 성당에 누워 있다.

10장

비보
1435~1450년

좌중에 프랑스에서 날아온
상실과 학살, 패전의 비보를 알려드리오.
_『헨리 6세』

그리고 수요일 같은 날에
셔버러(세르부르)가 적의 수중에 넘어가고
이제 노르망디에는 우리의 교두보가 없다는 소식이 전해졌다.
_파스턴 서한

부르고뉴 공작 선량공 필리프(1396~1467년). 성마르고 신뢰할 수 없는 성격의 그는 베드퍼드 공작이 사망하자 곧바로 샤를 7세와 아라스조약을 체결했다. 그의 새로운 선택은 결국 잉글랜드 정권의 파멸로 이어졌고, 궁극적으로는 부르고뉴마저 파괴했다.

1435년 9월 20일, 베드퍼드가 죽은 지 채 1주일도 지나지 않아 샤를 7세와 부르고뉴의 필리프는 아라스조약을 체결했다. 필리프는 샤를을 프랑스의 국왕으로 인정하는 대가로 마콩과 오세르, 퐁티외와 더불어 솜강 유역의 도시들과 솜강 유역 북쪽의 왕령지를 받았다(모두 그가 이미 점령하고 있던 영토였다). 샤를은 신성로마제국 황제와의 동맹을 끝내고, 자신은 필리프의 부친 암살에 아무런 역할도 하지 않았다고 공식적으로 부인함과 동시에 살아남은 암살자들을 처벌하겠다고 약속했다. 그는 죽은 공작에게 바치는 기념비를 세우고 그의 영혼을 위한 미사를 올리는 데도 동의했다. 그나마 명맥을 유지하던 아르마냐크파를 사실상 버린 셈이었다. 그는 프랑스는 하나로 통합될 것이며, 나중에 칙령을 통해 "부르고뉴파"나 "아르마냐크파"란 이름을 올리는 자는 혓바닥을 시뻘겋게

단 쇠로 꿰어 다스릴 것이라고 선언했다.

아라스조약은 부르고뉴파에게 끔찍한 실수로 판명된다. 그것은 이중 왕국의 파멸만이 아니라 궁극적으로는 부르고뉴의 파멸도 뜻했다. 어쩌면 필리프는 샤를 7세가 헨리 6세보다 더 자신에게 의존하기를 기대했을지도 모른다. 그렇다면 그는 오판을 한 셈이었다. 샤를은 그를 미워했기 때문이다. 공작에게 잉글랜드를 버리라고 조언한 두 자문관 니콜라 롤랭과 앙투안 드 크루아는 의심의 여지 없이 몰래 샤를을 위해 일하고 있었다. 나중에 필리프는 자신의 패착을 깨닫고 그의 유일한 (적법한) 아들을 잉글랜드 공주와 결혼시킨다.

잉글랜드는 필리프 공작의 배신에 엄청난 충격을 받았다. 필리프에게서 받은 서한에 자신이 주군으로 칭해져 있지 않은 것을 본 헨리 6세의 뺨에 눈물이 흘러내렸다. 런던에서는 군중이 필리프의 상인들에게 린치를 가하고 "기만적이고 거짓 맹세를 한 공작"에 관한 상스러운 노래를 불렀다. 보퍼트 주교 같은 자문관은 이러한 불리한 여건에서는 전쟁을 계속해나갈 수 없다는 사실을 잘 알고 있었지만 온 잉글랜드를 격분시키지 않으면서 전쟁을 끝낼 방도를 알지 못했다. 노르망디와 기옌에 대한 완전한 주권을 보장받는 대가로 프랑스 왕위에 대한 권리 주장을 포기할 수도 있었을 것이다. 헨리 5세가 그런 타협을 도의적으로 불가능하게 만들어놓지만 않았다면 말이다. 어떤 대귀족들은 보퍼트―페루아의 표현에 따르면 "귀족 계층의 총아로 사치를 좋아하는 고위 성직자"―의 현실주의를 선호했을지도 모르지만 평민원은 주전파를 이끄는 글로스터 공작을 지지했다. 싹싹하고 매력적인 "선량한 험프리 공작"
은 런던 민중의 사랑을 한몸에 받고 있었다. 비록 경박하고 진중한
맛은 없었지만 그는 아쟁쿠르에서 싸웠고, 노르망디 정복에서 중
요한 역할을 했으며, (그 자신이 문서에 서명한 대로) "왕의 아들이자
형제이며 삼촌"*으로 서열이 가장 높은 왕족이자 왕위 후계자였다.
그의 입지는 베드퍼드의 죽음으로 더욱 강해졌다. 그러나 1435년
헨리 6세는 열여섯 살이 되었다. 그는 보퍼트 가문의 손아귀에 꽉
잡혀 있었고, 따라서 소리 높여 항의해봤자 글로스터는 정부 정책
에 별다른 영향력을 끼치지 못했다.

　헨리 5세와 베드퍼드의 계승자는 뾰족한 턱과 수심에 찬 눈매,
멀대 같고 후리후리한 몸집에 거동이 어색한 젊은이로 심신이 허
약했다. 선의로 가득하고 온화하고 경건하고, 심지어 성자 같은 그
는 이름 없는 수도사로 지냈다면 훨씬 행복했을 것이다. 폭력과 잔
인성을 싫어하고 어떤 형태의 유혈도 질색하는 헨리 6세만큼 중세
후기의 국왕으로 어울리지 않는 사람도 없었을 것이다. 그러나 그
는 국정이나 정치를 전혀 이해하지 못했기 때문에 전시에서만큼
이나 평화 시에도 나라를 이끌 능력이 없었고, 결국 그를 위하여
나라를 다스리려는 사람들에게 오히려 짐이 됐다.

　1435년부터 1450년까지는 프랑스 내의 잉글랜드 세력이 승산
도 없이 전쟁을 질질 끌었던 시기로, 그들이 부르고뉴파한테서 버

---

*글로스터 공작이 헨리 4세의 아들이자 헨리 5세의 동생, 헨리 6세의 작은아버지란 뜻
이다.

림을 받고도 그렇게 오랫동안 버텼다는 것은 놀라운 일이다. 그들을 일드프랑스에서 완전히 몰아내기 위해서는 재통일된 프랑스가 필요했고, 마침내 샤를 7세가 루앙으로 입성했을 때 노르망디는 30년 동안 잉글랜드의 지배를 받아온 상태였다. 비유하자면, 독일의 프랑스 점령이 1970년까지 지속된 거나 마찬가지다. 잉글랜드인들은 이제 노르망디와 칼레를 자신들의 나라에 통합된 일부로 간주했다. 마침내 마주한 몰락은 온 잉글랜드를 충격에 빠뜨렸고 정부를 무너뜨렸다. 왕조 간 반목은 국내 분쟁으로 탈바꿈했다.

아라스조약이 체결된 직후 앵글로-프랑스 영토 전역에서 봉기가 일어났다. 디에프, 페캉, 아르플뢰르가 프랑스 수중에 떨어졌고, 아르크는 불길에 휩싸였다. 1436년 2월 총사령관 리슈몽과 바스타르 도를레앙, 릴아당 원수 그리고 5,000명의 병사들은 여전히 잉글랜드가 차지하고 있던 파리를 봉쇄했고, 다시금 기아로 위협받고 있는 도시 내부의 부르고뉴파 지지자들과 접촉했다. 윌러비 경—파리 부르주아는 그를 "시르 드 윌르비Sire de Huillebit"라고 부른다—휘하의 잉글랜드 수비대는 부활절에 300명이 이탈하면서 전력이 약화되어 있었고, 도시 민병대는 성벽 수비를 거부했다. 굶어 죽어 가던 파리 시민들은 폭동을 일으켰고, 4월 13일 바스타르를 받아들이기 위해 사다리를 내렸다. 바스타르와 함께 사다리를 타고 올라온 몇몇 선발대들이 성문을 열었다. 잉글랜드 궁수들이 그들을 막기에는 때가 너무 늦었다. 그들은 텅 빈 거리를 달리며 기분 나쁘게 닫혀 있는 창문을 향해 활을 쏘아 도시를 겁박하려고 했지만, 길이 쇠사슬로 막혀 있고 자신들을 향해 대포가 발사되는 것을 깨닫고 나머지 수비대와 함께 바스티유로 피신할 수밖에 없었다. 잉글랜드 공동체의 가옥은 침입당해 집기들을 약탈당했다. 총사령관은 도시의 고위 관리들을 교체했지만 이를 제외하면 일반 사면을 시행했다. 얼마 후 윌러비—아르플뢰르와 아쟁쿠르의 역전의 용사—는 부하들과 함께 "육로와 물길을 통해" 루앙으로 철수하도록 허락받았고, 시민들의 야유 속에 파리를 떠났다.

적들을 "잉글랜드인과 노르망디인"이라고 부르기 시작한 프랑스인들은 루앙의 턱밑까지 와서 공격을 가하기 시작했다. 그러나 멘은 노르망디를 감싸는 일련의 요새들로 공격을 버텨냈다. 여전히 가난에 시달리고 변함없이 소심한 샤를 국왕은 적절한 공세를 취하는 데 무능함을 드러냈다.

1436년 7월 부르고뉴 병사들이 칼레 포위전을 개시했다. 그러나 그들은 칼레를 봉쇄하는 데 실패했고, 도시 수비대가 출격하자 처음에는 사기가 떨어지더니 그달 말에는 허겁지겁 도망치기에 바빴다. 8월 2일 글로스터의 험프리는 구원군과 함께 상륙하여 부르고뉴를 상대로 대단히 효과적인 슈보시를 이끌며 플랑드르 깊숙이 침투했다가 의기양양하게 칼레로 복귀했다. 다수의 플랑드르 도시들이 부추김을 받아 필리프에 반기를 들었기 때문에 필리프는 1438년까지 계속된 반란을 진압하느라 애를 먹어야 했다. 그러고 나자 그는 잉글랜드와 화평을 맺고 싶은 마음뿐이었고, 1439년 상업적인 조항이 포함된 휴전을 체결하고 여러 해 동안 이를 지켜나갔다.

비록 잉글랜드인들이 또 다른 베드퍼드나 솔즈베리를 배출해내지 못했을지라도 그들에게는 여전히 늠름한 톨벗 경이라는 대단한 지휘관이 있었다.

제6대 톨벗 경이자 슈르즈베리와 워터퍼드 백작이며, 가터 기사이자 클레르몽 백작인 존은 1388년에 태어났다. 웨일스 국경 지대의 유서 깊은 변경 영주 가문의 자손인 그는 무자비한 전통을 물려받았고, 군인으로서의 초창기에는 오와인 글린두르와 싸우며 보냈다. 1414년 헨리 5세는 그를 아일랜드의 총독으로 임명했고, 그는 그곳의 습지와 숲속에서 거친 아일랜드 병사들을 괴롭혔다. 톨벗의 프랑스 전역 참가는 1419년에 시작되었다. 그는 1420년 믈룅 포위전에 참가했고, 이듬해 모 포위전에도 함께했으며, 나중에 베르뇌유에서도 싸웠다. 아일랜드에서 총독으로 두 번째 임기를 보낸 뒤 프랑스로 돌아왔지만 앞서 본 대로 파테에서 포로로 잡혀 4년간 억류되기도 했다. 그 이후 "올드 톨벗"은 일련의 승전들을 거두며 대중의 마음을 사로잡았다. 콤턴 윈예이츠 저택에 걸려 있는 초상화는 숱이 많은 검은 머리 아래로 이목구비가 또렷한 묘하게 현대적인 얼굴을 보여준다. 강한 인상을 심어주는 행동거지로 그는 아무것도 두려워하지 않는 것처럼 보였고, 부하들은 그를 우러러봤다. 전략에 대해서는 아주 바람직할 정도로 잘 이해했던 반면 묘하게도 전술 감각은 오락가락했다. 기습과 습격, 소규모 접전의 대가로 오로지 한 가지 명령—앞으로!—만 알았던 톨벗은 뒤게슬랭만큼의 조심성은 없었지만 정말로 그 브르타뉴인의 늠름한 잉글랜드 판본이었다. 실제로 그는 자신이 지휘한 회전에서 단 두 차례밖에 패배하지 않았다. 게다가 그가 패배했을 때도 그의 적수들은 그를 무서워했다. 아일랜드인들은 "헤롯 왕 시대 이래로 그렇게 지독한 악행을 저지른 자도 없다"고 한탄했고, 그의 이름만 듣고도 프랑스인들은 후퇴했다.

1436년 2월 새로운 대리 사령관이 톨벗과 합류했다. 어마어마한 부자인 요크 공작은 솟아넘치는 야심에 전혀 어울리지 않는 작은 몸집과 볼품없는 생김새를 가진 스물네 살의 젊은이였다. 우유부단하고 실력이 형편없는 군인이었긴 해도 요크는 글로스터의 동지이자 열성적인 주전파였고 톨벗과 잘 협력하여 톨벗은 곧 노르망디와 멘에서 질서를 회복할 수 있었다. 요크 자신도 디에프와 코Caux의 여러 도시들을 탈환하는 데 성공했다.

1436년 말 포통 드 쟁트라유와 라이르는 1,000명의 군사를 이끌고 루앙 앞에 나타났으나 시민들은 여전히 잉글랜드에 충성하여 그들을 받아들이려 하지 않았다. 그래서 그들은 루앙에서 16킬로미터 떨어진 리Ris라는 작은 도시에 자리를 잡았다. 톨벗과 토머스 키리얼 경 그리고 400명의 기마병은 적이 어디 있는지를 알아내자마자 루앙에서 리로 말을 달렸다. 그들은 곧장 작은 언덕 위에 있던 초병哨兵들을 제압했고, 도망쳐 살아남은 이들은 그들의 동료들에게 두려움을 퍼뜨렸다. 톨벗이 리로 들이닥쳤을 때 그를 막을 자는 전혀 없었고, 그는 적의 짐수레와 몇몇 값나가는 포로들을 손에 넣었다. 1437년 1월 그와 젊은 슈르즈베리 백작은 이브리를 손에 넣었다. 그다음 달에는 혹한과 다리가 푹푹 빠질 만큼 눈이 많이 쌓였는데도 톨벗은 400명의 병력만으로 파리에서 19킬로미터 떨어진 퐁투아즈를 재탈환했는데, 병사들을 농민들로 위장시켜 보낸 뒤 하얗게 위장한 강습 부대에 성문을 열어주게 한 작전이 주

효했다. 톨벗의 옛 전우인 릴아당 원수가 이끄는 프랑스 수비대는 달아났다. 그 후 톨벗은 파리 앞에 나타났고, 얼어붙은 해자를 건넌 그의 병사들은 성벽이라도 타고 오를 기세였다.

1437년 봄, 워릭 백작이 요크 공작을 대신해 대리 사령관으로 부임했다. 워릭은 당시에는 고령인 예순에 가까웠지만 톨벗을 어떻게 써먹어야 하는지 여전히 잘 알고 있었다. 그는 톨벗에게 군사 5,000명을 주어 그보다 두 배 이상의 부르고뉴 군대에 포위당한 솜강 어귀 북안에 자리한 도시 르크로투아를 구원하도록 파견했다. 톨벗과 부하들은 여울물이 가슴 높이까지 올라오고 적군이 건너편 강둑에 대포를 배치한 상황이었는데도 폭이 1.6킬로미터에 달하는 그 유명한 블랑슈타크 여울을 걸어서 건넜다. 부르고뉴 병사들은 포와 보급 수레를 버리고 달아났다. 톨벗은 탕카르빌도 회복했다. 비록 센강 상류에 위치한 마지막 잉글랜드 요새인 몽트로는 10월에 프랑스군에 함락되지만 파리는 여전히 매우 위험한 상황이라 샤를은 "환희의 입성"을 했을 때 수도에 고작 3주만 머물렀다.

1438년 프랑스군은 기옌을 공격했다. 근 20년 만에 처음으로 이루어진 중대한 침공이었다. 그와 동시에 카스티야 사람 로드리고 데 비앙드란도와 그의 에코르셰르는 기옌의 농촌 지방을 참혹하게 유린했다. 보르도는 포위당했으나 포가 부족했던 프랑스군은 곧 물러갔다. 이듬해 헌팅던 백작이 프랑스 수중에 넘어간 지역을 모두 재탈환했다.

양측은 다시금 화평을 시도했다. 의미심장하게도 잉글랜드인들은 왕립선이 녹슬어가게 묵혀두었다. 1437~1438년 이 배들에

들어간 비용은 고작 8파운드 9실링 7펜스였다. 샤를 7세 역시 열의가 꺾인 상태였다. 그는 이제 일드프랑스를 회복했을 뿐이고, 심지어 파리 동쪽에 있는 모는 여전히 샹파뉴에서 굳건히 버티고 있었다.

1439년 7월 칼레와 그라블린 사이에서 회담이 열렸으나 잉글랜드는 여전히 헨리의 프랑스 국왕 지위를 놓고는 타협하지 않으려 했고, 전쟁은 계속됐다.

1440년에 발생한 커다란 사건으로는 아쟁쿠르 전투 이후로 줄곧 잉글랜드에 포로로 억류되어 있던 오를레앙 공작이 풀려난 일을 들 수 있다. 헨리 5세는 베드퍼드에게 오를레앙 공작이 프랑스에 아무런 공도 세울 수 없도록 절대 그를 풀어주지 말라고 이른 바 있다. 글로스터도 국왕에게 분노에 찬 장문의 "선언문"을 쓰면서 그를 풀어주는 데 계속 극렬하게 반대했다. 비록 글로스터의 서신 내용 대부분은 보퍼트 추기경에 대한 악담이었지만, 그의 핵심적인 주장은 샤를 7세가 몸이 좋지 않다는 소문이 돌기 때문에 오를레앙이 섭정, 그것도 매우 유능한 섭정이 될 거라는 것이었다. 그러나 보퍼트는 오를레앙이 전면적 화평을 위해 힘써줄지도 모른다고 기대했고, 또한 그러한 대귀족이 복귀하면 프랑스를 통치하는 것이 더 어려워질 수 있다고 생각했을 수도 있다. 더욱이 오를레앙은 비싼 몸값(4만 파운드)을 가져다줄 것이고, 그중 1/3은 선불이었다. 몸값을 모으기 위해 부르고뉴 공작부인은 기금을 마련하고 전 프랑스 귀족들과 교섭했다. 의미심장하게도 샤를 국왕은 여기에 돈을 보태지 않았다. 오를레앙은 화평을 얻어내기 위해 최선을 다하겠다고 약속하고 1440년 11월에 풀려났다. 사람들은 만성절에 주교 집전 미사로 그의 석방을 축하했고, 글로스터는 화가 나 자리를 박차고 나왔다. 하지만 오를레앙의 정치적 영향력은 미미한 것으로 드러났다. 그는 호의호식하며 섬세한 시작詩作에 전념하고자 자신의 성으로 물러갔다.

전쟁은 한없이 이어졌다. 잉글랜드인들은 1440년에 대귀족들이 샤를 국왕에게 프라게리 반란Praguerie을 일으켰을 때 그의 취약함을 활용하는 것을 등한시했다. 1439년 4월에는 근심에 지친 워릭이 사망했다. 그는 프랑스에서 번 게 틀림없는 돈으로 워릭에 지었던 화려한 예배당에 묻혔고, 그곳에 가면 이탈리아제 갑옷을 갖춰 입은 그를 구현한 훌륭한 조상을 여전히 구경할 수 있다. 서머싯 백작이 잠시 대리 사령관으로 재임한 뒤 요크 공작이 1440년 7월에 대리 사령관으로서의 두 번째 임기를 시작했다. 1439년 12월에 아브랑슈를 손에 넣으려던 프랑스의 시도를 뛰어난 야간 공격으로 격퇴했던 톨벗은 1440년 8월에 고작 1,000명의 군사로 아르플뢰르를 포위하여 10월에 그곳을 함락했다.

1441년 샤를 국왕은 크레이와 콩플랑을 손에 넣었고, 6월에는 여전히 파리에 위협적인 퐁투아즈를 포위 공격했다. 요크와 톨벗은 즉시 퐁투아즈를 구원하러 3,000명의 군사를 이끌고 진군했다. 실질적인 지휘관이었던 톨벗은 운반 가능한 가죽 배들로 부교를 놓아 적의 예상을 깨고 우아즈강을 건너는 탁월한 작전을 선보였고, 여기에 겁을 먹은 샤를은 모뷔송에 있던 사령부뿐만 아니라 나중에는 퐁투아즈까지 버리고 떠났다. 전진과 퇴각을 거듭하고 센강과 우아즈강 도강을 반복했지만 프랑스군을 궁지에 몰아넣는데는 아깝게 실패한 뒤 톨벗은 그가 다섯 차례나 "되살렸다"는 퐁투아즈를 구원하고 식량을 재보급했다. 하지만 톨벗이 노르망디로돌아가자마자 샤를과 그의 포술 장인 뷔로는 9월에 포위 공격을재개해, 순식간에 대포로 성벽에 균열을 냈다. 10월 25일 퐁투아즈는 마침내 함락되었다. 수비대장 클린턴 경은 몸값을 생각해 살려두었지만 그의 부하들 500명은 살육당했다. 이로써 일드프랑스의마지막 잉글랜드 요새가 사라졌다.

1442년 여름, 샤를 국왕이 기옌을 침공했다. 그는 타르타스성과 생세브르, 닥스 시를 함락하고 가스코뉴의 가령인 토머스 렘스턴 경을 포로로 붙잡았다. 라레올도 함락되었지만 그곳 수비대는내성에서 항전을 이어갔다. 그러나 프랑스군은 그해 말까지 보르도를 위협하기만 했을 뿐 기대했던 기옌의 수도 함락은 고사하고바욘을 손에 넣는 데도 실패했다. 잉글랜드 자문회의는 기옌이나노르망디에 증원군을 파견할지 말지를 놓고 갈팡질팡했다. 결국에는 톨벗이 2,500명의 새로운 군대를 이끌고 북부 공국[기옌]으로파견되었으나 보르도는 스스로 방어하도록 내버려두었다.

그 무렵 톨벗은 열광적 환대를 받았던 잉글랜드에 머무르고 있었고, 백작이 되었다. 그는 오랫동안 국가적 영웅이었다. 1429년 그가 파테에서 사로잡혔을 때 그의 몸값을 충당하기 위한 기금 모금에 후원이 이어졌다. 프랑스에서 그가 거둔 승전보들은 잉글랜드왕국 전역에 알려졌다. 일반 백성들은 전쟁 상황에 관해 놀랄 만큼밝았던 것 같다. 주교들은 보통 주요 전역의 성공을 위해 기도해달라고, 그다음에는 (전역 결과에 따라서) 감사 기도나 대도^{代禱}*를 올려달라는 요청을 받았다. 이런 의식들은 교구 수준에서도 되풀이되었고, 틀림없이 사람들에게 얼마간 소식을 전했을 것이다. 큰 승리를 거두었을 때는 세인트폴 성당과 여타 성당들에서 행렬 기도로 이를 축하했다. 장터와 주^州 법정에서는 포고문을 낭독했다. 그다음에는 1436년 칼레에서 패배한 부르고뉴 병사들에 대한 속요 같은 게 있었다. "맥줏집 풍문"도 경시해서는 안 된다. 과객들에게 자택을 개방하는 대귀족들의 시종들을 통해서도 틀림없이 많은 정보들이 흘러나왔을 것이다. 연대기 작가들을 살펴보면, 귀환 병사들을 통해 풍문이 떠돌았고 사람들은 열렬한 관심을 보이며 그런 풍문들을 흡수했음이 분명하다.

당대의 연대기 작가들이 잉글랜드의 승전에 대해 느낀 자부심은 (홀린셰드를 거쳐) 셰익스피어에게서도 그대로 드러난다. 그는 한 프랑스 귀족의 입을 통해 이렇게 묻는다.

전투의 신(Dieu de batailles)! 그들은 대체 어디서 이런 기개를 얻을까?
안개 자욱한, 몹시 춥고 흐린 그들의 기후 탓인가?

셰익스피어는 자민족의 군사적 우수성을 자랑한다.

---

* 위령 기도처럼 다른 사람을 위해 올리는 기도.

오 고귀한 잉글랜드인, 병력의 절반으로

프랑스의 넘치는 자만심을 처리할 수 있으며,

나머지 절반은 옆에서 웃으면서 지켜보며

쉬고 있는 차가운 몸을 움직이고 싶어 근질근질해하네.

실제로 『헨리 5세』는 시대착오적인 묘사에도 불구하고 15세기의 잉글랜드인들이 백년전쟁을 어떻게 생각했는지를 정확하게 보여준다.

1443년 4월 보퍼트의 조카인 서머싯 공작 존은 프랑스와 기엔의 총사령관이 된다. 보퍼트 주교가 요크의 위상을 가리고 싶어 선택한 정치적 임명이었다. 설상가상으로 자문회의는 요크에게 그가 자비로 전쟁에 쓴 2만 파운드에 관해 냉랭하게 "인내심을 가지고 얼마 동안 참을 것"을 요구했다. 백년전쟁을 통틀어 가장 무능한 지휘관 중 한 명인 서머싯은 7,000명의 군사를 이끌고 셰르부르에 상륙하여 아무런 목적도 없어 보이는 슈보시를 이끌며 멘을 통과하여 브르타뉴로 진입했다. 그는 "내 비밀을 아무에게도 밝히지 않겠다. 만일 내 셔츠가 내 비밀을 알아챈다면 셔츠를 불태울 것"이라는 얼빠진 소리를 하며 부대장들에게도 자신의 계획을 말해주지 않았다(바쟁은 그의 셔츠도 존재하지 않는 것을 알아낼 방법은 없었다고 촌평한다). 그의 유일하게 긍정적인 행동은 브르타뉴 도시 라게르슈를 점령한 것이었는데, 그래놓고는 브르타뉴 공작에게 현금을 받고 도시를 다시 넘겨주었다. 이는 브르타뉴의 중립을 확보하는 최상의 방법이 아니었다. 몇 주 후 잉글랜드로 돌아온 그는 자신이 웃음거리가 되었다는 것을 알게 되었고, 궁정에서 쫓겨났다. 그런 직후 그는 사망했는데, 어떤 이들은 그가 스스로 목숨을 끊었다고 말한다.

그러나 슈보시 아이디어가 전적으로 멍청한 생각은 아니었다. 잉글랜드가 더는 장기 포위전의 비용을 감당할 수 없다는 것을 깨달은 늙은 욕심꾸러기 존 파스톨프 경은 1435년 훌륭한 장수 휘하에 각각 750명의 병사를 배치한 두 개의 소규모 군대를 파견해 매년 6월부터 11월까지 "그들이 지나가는 땅에 있는 가옥과 곡식, 포도, 과일을 맺는 모든 나무들"과 끌고 갈 수 없는 가축들까지 "모조리 불태우고 파괴하는" 슈보시를 전개하자고 제의했다. 슈보시의 목적은 적을 "그런 결과로 인한 극한 기근"에 빠뜨리는 것이었다. 그러나 그의 조언은 받아들여지지 않았고, 잉글랜드의 전략은 대부분 거점들의 유지와 탈환에 집중되었다.

파스톨프의 경력은 백년전쟁의 성공담 가운데 하나이며, 가장 잘 기록된 것이기도 하다. 1380년 그는 에드워드 3세의 종자의 아들로 태어났다. 어렸을 때 그는 노퍽 공작의 시동이었다. 1401년 성년이 된 그는 케이스터 인근의 몇몇 농장과 야머스의 몇몇 보유지*만을 상속받았는데, 거기서 나오는 연수입은 총 46파운드였다. 1409년 그는 한 동료 장교의 나이 지긋한 과부 밀리선트 스크로프와 결혼하여 재정 여건이 나아졌지만 전쟁과 직위, 몸값과 약탈에서 더 많은 것을 얻었다. 1413년 그는 보르도 시와 성의 부장관

＊토지와 거기에 있는 가옥과 건물.

으로 임명되었고, 1422년에는 프랑스에서 국왕 자문관 중 한 명이 되어 110파운드의 급여를 받았고, 1440년 프랑스를 떠날 때까지 이 직위를 유지했다. 나중에 그는 베드퍼드 공작 가문의 가령이 되었다. 그리고 르망의 수비대장과 멘과 앙주의 총독, 마지막으로 채널제도의 총독직을 비롯해 다양한 도시에서 스무 개가 넘는 직위를 보유했다. 그가 60세의 나이로 현역에서 은퇴한 뒤에도 자문회의는 군사적 사안에 관해 그에게 계속 조언을 구했다(다른 많은 군사 고문들의 의견과 마찬가지로 그의 조언이 받아들여진 것 같진 않다). 그의 가장 눈부신 공훈은 1424년 베르뇌유에서 알랑송 공작을 생포한 일로, 그는 1만 3,000파운드의 몸값을 받았고, 이 돈 가운데 일부로 케이스터에 성을 지었다. 5층짜리 성채에는 아치형 벽난로가 설치된 멋지고 널찍한 방과 화려한 태피스트리가 걸린 여름용·겨울용 연회실 등이 있었다. 1445년 그가 노르망디에 보유하고 있던 재산은 적군의 습격으로 가치가 감소하긴 했지만 여전히 연소득 401파운드에 달했다. 여기에는 열 개의 성과 열다섯 곳의 장원, 그리고 루앙에 있는 여관이 포함되어 있었다. 그는 노르망디를 잃게 될 것을 내다보고 자산 중 일부를 매각했다. 심지어 프랑스 내의 나머지 자산을 상실한 뒤에도 그가 1459년에 사망했을 때 잉글랜드 자산에서 발생한 연소득은 1,450파운드에 달했다. 그 자산들 거의 전부가 전쟁에서 얻은 수입으로 구입한 것이었다. 서른다섯 살 때 글로스터 공작의 가솔이자 종자에 불과했던 보잘것없던 노퍽 지주는 가터 기사, 프랑스 귀족이 되었고, 더 오래 살았다면 잉글랜드 귀족도 되었을 게 거의 틀림없다. 기질적으로 그는 당대에 아주 흔하던 잉글랜드 군인의 전형이었다. 그에게 공공연히 반대했던 한 당대인은 그가 "더없이 잔혹하고, 복수심에 불타며, 대체로 동정심이나 자비심이 없다"고 썼다.

파스톨프나 가장 미천한 궁수나 엄격하게 집행된 약탈물의 체계적인 공유를 통해 이익을 얻었다. 헨리 5세의 1419년 법령은 기존의 관행을 확인해주었고, 관행은 전쟁 막바지까지 이어졌다. "부대장, 기사, 종자, 중기병, 궁수에 상관없이 어떤 병사든 모두 전쟁에서 얻은 것의 1/3을 속임수 없이 성실하게 직속상관이나 주군에게 바쳐야 하며, 그러지 않을 경우 얻은 것 전부를 잃을 각오를 해야 한다." 이것은 부대를 따라다니는 누구한테나, 즉 "의사, 이발사, 상인 등등"에게도 적용되어서 그들은 어떤 전리품이든 상급 장교에게 넘겨줘야 했다. 몽생미셸 맞은편 바다에 있는 요새화된 작은 섬 통블렌에서 "지체 높고 막강한 귀족… 전술한 곳의 수비대장 각하, 서머싯 백작"을 수행하는 수비대가 1443~1444년 전쟁에서 얻은 이익을 아주 사소한 액수까지 낱낱이 기록한 문서가 남아 있다. 궁수인 존 플루리송(이름으로 보건대 프랑스인이다)은 "말 한 마리를 가져가, 살뤼 금화 여섯 냥에 팔았고… 살뤼 금화 열두 냥의 몸값이 매겨진 포로 한 명을 데려간" 데 비해 궁수 로저 밀은 "검 한 자루를 얻어서 투르 경화(리브르)로 37실링 6펜스에 팔았다". 두 궁수가 얻은 총 이익은 투르 경화로 28파운드 17실링 6펜스(스털링파운드화로 3파운드 4실링 2펜스)였고, 이중 1/3은 중기병들에게 갔다. 그 1/3의 액수 가운데 1/3은 수비대장에게, 이 수비대장이 받은 액수 가운데 1/3은 국왕에게 갔다. 수비대 경리관의 서기와 대리는 이 모든 것을 꼼꼼하게 기재했고, 이 내용을 다시 경리관이 직접 날인하여 보증했다.

1444년, 매우 연로해진 보퍼트 주교는 정계에서 은퇴했으나 그의 당파가 여전히 정계를 장악하고 있었다. 서퍽 백작이 이끄는 엄혹한 정권은 부패하고 무능하기 짝이 없었고, 워릭이 경멸한 서퍽 백작과 그의 탐욕스러운 동료들은 자신들의 지위를 이용해 가차없이 돈과 토지, 상업적 특권을 갈취하고, 심지어 측근들을 동원해 법정을 겁박하고 탐나는 재산을 탈취하는 것도 마다하지 않았다. 그러나 서퍽한테 더 나은 면도 있었다. 그는 시인이면서 약간 신비주의자인 측면도 있었고, 친구들에게 충실했으며, 무능한 방식으로나마 나름대로 국왕을 보필하려고 애썼다. 오랫동안 프랑스에서 싸운 뒤―별다른 공훈이 없다는 게 눈에 띄는 점이다―그는 이제 잉글랜드가 무슨 일이 있어도 프랑스와 화평을 맺어야 하며, 노르망디와 기옌을 보유할 수 있다면 운이 좋은 것이라는 데 자문회의 다수와 의견을 같이했다.

1444년 초, 서퍽은 자문회의에 공식적인 면책을 미리 요청한 뒤 사절단을 이끌고 투르 회담상으로 갔다. 프랑스 측은 아무런 양보도 할 생각이 없었다. 절박했던 그는 짐작건대 2년 안에 항구적 화의에 도달할 수 있기를 바랐던 듯, 2년간 휴전하는 대가로 멘을 할양하겠다고 제의했다. 하지만 그는 이 조항을 감히 공개하지 못했고, 멘 할양은 비밀에 부쳐졌다. 또한 그는 헨리 국왕을 샤를 국왕의 조카이자, 명목상 시칠리아 왕인 앙주의 르네의 열여섯 살짜리 딸과 약혼시켰다.

투르 휴전협정 소식은 잉글랜드 전역에서 국수주의적인 분노를 불러일으켰다. 그러나 프랑스에 있는 잉글랜드인들한테는 매우 다르게―바쟁에 따르면 "형용할 수 없는 엄청난 기쁨"으로―받아들여졌다. 1419년 이후로 적대 행위가 중단된 것은 처음이었고, "마치 종신형이라도 선고받은 듯 공포와 위험 속에서 살아가며 성 안이나 도시 성벽 뒤에 여러 해 동안 갇혀 지낸 그들은 오랜 유폐에서 벗어난 것을 참으로 기뻐했고", "어제의 적들과 춤을 추고 잔치를 벌였다". 바쟁의 묘사는 랭커스터가 지배하의 프랑스 지역에서 잉글랜드인들이 얼마나 불확실하고, 폐소공포증을 유발하는 섬뜩한 삶을 영위해왔을지를 암시한다.

1445년 헨리 6세와 앙주의 마르그리트가 결혼했다. 검은 머리에 고집이 센 미모의 외국인 왕비는 처음부터 미움을 샀다. 한편으로는 그녀가 프랑스인이었기 때문에, 다른 한편으로는 그녀가 서퍽을 지지하고 글로스터 공작을 적대시했기 때문이다. 잉글랜드가 "1년에 10마르크의 값어치도 안 되는" 왕비를 사들였다는 이야기가 나왔고, 잉글랜드의 한 연대기 작가의 견해에 따르면 "이때부터 헨리 국왕은 줄곧 아무런 득도 보지 못했고, 앞에 나서지 않아도 사방에서 운수가 등을 돌리기 시작했다".

마르그리트는 의지가 박약하고 남을 잘 믿는 남편을 금방 지배하여 그가 서퍽을 지지하게 만들었고, 서퍽은 1448년 공작이 되었다. 그녀는 멘을 할양하기로 한 약속을 지키라고 서퍽에게 압력을 가했다. 갓 공작이 된 서퍽의 밀약 소식은 결국 새어나갔고, 잉글랜드인들은 더욱 격분했다. 그들은 화가 날 만도 했다. 멘 지역 대부분은 평화롭고 심지어 충성스럽기까지 했고, 그 수도인 르망과 알랑송 사이의 사르트강으로 구획된 국경 지대는 일련의 견고한 성채들로 유지되고 있었기 때문이다. 그러나 1445년 말 헨리 국왕은 이듬해 4월까지 멘을 넘겨주겠다고 프랑스에 약속했고, 휴전은 1447년 4월까지 연장되었다.

멘을 넘겨주기 전에 글로스터와 요크의 입을 틀어막아야 했다. 1441년 글로스터의 아내인 엘리노어 코범이 자기 남편이 왕위를 계승할 수 있도록 마법으로 국왕 시해를 기도한 혐의로 유죄 판결을 받으면서 글로스터는 적잖이 위신을 잃은 상태였다. 더욱이 늙은 보퍼트 주교는 헨리 국왕이 삼촌에게 등을 돌리게 만들었다. 그러나 서퍽은 일을 확실히 해둘 필요가 있었다. 그는 글로스터가 반란을 일으키려 한다는 풍문을 유포한 뒤 1447년 2월 18일 베리세인트에드먼즈에서 돌연 글로스터를 체포했다. 글로스터는 격노한 나머지 뇌졸중을 일으켜 죽은 듯하지만 여론은 서퍽이 "선량한 험프리 공작"을 살해했다고 믿었다. 이제 추정적 왕위 계승자heir presumptive*가 된 요크 공작은 프랑스에서 소환되었고, 방해가 되지 않도록 아일랜드로 파견되었다.

서머싯 공작이 요크 후임 대리 사령관으로 루앙에 부임했다. 1448년 3월 16일, 르망과 멘의 요새들은 그곳 수비대장들이 내켜하지 않는데도 잉글랜드 특임 위원들에 의해 프랑스에 할양되었

---

* 현재는 왕위 계승 서열 1위지만 국왕이 후사를 볼 경우처럼 더 적합한 인물이 나타날 경우 왕위 계승에서 밀려나는 사람을 말한다.

다. 잉글랜드와 프랑스 간의 휴전은 1450년 4월까지 연장되었다.

심지어 이 마지막 시기에도 잉글랜드인들은 노르망디가 영원히 자신들의 수중에 남게 될 것처럼 굴었다. 헨리 6세는 계속해서 작위를 하사했다. 1446년에도 칼레 수비대장 윌리엄 부시어 경은 외Eu의 백작 작위를 하사받았다. 어쩌면 노르망디 공국에는 생각보다 잉글랜드인이 적었을지도 모른다. 많은 정착민들이 현지인들과 통혼했고 일부는 잉글랜드로 돌아갔다—1449년 아르플뢰르에 남아 있던 잉글랜드인은 고작 500명으로, 1416년 헨리 5세가 그곳에 데려왔던 1만 명과 크게 대비된다. 그러나 노르망디 주민 한 세대 전체가 잉글랜드가 아닌 다른 정부를 알지 못했고, 잉글랜드인 공작에게 진심으로 충성했다. 3세기 동안 앵글로-가스코뉴인, 앵글로-아일랜드인이 존재해온 것처럼 이제 앵글로-노르망디인이 존재했다. 아닌 게 아니라 루앙은 더블린보다 더 잉글랜드 같았을 것이라 해도 과언이 아니다. 랭커스터 왕가 지배의 가장 견고한 상징은 앵글로-프랑스 왕권의 상징을 새긴 아름다운 살뤼 금화로, 금화는 1449년까지 계속 주조되었다.

잉글랜드는 노르망디 수비대에 그 어느 때보다도 적은 수의 병력을 유지했다. 게다가 임금 체불은 군사 반란과 끊임없는 탈영을 야기하여, 그 숫자는 더 줄어들었다. 헨리 6세의 연간 세수는 간신히 3만 파운드에 이르는 수준이었으나 왕실 유지에는 연간 2만 4,000파운드가 들어갔고, 왕가의 부채는 점차 늘어나 거의 40만 파운드에 달했다.

반면에 프랑스의 재정 상태는 좋았다. 샤를 7세의 관리들은 장

2세 치세 말기에 과세된 특별세를 재도입했고, 제법 성공적으로 그 세금들을 거둬들이고 있었다. 더욱이 부유한 상인이자 징세 담당관인 자크 쾨르는 국왕의 아르장티에^{argentier}(왕실의 재무장관)였고, 유동 현금을 무제한으로 공급할 수 있었다. 실제로 쾨르는 방대한 규모의 전역을 재정적으로 뒷받침할 수 있을 만큼 충분한 자본을 보유하고 있었다.

샤를은 상비군을 모집하면서 이미 군사 개혁에 거액을 쓰고 있었다. 1445년에 한 칙령을 통해 100“랜스”*로 이루어진 부대 열다섯 개가 만들어졌는데, 각 랜스는 다시 여섯 명—중기병 한 명, 궁수 두 명, 무장 예비 병력 세 명—으로 구성되어 있었다. 1446년이 되었을 때 샤를은 그러한 부대를 스무 개나 보유하고 있었다. 그들을 목격한 누군가는 “중기병들이 모두 훌륭한 흉갑과 팔다리를 감싸는 갑옷, 검과 샐릿〔가벼운 투구—지은이〕으로 잘 무장되어 있고, 그 샐릿들 대다수가 은銀으로 장식되어 있는 것”을 보고 감탄했다. 가장 급진적인 혁신은 지금까지는 병력이 짧은 기간 동안의 적대 행위가 끝나는 대로 해산되었던 것과 달리 평시에도 유지된다는 점이었다. 모종의 규율을 부과하고, 병사들이 파티스를 뜯어내며 주변 시골에 기생해 살아가는 것을 막으려는 진정한 시도도 이루어져, 그들은 매달 정기적으로 급여를 지급받았다. 1448년 또 다른 칙령은 8,000명의 “자유 궁수^{franc-archers}”를 모집하도록 명령했다. 교구들은 저마다 석궁수나 궁수를 충원하거나 그들을 무장시켜야

---

* 기마 창병.

했다. 그 병사들은 전시에는 급여를 받고, 평시에는 세금을 면제받았다. 샤를은 포에도 많은 돈을 써서, 훌륭한 포술 장인 장 뷔로를 기용해 대포 현대화 작업을 맡겼다. 과거에는 고용 계약 병사들로 이루어진 잉글랜드군 시스템이 규율이 안 잡힌 프랑스 징병 시스템보다 월등한 전문적 전력을 배출해냈다. 그러나 이제는 제대로 급여를 받는 새로운 상비군을 보유한 프랑스 쪽이 유리했다.

무엇보다도 프랑스 국왕 자신이 마침내 원숙해졌다. 그의 타고난 영악함과 융통성에 준엄한 결의가 추가되었다. 가차 없고 양심에 구애받지 않았던 그는 첩자와 뇌물 활용에 뛰어난 재능을 갖춘 유능한 조직가이자 영리한 정치가가 되었다—1440년대 초부터 노르망디와 기옌에는 세심하게 선별되어 은밀히 그에게 고용된 영주들이 있었다.

휴전했음에도 서머싯은 멘에서 철수한 병력을 이용해 브르타뉴 요새 두 곳을 점령했다. 샤를 국왕이 이에 반발했지만 브르타뉴는 잉글랜드의 봉토라는 답변이 돌아왔다. 그런 다음 서머싯 또는 그의 뒤에 있던 서퍽은 1449년에 아라곤 출신의 용병 프랑수아드 쉬리엔(뜻밖에도 그는 가터 기사였다)에게 에코르셰르들을 이끌고 가 브르타뉴의 부유한 도시 푸제르를 접수하고 약탈하라는 임무를 맡겼다. 휴전은 깨졌고, 프랑스인들은 브르타뉴 공작에게 지속적으로 프랑스와의 동맹을 깨라고 압박하는 잉글랜드의 태도에 특히 분노했다.

1449년 7월 31일 샤를 7세는 3만 명의 군사를 노르망디로 보냈다. 그들은 삼면—북쪽, 동쪽, 남쪽—에서 공국을 공격했다. 서머싯은 급여를 제대로 받지 못해 반항적이고 여기저기 흩어져 있는 병사들을 집결시키려고 최소한 노력이라도 해보는 대신 그들을 10여 군데의 수비대에 배치하고 최대한 버티라고 명령했다. 그러나 그도 직접 보고했던 대로 대다수의 잉글랜드 거점들은 보수 유지가 적절하지 않은 탓에 "사람과 군수품은 풍부하지만 너무 황폐하여 도저히 방어할 수 없는 형편이었다". 8월 중순경 북쪽의 퐁토드메르, 퐁트레베크, 리지외가 프랑스 수중에 떨어졌다. 10월 초가 되자 중앙의 베르뇌유, 망트, 베르농, 아르장탕 역시 프랑스의 소유가 되었다. 남쪽에서는 쿠탕스, 카랑탕, 생로, 발로뉴가 함락되었다. 일부 지휘관들, 특히 노르망디 원주민 출신들은 저항하려는 시도를 전혀 하지 않고 프랑스 군대에 성문을 열어주었다.

10월 9일 샤를과 바스타르 도를레앙(이제는 뒤누아 백작이었다)은 루앙에서 몇 킬로미터밖에 떨어져 있지 않은 센강 변에 진을 쳤다. 10월 16일 바스타르가 성벽을 돌파할 뻔했으나 톨벗은 공격을 가까스로 격퇴할 수 있었다. 그러나 루앙 주민들은 1418년과 같은 포위전을 또다시 겪을 생각이 전혀 없었고, 거리에서 폭동을 일으켰다. 사흘 뒤 폭도는 성문을 열었고, 잉글랜드 수비대 전원이 내성으로 피신했다. 서머싯에게는 병력이 1,200명밖에 없었던 데다 "곡식과 나무, 고기와 포도주가 도시 안으로 6주 넘게 반입되지 않았"기에 보급도 제대로 이루어지지 않은 상황이었다. 10월 22일 샤를은 참호를 파고 포대를 세워 내성 포위전을 개시했다. "적잖이 놀란" 공작은 휴전 깃발을 흔들며 국왕과의 협상 자리에 나왔다. "가장자리에 검은담비 털을 두른, 무늬 있는 길고 푸른 벨벳 가운"

을 걸치고, "역시 검은담비 털을 두른 진홍색 벨벳 모자"를 쓴 공작
은 기사와 종자 마흔 명을 대동하고 나왔지만, 샤를은 심드렁해하
며 그를 되돌려 보냈다. 프랑스는 톨벗을 인질로 잡아둘 수 없는
내용의 항복 조건을 모두 거부했다. 12일 동안 옥신각신한 끝에 합
의가 이루어졌다. 서머싯은 톨벗을 넘겨주고 캉으로 퇴각하는 것
이 허용되었고, 거액의 배상금을 지불하기로 약속했다. 톨벗은 프
랑스 국왕이 스코틀랜드 근위병Garde Ecossaise*의 호위를 받으며 루
앙으로 입성하는 의례를 창문으로 침울하게 지켜보아야 했다. 샤
를은 기민하게 일반 사면을 발효하여 도시의 성직자, 귀족, 시민들
을 사면했다. 그러나 잉글랜드인의 가옥과 부동산, 동산 일체는 몰
수되었고, 새로운 프랑스 가령이 서머싯의 대저택을 물려받았다.

  뷔로의 뛰어난 대포가 성벽을 두들기면서 프랑스는 겨울 동안
아르플뢰르와 옹플뢰르, 프레즈누아를 점령했다. 뇌물은 또 다른
강력한 무기였다. 페르슈의 롱귀이 수비대장 리샤르 데폴은 요새
를 내주는 대가로 450파운드의 투르 경화와 함께 수비대장으로도
계속 재임할 수 있다는 확약을 샤를의 이름으로 받았다. 기소르의
수비대장 존 머버리도 기소르를 내주는 대가로 58파운드의 투르
경화를 받았다. 웨일스인 존 에드워드는 라로슈귀용을 내주는 대
가로 자그마치 4,500파운드의 투르 경화(파운드스털링화로 500파운
드)를 받아냈다. 이듬해 봄이 되었을 때, 잉글랜드는 겨우 셰르부
르반도 정도만 보유하고 있었다.

---

*프랑스 국왕의 호위를 맡도록 샤를 7세가 창설한 스코틀랜드 병사 조직.

불시에 이루어진 노르망디 침공은 전 잉글랜드를 충격에 빠뜨렸다. 루앙 상실을 두고 격렬한 반발이 생겨났다. 잉글랜드는 서머싯에게 1만 파운드를 보냈지만 즉각적인 증원은 없었다. 1449년 10월 전직 기소르 수비대장이자 가터 기사인 토머스 키리얼 경이 포츠머스에 병력을 모으기 시작했다. "신의 집God's House"이라는 이름의 순례자 숙소에 머물게 된 병사들은 음주와 강도 행각을 벌이는 등 도저히 제어할 수 없는 상황에 이르렀고, 군인들의 폭동과 역풍 탓에 토머스 경은 여러 달 동안 출항할 수 없었다.

마침내 1450년 3월 15일, 키리얼은 고작 2,500명만을 데리고 셰르부르에 상륙했다. 그는 명령받은 대로 바이외를 구원하러 진군하는 대신 발로뉴를 포위하기 위해 코탕탱반도에서 시간을 끌었다(나중에 존 파스톨프 경은 프랑스군이 병력을 보충할 수 있게 한 이 "태만한 지연"을 크게 비판했다). 그다음 토머스 경은 서머싯에게 더 많은 병사를 달라고 요청했다. 공작은 자신이 구할 수 있는 병력을 보냈다―캉에서 로버트 비어 경 휘하의 500명, 비르에서 헨리 노버리 경 휘하의 600명, 바이외에서 매튜 고프 경 휘하의 800명을 보냈다. 4,000명이 조금 넘는 연합군은 고프를 부사령관 삼아 마침내 4월 12일 바이외를 향해 내륙으로 진군하기 시작했다.

총사령관 리슈몽과 클레르몽 백작은 그들을 중간에 차단하기로 했다. 키리얼은 강 하구에 6.5킬로미터에 걸쳐 있는 위험한 둑길을 통해 비르강을 건넌 뒤, 4월 14일 바이외에서 16킬로미터 떨어진 포르미니라는 작은 마을 근처의 계곡에 진을 쳤다. 그런데 이해할 수 없게도 그는 다음 날 내내 진지에 머물렀다. 이른 오후, 갑자기 잉글랜드 초병들 앞에 카랑탕에서 북서쪽으로 뻗은 길을 따라 진군해오는 클레르몽의 병력이 나타났다. 토머스 경은 계곡 위 능선 꼭대기에 황급히 대열을 길게 정렬했고—그에게는 약 800명의 중기병이 있었고, 나머지는 궁수였다—좌우 날개와 중앙에 쐐기꼴로 배치된 궁수들은 자신들 앞에 뾰족한 말뚝을 박고 단검으로 작은 참호를 팠다(아이러니하게도 그것은 크레시와 아쟁쿠르에서 펼친 대형이었다). 그들의 후위는 나무들이 늘어서 있는 개천으로 보호되었다.

병력이 3,000명밖에 되지 않았던 클레르몽은 병사들을 말에서 내리게 한 뒤, 적을 탐색해보기 위해 정면공격을 시도했다. 이 공격은 쉽게 격퇴되었고, 양익을 향한 기마 돌격도 마찬가지였다. 답답한 세 시간을 보낸 뒤 프랑스군은 잉글랜드 궁수들을 그들의 위치에서 몰아내기 위해 컬버린포(소형 포) 2문을 가져왔다. 아니나 다를까 궁수들은 맹렬하게 자리에서 박차고 나와 포 2문을 포획했다. 키리얼이 중기병으로 이 호기를 이용했다면 아마도 전투에서 승리했을 것이다. 그러나 프랑스군은 다시 집결할 기회를 얻었다. 그들은 측면의 궁수들을 공격해 컬버린포를 되찾은 다음 잉글랜드군과 전면적인 난투전을 벌였다. 잉글랜드군은 여전히 전투를 이길 수 있는 상황이었을 텐데, 별안간 프랑스 총사령관이 2,000명의 새로운 병력을 이끌고 남쪽에서 나타났다. 클레르몽은 리슈몽과 연합하여 마지막 돌격을 하기 위해 전장에 있던 병사들을 집결시켰다. 분명 키리얼은 모든 것이 끝났다는 것을 알았겠지만 병사들을 반원형으로 재정렬하여—이 대형은 궁수들이 화력을 집중시

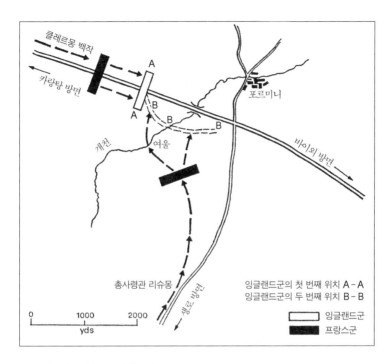

클레르몽 백작

카랑탕 방면

포르미니

개천

A

A

B

B

B

여울

바이외 방면

총사령관 리슈몽

생로 방면

0 1000 2000
yds

잉글랜드군의 첫 번째 위치 A-A
잉글랜드군의 두 번째 위치 B-B

잉글랜드군
프랑스군

1450년 4월 15일 포르미니 전투.

키는 것을 저해했다―서쪽과 남쪽 방면의 합동 공격을 막아내려
고 했다. 잉글랜드군은 이미 약해져 있었고, 프랑스군이 돌격해왔
을 때 용감하게 저항했으나 개천으로 밀려났다가 결국 거기서 무
너졌다. 매튜 고프와 몇몇 병사들은 길을 뚫고 간신히 바이외에 도
착했지만, 키리얼은 붙잡혔고 대부분의 부하들은 살육당했다. 다
음 날 전령은 잉글랜드의 전사자 수가 3,774명에 달한다고 밝혔다.
포르미니는 1314년의 배넉번 전투 이후 잉글랜드가 패배한 첫 번
째 결정적 전투였다.

루앙에서 주조된 헨리 6세의 살뤼 금화(3실링 4펜스). G. R. 에인슬리, 『앵글로-프랑스의 주화 삽화들』(1830년).

1450년 6월 캉이 포위되었다. 3주간의 포격 끝에 서머싯은 항복했다. 뷔로의 포탄 하나가 공작의 아내와 아이들이 기거하던 방 안으로 날아와 부딪혔고, 물론 이 일은 그가 항복을 결심하는 데 일조했다. 그는 칼레로 물러나는 것이 허락되었다. 비르와 바이외, 아브랑슈도 마침내 함락되었다. 팔레즈는 7월 21일 항복했고, 열흘 뒤 톨벗이 자유롭게 풀려나는 대가로 동프롱도 항복했다.

최후의 저항은 셰르부르에서 1,000명의 수비대원들을 지휘하던 토머스 가워의 몫이었다. 뷔로는 기름을 먹인 가죽으로 방수 처리한 포대를 바다 쪽 모래톱에 설치하고, 밀물이 들어왔다 다시 빠져나가면 돌아와 포격을 이어갔다. "도시에 유례를 찾아볼 수 없는 대포와 포의 집중 공격이 이어졌다"고 몽스트렐레의 연대기를 이어간 무명 작가는 말한다. 가워는 결연하게 싸웠고, 프레장 드 코에티비 제독을 비롯해 많은 포위군이 전사했다. 잉글랜드에서는 존 파스톨프 경이 새로운 군대를 모으기 위해 필사적으로 애쓰고 있었다. 그러나 1450년 8월 12일 셰르부르는 항복했다. 프랑스는 채널제도를 제외하고 노르망디 전역을 재정복했다.

11장

암울한 싸움
1450~1453년

굳센 톨벗 경과 프랑스인들 사이의… 암울한 싸움.
_『헨리 6세』

이 사람이 프랑스에 내린 천벌인가?
이 사람이 널리 두려움을 안긴 그 톨벗인가?
그의 이름으로 어머니들이 아이들의 울음을 그치게 한다는?
그 소문은 터무니없는 거짓이로구나.
_『헨리 6세』

'잔 다르크의 도팽' 샤를 7세(1422~1461년 재위). 폐위 직전까지 몰렸지만 잔 다르크의 도움으로 기사회생해, 결국 1453년 보르도를 탈환하면서 백년전쟁의 대단원의 막을 내리게 했다. 다만 그때는 그뿐 아니라 어느 누구도 그것이 백년전쟁의 종결이라는 것을 알지 못했다.

1452~1453년 톨벗의 기옌 원정은 기진맥진한 잉글랜드의 최후 시도였다. 프랑스의 포가 잉글랜드의 화살보다 더 효과적임을 입증하면서 이 전역은 군사 테크놀로지의 혁명을 보여주었다. 이 같은 사실에 어울리게 양측의 지휘관들 중 프랑스인은 자수성가한 장인이었고, 잉글랜드인은 대귀족이자 용맹한 기사였다.

잉글랜드인들은 노르망디를 상실했다는 사실을 도저히 믿지 못했다. 그러나 피난민들이 해협 너머에서 밀려들고 있었다. 일부 관리들은 잉글랜드에서 새로운 자리를 얻었는데, 그중—생피에르의 영주 라울 르사주와 몽생미셸의 수도원장 같은—여러 명의 노르망디인은 "프랑스어에 유창한 왕실 서기"가 되어 프랑스와의 연락 임무에 기용되었다. 다른 사람들은 그리 운이 좋지 않았다. 가장 고생한 이들은 병사들이었다. 평민원 의원 앤드루 오거드

경*은 자신의 캉 수비대장직을 이용해 병사들을 도우려고 최선을 다했다. 1454년 유언장에서 그는 그들이 "몹시 궁핍하여 굶주린 거지꼴로 노르망디에서 빠져나왔다"고 썼다. 연대기 작가인 로버트 베이트는 "그곳에서 국왕의 권리를 구하고 지키기 위해" 이들을 보르도로 실어 보내는 데 필요한 거액이 마련되었지만 이 자금이 횡령되는 바람에 그들은 그곳에 머물러야 했고, "이 나라의 여러 지역에서 도둑과 살인자들이 되었다"고 기록한다. 병사들만 고생한 것은 아니다. 1452년 멘에서 온 일부 "성직자와 귀족, 병사 등등"이 헨리 6세에게 구제해달라고 탄원했다. 그들은 멘에 있는 "많은 성직록과 토지, 영주 지위, 연금"을 포기해야 했고, 그 뒤 노르망디 정복 동안에는 그들과 그 가족들이 의지하고 있던 동산을 상실했으며, "지금 그들 대다수는 완전히 파멸하여 거지꼴"이었다. 관련 문서에 적힌 설명에 따르면 탄원은 받아들여지지 않았으며, 많은 탄원자들이 궁핍한 상태로 전락했고 "일부는 비탄에 빠져 병들어 죽었고, 일부는 절도로 투옥되어 법에 의해 사형을 선고받았으며, 일부는 반도叛徒가 되어 여전히 프랑스 왕국에 남아" 있었다.

---

* 오거드는 덴마크 용병으로 본명은 안데르스 페데르셴이다. 1400년 무렵에 출생한 그는 위대한 길렌스티르나 가문의 기사 페데르 닐센의 아들이기도 하다. 1425년 오거드는 앙주에서 복무하고 있었고, 1433년에 비르의 수비대장이 되었다. 그는 1436년에 귀화했다. 베드퍼드와 요크의 자문회의에서 일했고, 프랑스 대사를 두 차례 역임했다. 1450년 캉의 수비대장으로 임명되었으나 그곳을 내주는 우울한 임무를 맡았다. 1443년에 파스톨프와 공동으로 허트퍼드셔 웨어 인근 땅을 "둘러쳐 수렵지화"할 수 있는 윤허를 받아, 이곳에 프랑스 전리품에서 나온 돈으로 (찰스 2세에 맞선 유명한 음모의 현장이 되는) 라이하우스를 지었다. 노퍽의 한 상속녀와 결혼한 그는 1453년 노퍽주 의원으로 선출되기도 했다. 그는 이듬해에 죽었고, 와이먼덤 수도원에 묻혔다―지은이.

프랑스가 노르망디를 침공하자마자 잉글랜드 전역에 서픽과 그 정권이 공국을 팔아넘겼다는 풍문이 퍼져나간 바 있다. 1450년 1월, 전직 옥새 상서이자 서픽의 막역한 친구인 치체스터 주교 애덤 몰린스가 키리얼의 병사들한테 급여를 갖다주러 포츠머스에 왔다가 노르망디를 프랑스에 팔아넘긴 반역자라며 맞아 죽었다. 몰린스는 죽기 전에 서픽이 연루되어 있다는 것을 암시하는 발언을 했던 듯하다. 1월 28일 평민원은 공작이 노르망디 영토를 프랑스에 팔아넘겼다고 비난했다. 2월, 그들은 공작이 오를레앙의 석방금을 챙기고, 프랑스의 침공을 꾀하고, 뇌물을 받고 증원군이 노르망디와 기옌에 도착하지 못하게 막고, 프랑스 내 영토의 방어 기밀을 팔아넘겼다는 혐의를 제기했다. 3월, 그는 프랑스와의 반역적인 관계, 부패와 실정 혐의로 고발당했다. 헨리 국왕은 공작을 추방시켜 그를 구하려고 애썼지만 4월에 서픽이 칼레로 달아나려고 했을 때 (요크 공작의 명령을 받았을) 니컬러스호가 그를 가로막았다. 5월 2일 그는 소형 범선으로 옮겨졌고, 뱃전 밖으로 내밀어진 그의 목은 사형 집행인이 무딘 칼을 여섯 번이나 내리친 끝에 잘려나갔다.

5월 말, 셰르부르가 함락되기 전 노르망디에서 아주 짐낀 복무한 경험이 있는 잭 케이드(일명 '해결사 존')라는 이름난 아일랜드인이자 살인자가 틀림없는 인물이 켄트에서 사람들을 끌어모아 매우 험악한 반란을 일으켰다. 그들의 불만 사항 가운데 하나는 프랑스에서의 배신행위로, 존 파스톨프 경은 수비대를 감축했다는 억울한 누명을 썼다. 다른 이유들, 특히 정부의 부정부패와 가렴주구 같은 이유도 있었지만 반란의 도화선이 된 것은 노르망디 상실이었다. 놀랄 만큼 많은 수의 현지 젠트리와 심지어 교구 치안감까지 가세한 이 봉기는 1381년의 농민 반란보다 훨씬 더 위험했다. 반도들은 블랙히스까지 도달했다가 국왕의 군대 앞에서 퇴각했으나, 국왕이 케닐워스로 물러가자 다시 돌아와 7월 3일 런던에 입성하여 왕실 재판소 감옥에 있던 죄수들을 풀어주고 런던탑으로 쳐들어갔다. 거기서 그들은 재무대신 세이 앤드 실리 경을 발견하고 칩Cheap에 있는 주점으로 끌고 가 참수했다. 케이드의 추종자들 가운데 다수는 약탈에 환멸을 느꼈고, 반란자들은 "그리운 스케일스 경"과 매튜 고프 경—노르망디에서 갓 돌아온—이 이끄는 정부군과 7월 5일 한밤중까지 런던브리지에서 격전을 벌인 뒤 수도에서 달아났다. 케이드는 서식스까지 추격당한 끝에 붙잡혀 죽임을 당했다.

질서를 회복하는 임무를 받고 서머싯 공작이 칼레에서 소환되었다. 그는 곧 노르망디 상실에 책임이 있다는 비난에 시달리다 잠시 런던탑에 갇혔지만 마르그리트 왕비의 구명으로 권력에 복귀했다. 그러나 서머싯 정권은 너무 불안정하고 신경 쓸 데가 많았기 때문에 프랑스에서의 새로운 참사들을 막아낼 수 없었다. 샤를 7세는 이제 기옌으로 관심을 돌리고 있었다.

근래에 보기 드물게 평화로웠던 기옌은 1445~1449년 잉글랜드에 포도주를 어느 때보다 많이 수출했다. 우선 프랑스의 침공이 별다른 성공을 거두지 못했다. 기옌은 30년이 아니라 무려 300년 동안 플랜태저넷가에 속해 있었고, 기옌 사람들은 대체로 잉글랜드인 공작과 멀리에서 이루어지는 그의 통치에 충성했다. 하지만 샤를은 노르망디를 정복하자마자 투르에서 전략 회의를 열었고, 그해가 저물어가는 상황이었는데도 곧장 기옌을 침공하기로 결정했다. 푸아 백작이 아두르강 유역을 따라 이동하며 바욘 주변의 도시 열다섯 군데를 함락하는 동안, 강력한 포대를 끌고 온 팡티에브르 백작은 10월에 베르주라크를 함락하고 바자도 손에 넣었다. 그런 다음 팡티에브르는 보르도로 진군하여 11월에 블랑포르에서 보르도 시 민병대를 패주시키고, 월동을 위해 물러갔다. 잉글랜드인들은 리버스 경 휘하에 구원군을 모으려고 애썼지만 구원군은 결코 출항하지 못했다.

1451년 4월 바스타르 도를레앙도 뷔로 장인과 한층 가공할 포대를 이끌고 기옌을 침공했다. 그는 보르도로 진군했다. 그리고 블라예와 프롱삭, 생테밀리옹을 신속하게 함락해 공국의 수도를 고립시킨 뒤 포위전을 전개했다. 카프탈 드 뷔슈이자 가터 기사인 가스통 드 푸아의 용감한 방어에도 불구하고 보르도는 6월 30일 항복했다. 7월 말이 되자 바욘만이 플랜태저넷가를 위해 버티고 있었으나 그마저도 8월 20일 함락되었다. 프랑스의 신속한 정복에는 뇌물이 크게 기여했다. 베르주라크가 함락된 것은 그곳 수비대장인 모리공 드 비드롱의 배신 때문이었다고 하며—그는 비롱성도 팔아넘겼다—보르도의 잉글랜드인 시장 개디퍼 쇼트호즈는 불충의 대가로 연금을 챙겼다.

처음에 일부 가스코뉴 귀족들이 프랑스인들을 반겼지만 곧 기옌 사람들은 그들의 새로운 주인을 싫어하게 되었다. 북부 프랑스 행정관들과 징세인들은 능률적이고 가혹하며, 옛날 방식을 멸시하는 것으로 드러났으며, 샤를의 병사들은 노르망디에서 잉글랜드 병사들이 그랬던 것처럼 마음에 안 들게 행동했다. 1452년 비밀 사절단이 런던에 도착해 서머싯 공작에게 군대를 파견해준다면 보르도가 잉글랜드를 위해 들고일어날 것이라고 약속했다.

서머싯은 기뻐서 어쩔 줄 몰랐다. 평민원은 그가 노르망디 상실의 원흉이라고 비난한 바 있고, 기엔이 프랑스에 넘어갔을 때도 엄청난 논란이 벌어졌다. 요크 공작이 런던을 향해 진군해왔고, 서머싯은 가까스로 권력을 유지할 수 있었다. 그러니 기엔을 수복한다면 몹시 떨어져 있던 인기를 어느 정도 회복할 수 있으리라.

잉글랜드인들은 아직도 잉글랜드인 한 명이 프랑스인 두 명을 당해낼 수 있다고 믿었고, 그들의 영웅 톨벗도 이런 시각에서 벗어나지 못했다. 앞서 본 대로 그는 1449년에 인질로 잡혀 있었고, 따라서 노르망디에서 명성이 손상되지 않은 유일한 잉글랜드 지휘관이었다. 그는 70대의 노인이었지만—프랑스인들은 그가 80대라고 생각했다—옛날과 다름없이 기운이 넘쳤고, 호전성과 사람들을 끌어당기는 매력도 여전했다. 자연스레 그는 원정을 이끌 사람으로 뽑혀 1452년 9월 기엔의 국왕 대리 사령관으로 임명되었다. 그러나 그 위대한 톨벗 경 앞에는 적수가 기다리고 있었다.

프랑스에는 그만큼 이름난 용맹한 기사가 없었을지 몰라도, 그들에게는 당대의 테크노크라트 장 뷔로가 있었다. 그 위대한 포수를 틀림없이 만나봤을 바쟁 주교는 그를 "미천한 출신으로 작달막하지만 의지가 결연하고 대담한 사람"이라고 묘사한다. 샹파뉴 출신인 뷔로는 변호사가 되기 위해 파리로 왔고, 베드퍼드 공작 시절에는 샤틀레 법원에서 법관으로 일했다고 알려져 있다. 1434년 그는 여전히 앵글로-프랑스 왕국의 수도였던 곳을 떠나 샤를 7세 아래에서 종사하게 되었고, 샤를 국왕은 2년 뒤 그를 파리 법정 재산 관리인으로 임명하고, 1443년에는 프랑스 재무대신으로 승진시켰다. 법관이자 문관이 직업적인 포술 전문가라니 이상하게 보일 수도 있지만, 15세기의 포술 장인들은 보통 뷔로처럼 자신들이 대포를 주조해 계약을 맺은 민간인 전문가들이었다. 바쟁에 따르면 뷔로는 처음에 잉글랜드 쪽의 포수로 복무했는데, 틀림없이 그와 그의 형제 가스파르(그와 함께 일했다)는 대체로 상업적인 면에서 그 직업에 이끌렸을 것이다. 그러나 그들은 샤를 7세 아래에서 굉장한 성공을 거두었다. 노르망디 전역이 벌어지기 훨씬 전부터 뷔로 형제의 포는 가치를 드러냈다―1437년 몽트로, 1439년 모, 1440년 생제르맹앙라예, 1441년 퐁투아즈에서 성과를 발휘했다. 장 뷔로에게서는 꼼꼼하고 수학적인 사고방식을 가진 완벽주의자, 뛰어난 행정가, 자신의 원시적인 무기에서 최상의 결과를 뽑아내는 법을 아는 창의적인 기술자의 면모가 엿보인다.

뷔로 형제의 까다롭고 위험한 직업의 도구들은 15세기에 서서히 향상되어왔다. 가장 중요한 혁신은 1429년에 발명된 화약 제분기였다. 그 전에는 화약을 전장에서 배합해야 했는데, 이제 신형 "알갱이" 화약*은 더 이상 유황과 초석, 숯으로 분리되지 않았다. 신형 화약은 발사 속도를 엄청나게 증가시켰다. 비록 포는 여전히

―――――――
* 이른바 안정 화약.

잘 터졌지만(셰르부르 포위전에서 단 4문만이 터진 것은 축하할 만한 일이었다) 청동이나 황동, 더 드물게는 주철 대포 주조에서도 발전이 있었다.

게다가 값싸고 꽤 효과적인 수동 화기도 발전했다. 이러한 바통아푀batons-à-feu, 즉 소총handgun들은 컬버린포와 같이 역시 컬버린이라고 불려서 혼란을 일으킨다. 이런 소총들은 청동이나 황동 총신에 목재 개머리판으로 구성되어 있고―받침대 위에 올려서―어깨가 아니라 가슴께에서 조준했다. 또한 더 큰 총포에서 쓰는 것보다 두 배 비싼 특수한 화약을 쓰는 납탄을 발사했다. 격발 메커니즘은 '서펀타인* 방식', 즉 한쪽은 방아쇠 역할을 하고 다른 한쪽은 화약심지를 붙들고 있는 S자 모양 부착물에서 이루어졌다(서펀타인은 소형 포의 일종이기도 하다). 비록 철제 석궁의 절반 가격이었지만 그러한 총은 너무 거추장스러워서 전장에서 잘 쓰이지 않았다. 그러나 흉벽에 거치하면 포위전에서는 충분히 효과를 볼 수 있었다.

1452년 10월 17일 톨벗은 3,000명의 군사를 이끌고 메도크에 상륙했다. 프랑스인들은 이 원정에 관해 알고 있었지만 원정군이 노르망디에 상륙할 것이라고 예상했고, 그 결과 기엔에는 제대로 된 군대가 없었다. 약속했던 대로 보르도 사람들은 가령인 올리비에 드 코에티비에 맞서 봉기했고 프랑스 수비대를 쫓아내고 성문을 열었다. 10월 21일 잉글랜드군이 입성했다. 곧 서부 기엔 주민

---

*뱀 모양이란 뜻.

전체가 들고일어나 재빨리 일대를 장악했다. 완전히 허를 찔린 샤를 7세는 톨벗을 내버려두었으나 겨우내 이듬해에 가할 반격을 준비했다. 그해 겨울이 끝나갈 즈음, 톨벗이 가장 총애하는 넷째아들 리슬 자작이 이끄는 군사 3,000명이 톨벗과 합류했다.

1453년 봄, 샤를 국왕은 준비를 마쳤다. 프랑스군은 세 개 분대로 나뉘어 모두 보르도를 목표로 삼아 북동쪽과 동쪽, 남동쪽의 세 방면에서 기옌을 침공했다. 톨벗의 전략은 기다리면서 각각의 군대를 상대하는 것이었다. 7월에 동쪽에서 전진해오던 프랑스군이 보르도에서 상류로 48킬로미터 정도 떨어진, 도르도뉴강 변의 리부른 인근에 있는 카스티용을 포위했다. 톨벗은 카스티용 주민들의 운명을 하늘에 맡기려고 했으나 그들이 너무도 유창한 웅변으로 간청하는 바람에 내키지 않았지만 그들을 구하러 가기로 했다.

톨벗이 상대할 적군의 병력은 대략 9,000명이었다. 그들에게는 사령관으로 정해진 사람도 없었고, 고위 장교들도 단합되어 있지 않았다. 그러나 지휘관들은 포격 문제에 있어서는 현명하게도 장 뷔로의 결정에 따랐고, 뷔로는 그들에게 모종의 우월한 영향력을 행사했던 것 같다. 그는 포위전에서 으레 그러듯 카스티용 대포의 사정거리 바로 바깥에 요새화된 포 집결지를 만들고, 실제 포열은 도시와 훨씬 가까이에 두고 연락 참호를 통해 포 집결지와 연결했다. 이것은 여태껏 주장되어온 것처럼 군사 공학 차원의 혁명적인 운용이라기보다는 도시 주민들이나 구원군의 출격에 대비한 통상적인 방책이라고 할 수 있다. 700명의 공병들이 건설한 실제 포 집결지는 깊은 참호와 그 뒤에 쌓은 흙벽으로 이루어져 있었고, 흙벽은 다시금 나무 몸통들로 보강되었다. 여기서 가장 주목할 만한 특징은 불규칙하고 구불구불하게 판 긴 도랑과 토루로, 이 도랑과 토루 덕분에 뷔로의 포는 어느 방향으로든 종사縱射가 가능했다. 뷔로는 십자포화에 관해 잘 알았다. 길이가 대략 800미터, 폭이 대략 180미터였던 포 집결지는 1.5킬로미터 약간 못 미쳐 떨어져 있는 도르도뉴강과 평행하게 놓였고, 한쪽은 도르도뉴강의 지류인 리두아르강으로 보호되었다.

뷔로는 300문의 포를 가져왔는데 주로 컬버린이었다. 이것들은 소총이었을 가능성이 상당히 크다(어쩌면 연대기 작가들은 "서펀타인이 있는(with) 컬버린"이란 표현에 헷갈렸고, "컬버린과(and) 서펀타인"이라고 들었을지도 모른다). 그렇다면 활로 시작된 잉글랜드의 군사적 우위는 소형 화기로 막을 내리게 될 것이었다. 총포들은 흙벽 위에 설치되었다.

7월 16일 톨벗은 기엔 분견대를 비롯해 어쩌면 최대 1만 명에 달했을 군대 전체를 이끌고 보르도를 나와 말을 달렸다. 그는 32킬로미터를 이동했고, 보병들은 뒤에 떼어놓은 채 500명의 중기병과 800명의 기마 궁수들만 데리고 해질녘에 먼저 리부른에 도착했다. 이튿날 동틀 무렵, 그가 이끄는 소규모 병력은 카스티용 근처 숲에서 불쑥 나타나 인근 수도원에 있던 프랑스 분견대를 전멸시켰다. 그러고 나서 그는 포 집결지의 존재에 대해 알게 되었고, 그것을 살펴보도록 토머스 에브링엄 경을 파견하고 포도주로 부하들의 원기를 북돋운 뒤 나머지 병사들이 자신을 따라잡기를 기다렸다. 그런데 카스티용에서 온 한 전령이 프랑스 병사들이 달아나고 있다고 알렸다. 사실 카스티용 주민들은 말을 타고 돌아가는 적의 예비 병력이 일으킨 흙먼지를 본 것이었다. 프랑스군 전체가 퇴각하고 있다고 생각한 톨벗은 즉시 부하들을 이끌고 포 집결지에 대한 공격에 나섰다. 진홍색 가운을 걸치고 백발 위에 자주색 보닛을 쓴 채 무리 중에 유일하게 말을 타고 있는 일흔다섯 살의 백전노장은 틀림없이 군계일학이었을 것이다. 그는 노르망디에서 인질로 있다가 풀려날 때 프랑스군을 상대로 "장비"(갑옷)를 걸치지 않겠다고 맹세한 바 있다.

잉글랜드와 가스코뉴 병사들은 "톨벗!"과 "성 조지!"를 외치며 프랑스 진영으로 돌격했다. 일부는 도랑을 건너는 데 성공했고 기수旗手인 토머스 에브링엄 경을 비롯해 소수는 토루를 넘었지만, 에브링엄은 토루를 넘자마자 포에 맞아 죽었다. 프랑스군의 포화가 잉글랜드 병사들에게 정면으로 쏟아졌고, 종사였기 때문에 포탄 한 발로 무려 여섯 명이 죽었다. 도저히 승부가 되지 않았음에도 공격은 한 시간 가까이 지속되었고, 다른 병사들로 이루어진 톨벗의 소규모 분견대가 싸움에 가세하러 왔다. 그다음 1,000명의 브르타뉴 병사들이 리두아르강 건너편에서 별안간 나타나 잉글랜드 병사들을 남쪽 방면에서 공격하고 잉글랜드 진영의 우측과 충돌했다. 몽스트렐레의 연대기를 이어간 작가에 따르면 브르타뉴인들은 "그들에게 갑작스레 들이닥쳐 깃발을 마구 짓밟았다". 그러나 승부는 이미 결정난 상태였다—브르타뉴 병사들이 없었어도 뷔로의 포는 잉글랜드군을 분쇄했을 것이다. 잉글랜드군은 뒤편의 도르도뉴강을 향해 달아나기 시작했고, 톨벗과 그의 아들은 그들이

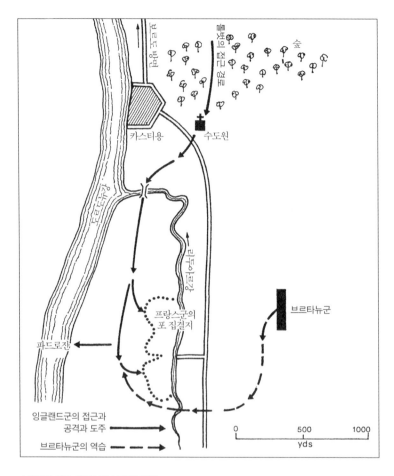

1453년 7월 17일 카스티용 전투.

파드로잔 여울 너머로 퇴각할 수 있게 엄호하려고 필사적으로 병사들을 규합했다. 그러나 노老영웅은 좋은 목표물이었고, 타고 있던 말이 총에 맞아 쓰러지면서 그는 말 아래에 깔리고 말았다. 미셸 페뤼냉이라는 프랑스 궁수가 도끼로 그를 끝장냈다. 몇몇 잉글랜드 병사들은 간신히 도망쳤지만 리슬 경을 비롯해 대부분은 전사했다. 추격은 멀리 생테밀리옹까지 이어졌다. 잉글랜드군은 완전히 궤멸했다.

9월 말이 되었을 때는 보르도만이 프랑스에 맞서고 있었다. 도시는 철저하게 포위되었고, 지롱드강은 봉쇄되었다. 보르도 시민들은 허약한 서머싯 정부한테서 구원을 기대할 수 없었다. 심지어 카스티용에서 살아남은 잉글랜드 병사들도 고국으로 돌아갈 생각만 했다. 1453년 10월 19일, 기엔의 수도는 다소 낙관적으로 샤를 국왕의 자비를 믿으면서 무조건 항복했다. 샤를의 첫 행동은 장 뷔로 명장을 보르도의 종신 시장으로 임명한 것이었다.

그러나 이때만 해도 백년전쟁이 끝났다는 사실을 깨달은 사람은 아무도 없었다.

에필로그

내가 커서 어른이 되면 국왕으로서
프랑스 내 우리의 오랜 권리들을 되찾을 것이오.
그러지 못한다면 전사로 죽을 것이오.
_『리처드 3세』

프랑스와 잉글랜드의 전쟁에서 이룩된 영예롭고 고귀한 무훈들이
뚜렷이 기록되어 길이길이 기억되어야 한다는 의도에서.
_버너스 경의 프루아사르 번역

비록 잉글랜드 자체는 1세기 동안 "프랑스에서 얻어낸 전리품들"
로 부유해졌을지도 모르지만, 결국 백년전쟁은 잉글랜드 정부를
파산시켰고, 랭커스터 왕조의 위신에도 치명타를 가했다. 1453년
8월 헨리 6세는 미쳐버렸고, 6개월 뒤 요크 공작이 호국경이 되었
다. 1455년 헨리가 회복되어 보퍼트 가문을 권력에 복귀시키자,
과거의 참전 군인들이 프랑스에서 터득한 전투 기술을 서로에게
구사하면서 장미전쟁으로 알려진 길고도 살인적인 충돌이 발생
했다. 잉글랜드 귀족들은 삶의 방식으로서의 싸움에 익숙해져 있
었고, 그들의 측근인 중기병과 궁수들은 일자리가 절실했다. 요크
와 서머싯은 전장에서 스러졌고, 키리얼과 리버스는 교수대에서
죽었으며, 스케일스는 요크파 군중에게 맞아 죽었다. 세인트올번
즈와 타우튼, 바닛과 튜크스베리에서 전사한 사람들 중 다수가 톨

벗 휘하에서 함께 싸운 사람들이었다. 백년전쟁을 어느 정도 알지 못한다면 요크 가문의 부상과 장미전쟁을 제대로 이해할 수 없다. 필리프 드 코민은 15세기 말에 잉글랜드 왕가를 논하면서 "그들의 아버지와 추종자들은 프랑스 왕국을 약탈하고 파괴하고, 오랫동안 그곳의 상당 지역을 점령했다"고 썼다. "그러나 그들은 모두 서로를 죽였다." 그는 이스라엘의 자손들 시절과 마찬가지로 신은 여전히 악한 왕과 인간들을 벌한다고 설명한다. 영국해협 너머의 다른 관찰자들은 장미전쟁이 잉글랜드 국왕들과 그 백성이 프랑스에서 저지른 일에 대한 신의 심판이었다는 코민의 생각에 틀림없이 동의했을 것이다.

처음에 잉글랜드인들은 노르망디와 기엔에서 축출된 것을 순전히 일시적인 일이라고 여겼다. 프랑스인들은 기엔 사람들을 겁주기 위해 보르도와 바욘에 성채를 지어야 했으며, 1457년 샤를 7세는 스코틀랜드 국왕에게 자신이 "매일같이 해안을 감시해야 한다"고 걱정하는 글을 썼다. 1475년 에드워드 4세(프랑스 대리 사령관의 아들로 루앙에서 태어났다)는 마침내 칼레에서 나와 솜강 방면으로 진군했다. 그러나 피퀴니에서 그는 7만 5,000크라운의 배상금과 6만 크라운의 연금을 받고 군대를 철수하기로 하고 루이 11세와 7년 휴전협정에 서명했다. 그러나 정식 강화조약은 결코 체결되지 않았고, 1487년까지도 헨리 7세는 기엔 수복을 꿈꾸었다. 이듬해 그는 브르타뉴에 개입했고, 1492년 프랑스를 침공했다. 헨리 8세도 해협 너머로 군대를 이끌고 가 1513년 스퓌르 전투에서 프랑스군을 무찌르고 테루안과 투르네를 점령했다. 이곳들은 베드

프랑스 국왕 샤를 7세. 한때는 잔 다르크의 한심한 도팽이었지만 그는 성숙해졌고, 결국 프랑스에서 잉글랜드인들을 몰아냈다. 그림은 30년간의 잉글랜드 점령을 거친 끝에 1450년에 수복된 캉에 입성하는 샤를 7세의 모습을 묘사하고 있다.

퍼드와 올드 톨벗 시절 이후로 잉글랜드 군대가 처음으로 손에 넣은 프랑스 도시였다. 1523년 그는 부르봉 공작과 신성로마제국 황제 카를 5세와 비밀조약을 체결했다. 조약 내용에 따르면 헨리 8세는 파리와 프랑스 북서부 지방과 함께 프랑스 왕위를 얻어 랭커스터 이중 왕국을 되살릴 것이었다. 1544년, 잉글랜드가 불로뉴를 손에 넣기는 하지만 이 시도는 무위에 그쳤다. 심지어 1558년 마지막 교두보였던 칼레를 상실한 뒤에도 잉글랜드 군주들은 1802년 아미앵화약 때까지 계속해서 프랑스 국왕임을 자처했다.

　백년전쟁에 대한 잉글랜드의 유일한 기념비는 버너스 경의 웅혼한 프루아사르 번역과 셰익스피어의 사극들이다. 프랑스인들한테는 얘기가 다르다. 잉글랜드가 무사히 빠져나갔을 때 프랑스인들은 끔찍한 고통을 겪었다―프랑스 북부와 서부 소도시의 향토사가들은 하나같이 관광객들에게 잉글랜드인들한테 약탈당했던 고성이나 교회를 안내해준다. 두 나라 사람들 간의 불편한 관계의 기원은 백년전쟁 동안 벌어진 전투, 포위전, 슈보시, 몸값 갈취, 약탈, 파티스, 프랑스에서 잉글랜드인들이 저지른 방화와 살해에서 찾을 수 있다는 주장에는 강력한 근거가 있다.

/ 감사의 말 /

무엇보다 오래전에 나를 푸아티에 전장에 데려갔던 베네딕트회 리귀제 수도원의 마르셀 피에로 수사와 장 베케 수사 두 분께 빚을 졌다. 백년전쟁에 관심을 갖게 해준 두 분과 잊지 못할 환대를 베풀어준 두 분의 소속 수도원에 진심으로 감사드린다.

크나큰 격려와 여러 유용한 생각들을 아끼지 않고 베풀어주었으며, 초고와 교정 원고를 읽어준 리어스비 시트웰 경에게 특히 많은 신세를 졌다. 샤를 6세의 광기가 포르피린증에서 기인했을 수도 있다는 의견을 제시한 고故 이언 몬크리프 경에게도 큰 신세를 졌다. 궁수-골동품 연구가협회 회장인 퇴역 해군 중령 W. F. 패터슨은 장궁과 석궁 도면을 제공해주었고, 중세 궁술의 기술적인 요점들에 관해 조언을 아끼지 않았다.

백년전쟁에서 자신의 선조들이 한 역할에 관해 정보를 준 분들로는 모브레이-시그레이브-스투어턴 경과 던보인 경, 니컬러스 애시턴 씨 등이 있다. 모브레이 경은 전쟁 후반기 동안 특히 성공적인 경력을 쌓았던 초대 스투어턴 남작의 삶에 관한 자료를 제공해주었다. 던보인 경은 버틀러 가문과 프랑스 내의 다른 아일랜드인들에 관한 정보들을 알려주었고, 애시턴 씨는 노르망디에서 헨리 5세에게 종사했던 존 애시턴 경을 환기시켜주었다.

/ 통화 단위에 대한 간략한 설명 /

중세 후기 화폐의 구매력에 관해서는 대략적인 추정치도 제시하기가 불가능하다. 1436년 (20파운드 이상의 소득에 부과된) 소득세 신고를 통해 귀족 1인당 평균 소득이 865파운드이고, 잘사는 기사는 208파운드, 하급 기사는 60파운드, 에스콰이어는 34파운드, 그리고 소젠트리와 상인, 독립 자영농, 지위가 있는 장인의 소득이 15파운드에서 19파운드였다는 사실을 알 수 있다. 비록 흑사병 이전에는 고작 10실링밖에 벌지 못했을 수도 있지만 이 시기에 능력 있는 농장 일꾼은 연간 4파운드 정도도 벌 수 있었다.

　20실링이나 240펜스와 같은 가치인 잉글랜드 파운드스털링 pound sterling을 20수나 240드니에르와 같은 가치인 프랑스 투르파운드 pound tournois와 혼동해서는 안 된다(파리파운드 pound parisis와 보르도파운드 pound bordelaise도 있었지만 이 화폐들은 이 책에서는 사용되지 않았다)*. 잉글랜드 마르크** 은화의 가치는 13실링 4펜스, 마르크 금화는 6파운드스털링이다. 이 파운드화들—스털링과 투르—과 마르크화가 계정 화폐라고 불리는 것들의 전부였다. 잉글랜드와 프랑스 계정 화폐 간의 환율은 두 정부에 의해 수시로 조정되었다. 14세기에 1파운드스털링은 보통 6투르파운드였지만 15세기에는 9투르파운드까지 올라갔다.

잉글랜드의 기본 금화는 6실링 8펜스 가치의 노블 금화로, 원래는 무게가 7.77그램이었지만 1412년에는 6.99그램으로 줄어들었다. 프랑스 금화, 즉 크라운은 무게와 가치에서 하프노블, 즉 잉글랜드 노블 금화의 거의 절반이었다. 프랑스 금화로는 '주의 어린 양(Agnus dei)'이 새겨져 있어서 그런 이름을 갖게 된 무통과 프랑franc, 에퀴écu가 있었다. 랭커스터 왕가가 찍어낸 아름다운 앵글로-프랑스 살뤼 금화도 3실링 4펜스 가치가 나가므로 하프노블이라고 할 수 있다. 본문에서 언급되는 다른 유럽 통화들인 플로린의 가치도 비슷하게 보면 된다.

대부분의 잉글랜드 병사들은 그로우트(4실링)와 하프그로우트, 페니와 더 하위 단위들로 이루어진 은화로 급여를 지급받았을 것이다. 때로는 투르 은화, 블랑blanc 같은 은화나 비卑금속 주화들로도 받았을 것이다.

---

* 각각 투르, 파리, 보르도에서 주조된 화폐들이다.
** 옛날 금은의 무게 단위로 약 8온스. 1온스는 약 28그램이다.

1337년 에드워드 3세가 프랑스 왕위를 요구.

1340년 프랑스 해군이 슬라위스에서 패배.

1346년 잉글랜드 군대가 크레시에서 프랑스 군대 격퇴.

1347년 잉글랜드가 칼레 함락.

1350년 프랑스의 필리프 6세 사망. 장 2세가 왕위 계승.

1356년 흑태자가 푸아티에 전투에서 장 2세 생포.

1360년 브레티니조약으로 잉글랜드에 아키텐 할양.

1364년 프랑스의 장 2세 사망. 샤를 5세가 왕위 계승.

1369년 샤를 5세가 아키텐 "몰수"하면서 적대 행위 재개.

1372년 푸아티에와 라로셸에 프랑스 군대 입성.

1373년 곤트의 존이 칼레에서 보르도까지 대슈보시 이끔.

1376년 흑태자 사망.

1377년 에드워드 3세 사망. 리처드 2세가 왕위 계승.

1380년 프랑스의 샤를 5세 사망. 샤를 6세가 왕위 계승.

1381년 잉글랜드에서 농민 반란 발발.

1383년 노리치 주교가 플랑드르 원정에 나섬.

1386년 프랑스가 잉글랜드 침공을 준비했으나 계획 포기.

1389년 프랑스와 잉글랜드 간에 루링겐 휴전협정 체결.

1399년 리처드 2세 폐위. 헨리 4세가 왕위 계승.

1407년 부르고뉴 공작 장의 사주를 받은 자들이 오를레앙 공작 살해.

1412년 클래런스 공작이 노르망디부터 보르도까지 슈보시 전개.

1413년 헨리 4세 사망. 헨리 5세가 왕위 계승.

1415년 헨리 5세, 프랑스 침공. 아르플뢰르를 점령하고 아쟁쿠르
       전투에서 승리.

1417년 헨리 5세가 노르망디 정복 개시.

1419년 루앙 함락. 부르고뉴 공작 장이 아르마냐크파에 살해됨. 부
       르고뉴와 잉글랜드는 동맹 체결.

1420년 트루아조약으로 샤를 6세가 헨리 5세를 프랑스 왕위의 계승
       자이자 프랑스 섭정으로 인정. 잉글랜드 세력이 파리 점령.

1421년 클래런스 공작이 보제에서 아르마냐크파에 패배하며 전사.

1422년 헨리 5세와 샤를 6세 사망. 잉글랜드의 헨리 6세가 루아르
       강 북쪽의 프랑스 국왕으로 인정되고, 샤를 7세는 루아르강
       남쪽의 프랑스에서만 국왕으로 인정.

1423년 솔즈베리 백작이 크라방에서 도팽파 격퇴.

1424년 섭정 베드퍼드가 베르뇌유에서 프랑스군 격퇴.

1428년 솔즈베리 백작이 오를레앙 포위전 개시.

1429년 존 파스톨프 경이 청어 전투(당시 파스톨프가 호송하던 보급 수레에 사순절을 맞아 고기 대신 먹을 청어가 실려 있어서 이런 이름이 붙었다)에서 도팽파 격퇴. 잔 다르크가 오를레앙을 구원하고 파테에서 파스톨프와 톨벗 경 격퇴. 샤를 7세는 랭스에서 대관식을 올리지만 잔은 파리 수복에 실패.

1430년 잔 다르크 생포됨.

1431년 잔 다르크 화형. 헨리 6세가 파리에서 대관식을 치름.

1435년 섭정 베드퍼드 사망. 잉글랜드와 동맹을 파기한 부르고뉴파가 샤를 7세와 아라스조약 체결.

1436년 샤를 7세가 파리 수복.

1441년 일드프랑스에서 잉글랜드의 마지막 근거지였던 퐁투아즈가 프랑스군에게 함락.

1444년 잉글랜드와 프랑스 간에 투르 휴전협정 체결.

1448년 잉글랜드가 프랑스에 멘 할양.

1449년 샤를 7세가 노르망디 침공, 루앙 함락.

1450년 잉글랜드 군대가 포르미니에서 패배. 노르망디 전역이 프랑스 수중에 들어감.

1451년 샤를 7세가 기엔 정복.

1452년 기엔 주민들의 요청으로 톨벗 경이 보르도 재점령.

1453년 잉글랜드 군대가 카스티용에서 패배하면서 마침내 보르도 상실.

／선별 참고 문헌／

연대기와 당대 문헌

Adam of Murimuth, *Adae Murimuthensis, Continuatio Chronicarum* (ed E. M. Thompson), Rolls Series, 1889.

Adam of Usk, *Chronicon Adae de Usk* (ed E. M. Thompson), London, 1876.

Basin, Thomas, *Histoire de Charles VII* (translated C. Samaran), Paris, 1964.

Baker, Geoffrey le, *Chronicon Galfridi de Baker de Swynebroke* (ed E. M. Thompson), Oxford, 1889.

Bel, Jean le, *Chroniques* (ed J. Viard and E. Déprez), Paris, 1904–1905.

Blondel, Robert, 'De Reductione Normanniae' in *Letters and*

Papers . . . (ed J. Stevenson) 이하를 보라.

Bonet, Honoré, *The Tree of Battles of Honoré Bonet* (translated G. W. Coopland), Liverpool, 1949.

Bouvier, Gilles le, 'Le Recouvrement de Normandie', in *Letters and Papers* . . . (ed J. Stevenson) 이하를 보라.

Capgrave, J., *The Chronicle of England* (translated F. C. Hingeston), Rolls Series, 1858.

Chandos Herald, *The Black Prince: An Historical Poem, written in French by Chandos Herald*, Roxburghe Club, 1842.

Chastellain, Georges, *Oeuvres* (ed Kervyn de Lettenhove), Brussels, 1863-1866.

Chartier, Jean, *Chronique de Charels VII* (ed V. de Viriville), Paris, 1858.

Chronicon de Lanercost (translated Lord Berners), in Tudor Translations, 1927-1928.

Chronique du Mont-Saint-Michel (1343-1468) (ed S. Luce), Paris, 1879-1883.

Elmham, Thomas, *Henrici Quinti Angliae Regis Gesta*, English Historical Society, 1850.

Escouchy, Matthieu d', *Chroniques de Matthieu d'Escouchy*, Paris, 1863-1864.

Froissart, Jean, *Oeuvres: Chroniques* (ed Kervyn de Lettenhove), Brussels, 1867-1877.

백년전쟁

Juvenal des Ursins, Jean, *Histoire de Charles VI 1380-1422*, Paris, 1841.

Knighton, Henry, *Chronicon Henrici Knighton*, Rolls Series, 1895.

Lescot, Richard, *Chroniques de Richard Lescot* (ed J. Lemoine), Paris, 1896.

Lefebvre, J., Seigneur de Saint-Remy, *Chronique de J. Le Fèvre*, Paris, 1876-1881.

Letters and Papers illustrative of the Wars of the English in France during the Reign of Herny the Sixth, King of England (ed J. Stevenson), Rolls Series, 1861-1864.

Livius, Titus, *Vita Henrici Quinti* (translated as *The First English Life of King Henry V*, ed C. L. Kingsford), Oxford, 1911.

Monstrelet, Enguerrand de, *La Chronique*, Paris, 1857-1862.

Page, John, 'The Siege of Rouen' in *The Historical Collections of a Citizen of London*, Camden Society, 1876.

Proceedings and Ordinances of the Privy Council of England (ed N. H. Nicolas), Record Commission, 1834-1837.

Robert of Avesbury, *De gestis mirabilibus regis Edwardi Tertii*, Rolls Series, 1889

Strecche, John, *The Chronicle of John Strecche for the reign of Henry V 1414-1422*, Manchester, 1932.

The Brut; or The Chronicles of England (ed F. Brie), Early English Text Society, 1906-1908.

The Libelle of Englyshe Polycye. A Poem on the use of Sea-Power 1436 (ed G. Warner), Oxford, 1926.

The Paston Letters (ed J. Gairdner), London, 1872-1875.

Upton, Nicholas, *The Essential Portions of Nicholas Upton's De Studio Militari, before 1446* (ed F. P. Barnard), Oxford, 1931.

Venette, Jean de, *The Chronicle of Jean de Venette* (translated J. Birdsall), New York, 1953.

Walsingham, Thomas, *Historia Anglicana* (ed H. T. Riley), Rolls Series, 1863-1864.

────── *Annales ricardi secundi et Henrici Quarti, regum Angliae*, Rolls Series, 1886.

Wavrin, Jean de, *Recueil des croniques et anchiennes histoires de la Grant Bretaigne*, Rolls Series, 1864-1891.

일반 저작

Burne, A. H., *The Crécy War. A Military History of the Hundred Years War from 1337 to the peace of Brétigny, 1360*, Eyre & Spottiswoode, 1955.

────── *The Agincourt War. A Military History of the latter part of the Hundred Years War from 1369 to 1453*, Eyre & Sopttiswoode, 1956.

Cambridge Economic History, vol I (ed J. H. Clapham), CUP, 1938.

Cambridge Economic History, vol II (ed M. M. Postan and E. E. Rich), CUP, 1952.

Contamine, P., *La guerre de cent ans*, Paris, 1968.

Coville, A., *Les Premiers Valois et la Guerre de Cent Ans 1328-1422*, in *Histoire de France* (ed Lavisse) Tom. IV (i), Paris, 1902.

Denifle, M., *La désolation des églises, monastères et hôpitaux en France pendant la Guerre de Cent Ans*, Paris, 1897-1899.

Europe in the Late Middle Ages (ed J. R. Hale, R. L. L. Highfield and B. Smalley), Faber & Faber, 1965.

Fowler, K. E., *The Age of Plantagenet and Valois*, Elek, 1967.

Jacob, E. F., *Henry V and the Invasion of France*, Hodder & Stoughton, 1947.

—— *The Fifteenth Century*, Oxford, 1961.

Kingsford, C. L., *English Historical Literature in the Fifteenth Century*, Oxford, 1913.

Lewis, P. S., *Later Mediaeval France: The Polity*, Macmillan, 1968.

Lodge, E. C., *Gascony under English Rule*, Methuen, 1926.

Mckisack, M., *The Fourteenth Century*, OUP, 1959.

Myers, A. R., *A History of England in the later Middle Ages*, Pelican, 1965.

Newhall, R. A., *The English Conquest of Normandy*, New Haven, 1924.

Nicholson, R., *Scotland: The Later Middle Ages*, Oliver & Boyd, 1973.

—— *Edward III and the Scots: The Formative Years of a Military Career, 1327-1335*, OUP, 1965.

Oman, Sir C., *A History of the Art of War in the Middle Ages II: 1278-1485* Methuen, 1924.

Palmer, J. J. N., *England, France, and Christendom, 1377-99*, Routledge, 1972.

Perroy, E., *La Guerre de Cent Ans, Paris*, 1945. (Translated W. B. Wells, as *The Hundred Years War*, Eyre & Spottiswoode, 1951).

Petit-Dutaillis, C., *Charles VII, Louis XI et les premières années de Charles VIII 1422-92*, in *Histoire de France* (ed E. Lavisse) Tom. IV (ii), Paris, 1902.

Ross, C. D., *The Wars of the Roses*, Thames & Hudson, 1976.

Russell, P. E. L. R., *The English Intervention in Spain and Portugal in the Time of Edward III and Richard II*, OUP, 1955.

Society at War: The Experience of England and France During the Hundred Years Wars (ed C. T. Allmand), Oliver & Boyd, 1973.

백년전쟁

The Hundred Years Wars (ed. K. E. Fowler), Macmillan, 1971

Vale, M. G. A., *English Gascony 1399-1453: A Study of War, Government and Politics during the Later Stages of the Hundred Years War*, OUP, 1970.

Vickers, K. H., *England in the later Middle Ages*, Methuen, 1913.

War, Literature and Politics in the Late Middle Ages (ed C. T. Allmand), Liverpool University Press, 1976.

Wylie, J. H., and Waugh, W. T., *The Reign of Henry V*, CUP, 1914-1929.

전문 연구

Blair, S. C., *European Armour circa 1066-circa 1700*, Batsford, 1958.

Catalogue of Rubbings of Brasses and Incised Slabs (ed M. Clayton), Victoria and Albert Museum, HMSO, 1968.

Creasey, Sir E. S., *The Fifteen Decisive Battles of the World*, London, 1867.

Fuller, J. F. C., *The Decisive Battles of the Western World*, Eyre & Spottiswoode, 1954-1956.

Hewitt, H. J., *The Black Prince's Expedition of 1355-1357*, Manchester, 1958.

———— *The Organisation of War under Edward III*, Manchester, 1966.

James M. K., *Studies in the Mediaeval Wine Trade*, OUP, 1971.

La Roncière, C. de, *Histoire de la Marine française*, Paris, 1899-1934.

Leland, J., *Itinerary in England and Wales*, Centaur, 1964.

McFarlane, K. B., *The Nobility of Mediaeval England*, OUP, 1973.

Macklin, H. W., *Monumental Brasses*, George Allen, 1953.

Nicolas, N. H., *A History of the Royal Navy*, London, 1847.

―――― *History of the Battle of Agincourt and of the Expedition of King Henry the Fifth in France in 1714*, London, 1832.

Power, E., *The Wool Trade in English Mediaeval History*, OUP, 1941.

전기

Buchan, A., *Joan of Arc and the Recovery of France*, Hodder & Stoughton, 1948.

Calmette, J., *Les grands ducs de Bourgogne*, Paris, 1949.

Carleton Williams, E., *My Lord of Bedford*, Longmans, 1963.

Delachenal, R., *Histoire de Charles V*, Paris, 1909-1931.

Dictionary of National Biography.

Dictionnaire de Biographie Française, Paris, 1933-1967.

Fowler, K. E., *The King's Lieutenant, Henry of Grosment, First*

Duke of Lancaster, 1310-1361, Elek, 1969.

Lucie-Smith, E., *Joan of Arc*, Allen Lane, 1976.

Mcleod, E., *Charles of Orleans: Prince and Poet*, Chatto & Windus, 1969.

Mowbray, Segrave and Stourton, Lord, *The History of the Noble House of Stourton*, privately printed, 1899.

Ross, C., *Edward IV*, Eyre Methuen, 1974.

Steel, A. B., *Richard II*, CUP, 1941.

The Complete Peerage (ed G. E. Cockayne and V. Gibbs), St Catherine's Press, 1910–1959.

Vale, M. G. A., *Charles VII*, Eyre Methune, 1974.

Vaughan, R., *Philip the Bold*, Longmans, 1962.

——— *John the Fearless*, Longmans, 1966.

——— *Philip the Good*, Longmans, 1970.

Vickers, K. H., *Humphrey, Duke of Gloucester*, London, 1907.

Wedgwood, J. C., *History of Parliament, Biographies of Members of the Commons House, 1439-1509*, HMSO, 1936.

논문과 에세이

약어

Econ. H. R. *Economic History Review*

HYW *The Hundred Years War* (ed Fowler)

HT *History Today*

TRHS *Transactions of the Royal Historical Society*

ELMA *Europe in the Late Middle Ages* (ed Hale etc)

EHR *English Historical Review*

WLP *War, Literature and Politics in the Late Middle Ages* (ed Allmand)

PP *Past and Present*

BIHR *Bulletin of the Institute of Historical Research*

PBA *Proceedings of the British Academy*

Allmand, C. T., *The Lancastrian Land Settlement in Normandy*, Econ H. R. 2nd ser, 21 (1968)

———— *The War and the Non-Combatant*, HYW

———— *War and Profit in the Late Middle Ages*, HT 15 (1965)

Armstrong, C. A. J., *Sir John Fastolf and the Law of Arms*, WLP

Campbell, J., *England, Scotland and the Hundred Years War in the Fourteenth Century*, ELMA

Contamine, P., *The French Nobility and the War*, HYW

Fowler, K. E., *War and Change in Late Mediaeval France and England*, HYW

———— *Truces*, HYW

Hale, J. R., *The Development of the Bastion, 1440-1534*, ELMA

Hewitt, H. J., *The Organisation of War*, HYW

Keen, M. H., *Chivalry, Nobility and the Man at Arms*, WLP

Lewis, P. S., *War Propaganda and Historiography in Fifteenth Century France and England*, TRHS 5th Ser, 15

MacFarlane, K. B., *The Investment of Sir John Fastolf's Profits of War*, TRHS 5th ser, 7 (1957)

――― *A Business Partnership in War and Administration 1421-1445*, EHR 78 (1963)

――― *England and The Hundred Years War*, pp 22 (1963)

――― *The Wars of the Roses*, PBA 50 (1964)

――― *Bastard Feudalism*, BIHR 20 (1943-1945)

Palmer, J. J. N., 'English Foreign Policy 1388-99' in *The Reign of Richard II: Essays in Honour of May McKisack* (ed F. du Boulay and C. Barron) Athlone Press, 1971

――― *The War Aims of the Protagonists and the Negotiations for Peace*, HYW

Patourel, J. le, *The King and the Princes in Fourteenth Century France*, ELMA

――― *The Origins of the War*, HYW

Postan, M. M., *Some Social Consequences of the Hundred Years War*, Econ. H. R. 1st ser, 12 (1942)

――― *The Costs of the Hundred Years War*, pp 27 (1964)

Powicke, M., *The English Aristocracy and the War*, HYW

Richmond, C. F., *The War at Sea*, HYW

Vale, M. G. A., *New Techniques an Old Ideals: The Impact of*

Artillery on War and Chivalry at the end of the Hundred Years War, WLP

지은이 데즈먼드 수어드Desmond Seward

데즈먼드 수어드는 오랫동안 보르도에 자리 잡고 살아온 아일랜드 가문 출신으로, 파리에서 태어나 앰플포스와 케임브리지에서 수학했다.

아키텐의 엘레오노르와 앙리 4세, 헨리 5세, 사보나롤라 등을 다룬 여러 권의 전기를 저술했다. 그 외에도 『프랑스의 부르봉 국왕들』, 『마지막 흰 장미: 튜더 왕조의 비밀 전쟁』, 『나폴레옹과 히틀러』, 『장미전쟁』, 『리처드 3세: 잉글랜드의 검은 전설』, 『춤추는 태양: 기적의 성소들을 찾아서』, 『전쟁의 수도사들』 등 다수의 역사서를 집필했다. 특히 『전쟁의 수도사들』은 서양 군사-종교 단체들의 설립부터 현재의 모습에 이르기까지 그 통사를 다룬 저작으로, 18세기 이후로 이 분야에서 나온 최초의 책이다.

옮긴이 최파일

서울대학교에서 언론정보학과 서양사학을 전공했다. 역사책 읽기 모임 '헤로도토스 클럽'에서 활동하고 있으며, 역사 분야를 중심으로 해외의 좋은 책들을 기획, 번역하고 있다. 축구와 셜록 홈스의 열렬한 팬이며, 1차 대전 문학에도 큰 관심을 가지고 있다. 옮긴 책으로 『바다의 습격』, 『인류의 대항해』, 『시계와 문명』, 『아마존』, 『근대 전쟁의 탄생』, 『대포 범선 제국』, 『십자가 초승달 동맹』, 『왜 서양이 지배하는가』, 『마오의 대기근』, 『내추럴 히스토리』, 버트런드 러셀의 『자유와 조직』 등이 있다.

백년전쟁 1337~1453

중세의 역사를 바꾼 영국-프랑스 간의 백년전쟁 이야기

발행일   2018년 3월 10일(초판 1쇄)
        2024년 3월 25일(초판 8쇄)

지은이   데즈먼드 수어드
옮긴이   최파일
펴낸이   이지열
펴낸곳   미지북스
        서울 마포구 잔다리로 111 (서교동 468-3) 401호
        우편번호 04003
        전화 070-7533-1848   팩스 02-713-1848
        mizibooks@naver.com
        출판 등록 2008년 2월 13일 제313-2008-000029호
책임 편집 서재왕, 오영나
출력   상지출력센터
인쇄   한영문화사

ISBN   978-89-94142-69-2 03920
값 16,000원

∘ 블로그 http://mizibooks.tistory.com
∘ 트위터 http://twitter.com/mizibooks
∘ 페이스북 http://facebook.com/pub.mizibooks